教授第壹讲

JIAOSHOU DIYIJIANG

（第1辑）

郑少华◎主编

刘　军◎执行主编

吴何奇◎执行副主编

中国政法大学出版社

2024·北京

图书在版编目（CIP）数据

教授第壹讲. 第 1 辑 / 郑少华主编. -- 北京 : 中国政法大学出版社，2024. 7.
ISBN 978-7-5764-1691-6

Ⅰ. D922. 164

中国国家版本馆 CIP 数据核字第 2024ZU5848 号

出 版 者	中国政法大学出版社
地　　址	北京市海淀区西土城路 25 号
邮寄地址	北京 100088 信箱 8034 分箱　邮编 100088
网　　址	http://www.cuplpress.com (网络实名：中国政法大学出版社)
电　　话	010-58908285(总编室) 58908433（编辑部）58908334(邮购部)
承　　印	固安华明印业有限公司
开　　本	720mm×960mm　1/16
印　　张	13.5
字　　数	220 千字
版　　次	2024 年 7 月第 1 版
印　　次	2024 年 7 月第 1 次印刷
定　　价	62.00 元

　　四秩芳华，似锦繁花。幸蒙改革开放的春风，上海政法学院与时代同进步，与法治同发展。如今，这所佘山北麓的高等政法学府正以稳健铿锵的步伐在新时代新征程上砥砺奋进。建校40年来，学校始终坚持"立足政法、服务上海、面向全国、放眼世界"的办学理念，秉承"刻苦求实、开拓创新"的校训精神，走"以需育特、以特促强"的创新发展之路，努力培养德法兼修、全面发展，具有宽厚基础、实践能力、创新思维和全球视野的高素质复合型应用型人才。四十载初心如磐，奋楫笃行，上海政法学院在中国特色社会主义法治建设的征程中书写了浓墨重彩的一笔。

　　上政之四十载，是蓬勃发展之四十载。全体上政人同心同德，上下协力，实现了办学规模、办学层次和办学水平的飞跃。步入新时代，实现新突破，上政始终以敢于争先的勇气奋力向前，学校不仅是全国为数不多获批教育部、司法部法律硕士（涉外律师）培养项目和法律硕士（国际仲裁）培养项目的高校之一；法学学科亦在"2022软科中国最好学科排名"中跻身全国前列（前9%）；监狱学、社区矫正专业更是在"2023软科中国大学专业排名"中获评A+，位居全国第一。

　　上政之四十载，是立德树人之四十载。四十年春风化雨、桃李芬芳。莘莘学子在上政校园勤学苦读，修身博识，尽显青春风采。走出上政校门，他们用出色的表现展示上政形象，和千千万万普通劳动者一起，绘就了社会主义现代化国家建设新征程上的绚丽风景。须臾之间，日积月累，学校的办学成效赢得了上政学子的认同。根据2023软科中国大学生满意度调查结果，在本科生关注前20的项目上，上政9次上榜，位居全国同类高校首位。

　　上政之四十载，是胸怀家国之四十载。学校始终坚持以服务国家和社会需要为己任，锐意进取，勇担使命。我们不会忘记，2013年9月13日，习近平主席在上海合作组织比什凯克峰会上宣布，"中方将在上海政法学院设立中国–上海合作组织国际司法交流合作培训基地，愿意利用这一平台为其他成员国培训司法人才。"十余年间，学校依托中国–上合基地，推动上合组织国家司法、执法和人文交流，为服务国家安全和外交战略、维护地区和平稳定作出上政贡献，为推进国家治理体系和治理能力现代化提供上政智慧。

历经四十载开拓奋进，学校学科门类从单一性向多元化发展，形成了以法学为主干，多学科协调发展之学科体系，学科布局日益完善，学科交叉日趋合理。历史坚定信仰，岁月见证初心。建校四十周年系列丛书的出版，不仅是上政教师展现其学术风采、阐述其学术思想的集体亮相，更是彰显上政四十年发展历程的学术标识。

著名教育家梅贻琦先生曾言，"所谓大学者，有大师之谓也，非谓有大楼之谓也。"在过去的四十年里，一代代上政人勤学不辍、笃行不息，传递教书育人、著书立说的接力棒。讲台上，他们是传道授业解惑的师者；书桌前，他们是理论研究创新的学者。《礼记·大学》曰："古之欲明明德于天下者，先治其国"。本系列丛书充分体现了上政学人想国家之所想的高度责任心与使命感，体现了上政学人把自己植根于国家、把事业做到人民心中、把论文写在祖国大地上的学术品格。激扬文字间，不同的观点和理论如繁星、似皓月，各自独立，又相互辉映，形成了一幅波澜壮阔的学术画卷。

吾辈之源，无悠长之水；校园之草，亦仅绿数十载。然四十载青葱岁月光阴荏苒。其间，上政人品尝过成功的甘甜，也品味过挫折的苦涩。展望未来，如何把握历史机遇，实现新的跨越，将上海政法学院建成具有鲜明政法特色的一流应用型大学，为国家的法治建设和繁荣富强作出新的贡献，是所有上政人努力的目标和方向。

四十年，上政人竖起了一方里程碑。未来的事业，依然任重道远。今天，借建校四十周年之际，将著书立说作为上政一个阶段之学术结晶，是为了激励上政学人在学术追求上续写新的篇章，亦是为了激励全体上政人为学校的发展事业共创新的辉煌。

党委书记葛卫华教授

校长刘晓红教授

2023年10月6日

目 录 /CONTENTS

作为劳动基准的个人信息保护[1]

时　间：2022 年 10 月 26 日

主持人：丁茂中（上海司法研究所副所长 教授）

主讲人：王 倩（上海司法研究所 教授）

10 月 26 日下午，上海政法学院"教授第壹讲"第一期顺利举办。"教授第壹讲"系列学术讲座是在校领导关心下，人事处、科研处与各二级学院为我校新晋教授搭建的一个展示最新研究成果的学术交流平台。我校上海司法研究所王倩教授应邀以"作为劳动基准的个人信息保护"为题开讲。我校司法研究所副所长丁茂中教授主持，一百余名师生线上参加了本次学术讲座。

主讲内容

各位老师、同学们好，很荣幸受邀参加"教授第一讲"系列学术讲座并向大家汇报最新的研究成果。今天给大家分享的题目源于我之前发表在《中外法学》2022 年第 1 期的论文，有兴趣的老师和同学可以进一步阅读原文。

我们从一个新闻说起，据 2019 年 4 月初的一份报道，作为"智能环卫"项目的一部分，南京市的部分环卫工人被要求在上班时佩戴用人单位配发的一款智能手环，该智能手环具备实时定位、监控心率、一键呼叫等功能，可以显示环卫工人是否按时出勤、有无脱离工作区域，而且只要环卫工人上班

---

〔1〕　讲座内容已发表于《中外法学》2022 年第 1 期。

时在原地停留超过 20 分钟，就会自动发出"加油"的语音提示他继续工作，相关数据都会上传到单位，成为奖惩的依据。部分环卫工人对此并不理解，认为无法避免出勤不出力，用人单位则称此举有利于及时了解工人的工作状况，还能通过综合调度指挥，迅速派人抵达目标地点清理垃圾，既降低了管理成本，也提升了城市清洁的效率。

那么，从劳动者的个人信息保护角度来看"智能手环监工"事件，劳动者在领取智能手环时签署的知情同意书是否有效？监控心率是否为履行劳动合同所必需？收集行踪轨迹又能够为实施人力资源管理的需要所覆盖吗？劳动者对奖惩结果有异议的怎么维权？是否能以用人单位严重侵犯其个人信息权益为由辞职并主张经济补偿金？用人单位涉嫌侵犯劳动者个人信息权益的，应该是网信办还是劳动监察来处理？《个人信息保护法》已经于 2021 年 8 月 20 日公布，上述部分问题已经有了答案，部分问题却并未得到解决，还需要进一步立法完善。

我们先来看第一个方面，劳动者个人信息保护有何特殊之处？

个人认为，劳动关系中的个人信息保护与一般语境下的个人信息保护相比较，主要有以下不同：

首先，劳动者的个人信息更容易受到侵犯，个人信息保护缺位又会导致资强劳弱的升级。劳动关系的核心特征是人格从属性，即劳动者在工作时间、工作地点、工作内容和履行方式等方面听从于用人单位的指挥，融入了用人单位的组织之中，单个劳动者相对于用人单位往往也在信息、财力、技术等各方面事实上处于弱势地位。个人信息的种类、利用方式和途径非常复杂，尤其在劳动关系中大量、持续进行个人信息处理的背景下，劳动者缺乏时间、精力、能力去了解情况，有时甚至难以察觉其个人信息处理的发生。更为重要的是，以"知情–同意"为核心的个人信息处理规则在劳动关系中面临适用困境。劳动者难以真正自由地、自愿地进行选择，在用人单位收集处理其个人信息时不能或不敢说"不"，大多采取服从管理、听从安排的态度。

其次，劳动者的个人信息保护涉及的利益冲突有所不同，用人单位进行人力资源管理的正当需求也应该得到满足。用人单位处理个人信息是为了提高工作效率、确保服务质量、保护人身和财产安全、维持营业场所秩序、履行社保缴纳义务和合规要求等目的，与之相冲突的是劳动者的隐私保护、平等就业、报酬和休息等各种劳动权益。劳动关系中的用人单位往往并非信息业者，不是直接利用劳动者的个人信息数据盈利，也不像国家机关那样是为了维护公共利益、履行法定职责，其角色定位更多是介于信息业者与国家机关之间。另外，用人单位是生产经营的组织者，要维持这个组织体的正常有序运转，个人信息也有社会流通属性，用人单位中的社会交往和信息流通更为频繁密切，赋予劳动者过多的控制权并不合适。

最后，劳动关系中个人信息暴露得彻底和全面，需要防止用人单位对劳动者的"透视"，对于自动化决策的适用应该更加谨慎。劳动者日常生活的大部分时间都在工作场所度过，即使在私人时间的活动也可能直接或间接地与工作相关，劳动关系中用人单位原本就会持续获得大量的劳动者个人信息，而劳动世界的日益数字化更是加剧了这一状况。劳动合同从缔结、履行到解除或终止的过程中，用人单位收集和处理的个人数据种类更多、更全面，可能反映劳动者职业经历、工作表现、医疗健康、社会活动、金融账户、家庭情况、兴趣爱好等不同方面的个人信息，将相关数据组合起来进行综合分析更容易形成人格画像，劳动者在用人单位面前更为透明。

由于劳动者的个人信息保护问题存在特殊之处，不能完全适用一般规则，短期内修改《个人信息保护法》的可能性不大，加入大量特别规定还会妨害原本的规制体系和框架，更为合适的路径是在劳动法领域设置特别法。劳动基准法已经纳入全国人大常委会立法规划，可以考虑在其中就劳动者个人信息保护做专门性规定。

我们再来看第二个方面，即个人信息保护作为劳动基准的必要性。

第一，这是回应数字化时代人权保护挑战的需要。劳动基准法最重要的功能在于保障劳动者的基本人权，传统的劳动基准主要涉及劳动者的生命安全、身体健康以及劳动者生存所依赖的劳动报酬、待遇等。然而，人类进入数字化时代，人权形态正在经历着深刻的数字化重塑。具体到劳动关系中，人权保护同样面临着结构性的变化，应聘面试被问及婚育家庭情况、入职前安排体检、工作场所安装视频监控等现象仍然普遍存在，工作设备、工作过程和工作对象的日益数字化又带来了新的风险，前述"智能手环监工"事件便是典型例证。然而，劳动者不是机器，需要尊重、信任和自由空间，不能允许用人单位用高科技给劳动者戴上镣铐，我国《宪法》第38条所规定的对公民人格尊严的保障需要在各种法律关系中得以落实。我们不能停留在保障肉体生存的层面上来理解劳动基准，精神性的利益保护愈发重要，关乎人格尊严和自由发展的个人信息保护应成为劳动基准法的内容，否则就是自动放弃劳动法的发展空间。

第二，有必要通过私法、公法进行双重规制。个人信息私法保护的作用不容忽视。然而，仅在私法上进行权益界定和保护不足以完全解决问题，尤其在主体地位不平等、持续时间长、又强调信赖合作的劳动关系中，还需要借助公法的保护机制，即设置国家的监督、强制和惩罚，才能提供更为充分、全面和有效的个人信息保护。实践中指望劳动者来主张《民法典》或《个人信息保护法》所赋予的权利可能性不大，尤其是在劳动关系的存续期间，劳动者缺乏主动维权的能力、精力和动力，却直接面对着不听从用人单位命令就会被处罚甚至被解雇的风险，进而侵害发生之时不敢反抗，事后维权又存在着举证困难、赔偿有限等种种障碍。另外，劳动合同的顺利履行有赖于双方之间的信赖与和平，充斥着提防和猜忌的工作氛围必然是有害的，借助公权力实现个人信息保护有利于促进劳资双方的信任和合作。

第三，对劳动者的个人信息进行保护还有利于实现其他劳动基准。用人单位掌握着大量的劳动者个人信息，可以运用先进的数据处理技术在此基础上利用算法做出决策。除了可能导致就业歧视，自动化决策还会影响到劳动者休息休假、劳动报酬、职业安全等各方面的劳动条件。曾经刷屏的《外卖骑手，困在系统里》报道中提到，某外卖平台使用的"实时智能配送系统"会将骑手的潜能和速度挖掘到最大限度，同一距离的外卖订单最长配送时间被不停地缩短、压缩到极致，配送时间和准时率又和配送费挂钩，骑手们只能马不停蹄，为了准时送达违反交通规则也在所不惜，从而导致交通事故频发。如果任由用人单位使用智能系统对劳动者进行全方面监控，运用算法技术分析收集到的个人信息，再配合以相应的考核、奖惩来引导操控劳动者的行为，可能导致劳动强度不断增加、休息时间难以得到保证、劳动报酬受到影响等后果。"提高工作效率""监督员工出勤"可以是用人单位处理劳动者个人信息的正当理由，但是将这种目标追求推向极致，会导致对剩余价值的残酷压榨。规制用人单位对劳动者个人信息的处理，也是预防用人单位利用算法过度"压榨"劳动者的重要路径，关系到其他劳动基准的保障。

下面我们谈第三方面，如何在劳动基准法中对个人信息保护做出特殊安排？

对于在劳动关系框架下保护个人信息没有什么特殊之处的事项，在劳动基准法中重复一遍《个人信息保护法》的规则没有多大意义，用好援引技术就能解决问题。更重要的是基于劳动关系的特殊性，考虑需要进行哪些调整。所谓调整既不是因为劳动者的弱势地位而一味加强保护，也不是为了回应用人单位人力资源管理的需要而整体降低标准，而是针对性地部分强化、部分弱化。此外，还需要在实体规则、程序安排和机构设置方面做好两部法律的衔接。

第一，主体上的适用范围设定时，不应该严格地以存在劳动关系为适用前提，而应该吸收域外法经验采取功能性的定位，即权利主体上不应该局限于劳动者。不管是在招录阶段为了签订劳动合同进行磋商，还是在劳动合同解除或终止之后处理后续的相关问题，应聘者与招聘单位之间、前员工与前用人单位之间都存在着类似合同的信赖关系，产生处理个人信息的需求也基本源于即将成立劳动关系或曾经有过劳动关系，所以应该适用同样的个人信息保护机制。更为重要的是，我国裁审实践中认定劳动关系往往要求劳动者"主体适格"，所以一直以来大学生兼职、实习、退休人员或超龄人员再就业等认定劳动关系存在困难，在用工过程中一样存在着个人信息处理的问题。另外，平台与劳务提供者之间的法律关系定性争议很大，但是他们在个人信息保护的事实状态和保护需求上和劳动者没有本质区别，实际上由于上述平台从业人员往往工作时间和地点灵活机动，平台不能像传统用人单位那样"在眼皮底下"进行管理，反而会为了达到监督控制的目的收集更多信息。所以将来新就业形态的劳动者权益保障也应该包含个人信息保护。

义务主体方面应该考虑设置小微企业和个体工商户的豁免条款。持续不平等的信息关系应该是个人信息权利保护的适用前提，即无论是从思想资源、制度框架起源，还是从欧美等域外法的规定来看，个人信息权利保护针对的对象都是具有专业性或商业性信息收集特征的主体，尤其是利用现代科技大规模收集个人信息的主体。我国现行劳动法没有对小微企业和个体工商户的优惠待遇，然而如果对所有的用人单位一刀切地适用个人信息保护的规定，可能导致保护目的的落空或法律争议的泛滥。《个人信息保护法》的立法者也意识到了执行该法对小微企业可能造成的负担，所以在第62条规定国家网信部门要针对小型个人信息处理者制定专门的个人信息保护规则标准。

第二，有必要对"知情同意"规则适用设定限制。劳动者难以理解复杂冗长的隐私政策从而无法达到充分知情的要求，也难以预知个人信息保护不力的各种风险从而无法进行理性选择，劳动者随时撤回同意的可能性也让用人单位缺乏信赖和稳定的预期。劳动关系中的个人信息处理是在不同场景下大量地、持续地进行的，如果每次、每个人都要进行告知同意，信息处理目的、方式等发生变更的还要重复，会让双方疲于应付。更为重要的是，由于用人单位和劳动者在法律地位和各方面实力上的差异，劳动者或害怕拒绝会导致不利益而往往并没有别的选择，一般情况下很难保证劳动者是"自愿"做出的同意。所以，大多数情况下用人单位不能基于劳动者的同意进行个人信息处理。当然，这并不意味着在劳动关系框架下，劳动者的同意绝对不能单独作为用人单位处理其个人信息的合法性基础。比如，德国《联邦数据保护法》第26条第2款规定，判断同意是否自由做出，需要特别考虑劳动关系中劳动者的从属性以及表示同意时的具体情形，但是在劳动者可以获得法律上或经济上的好处时或者在用人单位与劳动者的利益诉求一致时，可认为同意是自由做出的。我国可以借鉴此经验，规定原则上只有在劳动者可以获得法律上或经济上的好处时或者在用人单位与劳动者的利益诉求一致时，用人单位可以基于劳动者的同意处理其个人信息，用人单位能证明劳动者的同意是自愿做出的除外。

由于《个人信息保护法》第13条第1款第2项、第3项和第4项都有"所必需"的要求，第5项和第6项有"在合理的范围内"的限制，而第1项没有这样的表述，所以作为劳动基准的个人信息保护尤其要强调，即使劳动者的同意是充分知情、自愿、明确的，用人单位基于劳动者的同意处理其个人信息还是要受到正当必要原则、目的限制原则、数据最小化原则、公开透明原则等各种限制。

第三，应该特别重视对"人力资源管理所必需"的理解和适用。由于立法者认为"订立或履行劳动合同所必需"不能完全覆盖劳动用工场景下的需求，所以增加了"实施人力资源管理所必需"这一独立的合法性基础。此举是务实的，《个人信息保护法》没有像欧盟《通用数据保护条例》第6条第1款第f项那样把"为了追求数据控制者或者第三方正当利益之必要"作为合法性基础，所以必须有相应补充。然而，用人单位很可能会利用其优势地位扩大解释"人力资源管理所必需"，立法者正是意识到了该路径被滥用的可能性，所以尝试用集体层面上职工利益代表的博弈来弥补不足。

不过，至少短期内不能对劳资协商或民主程序可以起到的制约作用期待过高。由于我国基层工会在组建设置、人员选任、经费来源等方面往往依赖于资方，尚未真正成为劳动者的集体利益代表，各地的集体协商大多以行政化手段推行，存在着严重的指标化、数字化和形式化，部分集体合同存在内容空洞、流于形式的问题。对于劳动规章制度，虽然法律要求需经民主协商程序制定，但是只要求听取职工意见，最后还是由用人单位拍板确定，容易出现"走过场"的现象，部分裁审意见甚至并不否定未经民主程序的规章制度的效力。所以，司法实践中还是要对个人信息的处理是否属于实施人力资源管理所必须进行实质性审查。

第四，我们还要推进"必需"的具体化与典型问题的规制。判断是否"为订立、履行、解除或终止劳动合同所必需""按照依法制定的劳动规章制度或依法签订的集体合同实施人力资源管理所必需"，会是将来保护劳动者个人信息的核心问题。界定"必需"是个难题，因为它一个典型的"语境依赖型"概念。考虑到劳动者个人信息保护的应用场景多样、科学技术和社会经济环境的发展变化迅速，而法律又需要保证一定的抽象性和稳定性，所以劳动者个人信息保护的典型场景不适合直接由劳动基准法本身进行规制，而是应该放在劳动基准法的配套性文件中处理。将来可以针对入职面试与体检、背景调查与职场黑名单、工作场所的视频监控、电话监听和局域网监控、行踪轨迹与生物识别信息的处理等实践中最普遍的、冲突最明显的问题，由人力资源和社会保障部出台专门的部门规章，配合以最高人民法院定期公布的劳动人事争议典型案例，从而兼顾确定性与灵活性的需要。

第五，针对用工场景的特殊性还需要修改关于删除权与自动化决策的条款。《个人信息保护法》第47条的规定在劳动关系中适用可能面临困境。部分情况下会有多种信息处理的合法性基础可供选择，开始时用人单位可能选择了基于劳动者同意而进行个人信息处理，如果之后劳动者和用人单位间产生矛盾，那么劳动者可能会撤回同意，此时按照该法第47条第1款第3项用人单位有义务删除相关信息，未主动删除的，劳动者有权请求删除。然而，劳动关系中往往需要保证处理个人信息的连续性和完整性，如果由于劳动者撤回同意而删除之前的信息，就算之后的信息处理用人单位还能援引其他的合法性基础，仍然会使得用人单位难以进行管理。相比之下，欧盟《通用数据保护条例》第17条第1款第b项的规定更为周延，即"数据主体撤回同意且没有其他数据处理的合法性基础的情况下"，将来可借鉴其表述。

面对劳动关系中应用自动化决策带来的歧视、压榨、误判等危害，《个人信息保护法》第24条要求用人单位保证决策过程的透明度和结果的公平、公正，并赋予劳动者针对自动化决策要求用人单位予以说明的权利和拒绝权，有益却作用有限。算法的可解释性受到了诸多质疑，劳动者在职期间行使该项权利的概率也不大，更有效的或许是在引入自动化决策机制时要求用人单位就其对劳动者的权益影响予以解释并加大职工利益代表的话语权。劳动基准法立法时还应补充两点：一是避免劳动者"被透视"，坚持数据最小化原则和目的限制原则，不允许用人单位对劳动者进行全面监控、观察记录劳动者的一言一行，即一开始就不提供相应的个人信息基础，对于用人单位出于不同目的收集的各种类型的个人信息原则上也应该分开保存和处理，从而达到限制对劳动者进行数字画像的目的；二是强调算法取中，不得任由用人单位追求"最优解"。

第六，要做好主管机构、救济方式与法律责任方面的协调。我国目前并未将个人信息保护监管职责统一到一个部门，而是在《个人信息保护法》第60条规定由国家网信部门统筹协调、有关部门在各自领域内各司其职。具体分工上可以由人力资源和社会保障部门专设的个人信息保护机构进行日常的宣传教育、指导监督工作，劳动保障监察机构则接受和处理劳动者与个人信息保护有关的投诉、举报，对于劳动用工领域较为简单、涉及人数较少、违法程度较轻的违法个人信息处理活动，由劳动保障监察机构进行初步的调查和处理；较为复杂的、涉及人数较多、违法程度较重的违法个人信息处理活动，则交由人力资源和社会保障部门专设的个人信息保护机构处理；专业问题极为复杂、涉及人数众多、违法程度严重的，应由人力资源社会保障部门与同级网信部门一起调查处理。

在救济方式上也不能太过依赖行政力量的介入，而应该在劳动者愿意主动维权时给予制度设计上的支持。《劳动合同法》第38条赋予了劳动者在用人单位有严重违法或违约行为下的"被迫辞职权"，按照其第1项的规定，劳动者以用人单位"未按照劳动合同约定提供劳动保护或者劳动条件"为由解除劳动合同并主张经济补偿金的，法院应当支持。按照传统观念，劳动保护更多针对生产安全和身体健康，劳动条件则多指工作所需的场所、设施、用品等，将来应该更新观念，认定个人信息保护也属于劳动保护的范畴，或者直接将"用人单位严重侵害劳动者个人信息权益的"列入其中。涉及用人单位违法处理劳动者个人信息的法律责任,《个人信息保护法》第七章的规定已经相当完备,需要解决的更多是协调性问题,尤其是行政处罚方面。

讲座的最后我们需要继续追问,当种种充满赛博朋克意味的场景出现在劳动世界里,可能有人会问,科技发展真的会让人类生活更美好吗?像"卢德分子"那样反对技术进步显然并非正途,我们需要努力的是尽量用法律去纠偏。

互动交流环节,就如何解决算法造成的就业歧视问题进行了讨论。王倩教授认为算法歧视是人类现实社会中的歧视现象在系统里的再现,需要从根源上进行探究与解决,另外还应该重视算法放大歧视的问题。

法律应当如何顾 "家"

——以《家庭教育促进法》为分析样本

时　间： 2022 年 11 月 8 日

主持人： 杨向东（法律学院 副院长）

主讲人： 张善根（法律学院 教授）

11 月 8 日下午，上海政法学院 "教授第壹讲" 第三期顺利举办。"教授第壹讲" 系列学术讲座是在校领导关心下，人事处、科研处与各二级学院为我校新晋教授搭建的一个展示最新研究成果的学术交流平台。我校法律学院张善根教授应邀以 "法律应当如何顾'家'——以《家庭教育促进法》为分析样本" 为题开讲。我校法律学院副院长杨向东副教授主持，一百余名师生线上参加了本次学术讲座。

主讲内容

各位同学大家好，非常荣幸有机会和大家交流。我们学校为新晋教授创立了一个讲座平台，名为 "教授第一讲"。今天，对我而言，这不仅是我晋升教授以来的第一讲，也是我到上海政法学院三年多以来第一次在学校里做讲座。我今天要讲的主题是 "法律如何顾'家'——以《家庭教育促进法》为分析样本"。下面我将从六大方面和大家分享今天的主题。

首先我要和大家分享的第一个话题是立法背景。立法背景的核心就是为何要对家庭教育进行立法，为何要把家事上升为国事，国家为何要干预家事，国家又是如何顾家的。我觉得《家庭教育促进法》的核心就是通过立法解决齐家治国的困境，以更好地保护未成年人。

第一，解家庭之困。对于家庭之困，我们当代人，包括我们在座的同学，其实会有一些明显的感受。具体来讲，可以包括三个方面：

一是家庭结构压缩下的家庭之困。在传统社会之中，我们的家庭是一种家族化的家庭结构，我把它叫作正金字塔形的家庭结构。而现代的家庭更多显现出一种原子化的家庭结构，也就是我们通常所说的"4-2-1"结构，我把它称为倒金字塔结构。正金字塔家庭结构的家庭功能是相对稳定的。家庭结构中有一个环节断裂，它会有替代性的结构使得家庭的功能不会出现问题。而倒金字塔家庭结构的家庭功能则是很不稳定的。如果倒金字塔的家庭结构某一个环节出现问题，很容易会因为家庭结构中某一个环节出现断裂，而导致家庭功能出现危机。当然，家庭结构的变迁不仅导致了家庭功能的逐渐弱化，也直接引发了家庭中儿童地位的变化及家庭教育观的变化。传统社会家庭教育以父权为中心，以塑造父权为目标。而现代社会，家庭教育转为以儿童为中心。

二是家庭生活压缩带来的困境。所谓家庭生活的压缩，就是个体的家庭生活的时间被挤压，人们在家庭生活的时间越来越少。家庭生活压缩的后果，就是形成一个相对比较松散的家庭结构，家庭成员的各种联系会减弱，也必将导致家庭功能的弱化。尤其是家庭对下一代的培养，我们的家庭的这种贡献实际上是很弱的，根本没有办法支持未成年人的健康成长。

三是家庭观念的压缩带来的困境。家庭观念的压缩其实就是不同的观念共同聚集在同一个屋檐之下，从而形成冲突。一般而言，家庭中的代际结构，往往是家庭冲突的一个重要方面。这个代际冲突是古今中外都一直存在的，但这不是我重点要讲的。我所讲的家庭观念的压缩主要是一个历史范畴的和地域范畴之间的压缩。所谓历史范畴的，就是在传统社会向现代社会转型过程中，传统观念和现代观念的冲突会聚集在一个家庭之中，导致家庭的冲突。所谓地域范畴就是随着社会的流动，不同地域的人之间组合成家庭越来越成为一个较为普遍的现象。而不同地域的人往往把不同的地域文化带入家庭，从而产生家庭冲突。

第二，化国家之忧。我们的立法不仅是要帮助家庭解决困境，如果不解决家庭的困境，国家的相关问题和困境也无法得到解决。而后一点，往往更是立法的重要原因。具体而言，国家之忧主要表现为以下三个方面：

一是家庭教育能力与人口的高质量发展问题。大家知道，新时代以来，国家的核心目标是实现中华民族伟大复兴，而复兴非常依赖高质量的人口。也正因为如此，国家对孩子的期许，就是要将其培养为社会主义的接班人，能够担当民族伟大复兴的使命。因此，国家一直致力于学校教育，通过教育以强国。然而，在每一个人的成长过程中，家庭更为关键，更为基础。我们都知道父母是孩子的第一任老师，家庭对孩子的影响，比所有的学校教育都大得多，家庭教育对人的一辈子的影响都是非常深远的。所以如果家庭没有教好孩子的话，那么学校的教育就会出现问题，也不可能对人口高质量的发展有什么贡献。我觉得这是国家介入家庭教育最为重要的原因。

二是少子化和老龄化的双重危机。当前我国人口结构出现少子化、老龄化的趋势，也引发了社会发展的危机。这一点在我们的上海表现得最为明显。我们上海的老龄化程度在全国即使不是最高，那也是比较高的。另外一个就是少子化在上海也是比较明显。上海的独生子女占全国比例最高，而且，现在的家庭越来越不愿意生孩子。也正因为如此，如何改善家庭结构，提升家庭养育质量成为当前我国立法的重要范畴。

三是未成年人问题引发的社会治理问题。也正是在前述的前提下，我们现在的未成年人引发的社会治理问题比较多。本来我们现在人口越来越少，或者说我们新出生的人口越来越少，如果这些新出生的人口得不到很好的教育的话，那么我们的人口会更少。而且如果这些人未来的下一代，成了一些身心健康有问题的人，成了一些违法犯罪的人，成了制造社会问题的麻烦者的话，那么他对国家是非常不利的。比如说大家也许清楚，我们现在的青少年心理健康其实是蛮令人担忧的。还有我们现在的未成年人犯罪也是比较麻烦的。

以上是我讲的第一部分，我和大家交流的第二部分是《家庭教育促进法》的立法定位和思路。大体讲三个问题：

第一，立法定位：齐家治国。对于《家庭教育促进法》的立法定位，在我看来就是齐家治国。这也是我为何要把我讲座的题目拟定为"法律如何顾家"的重要原因。因为国家不能够完全把人像一个理性的机器人一样推到社会里面去，不断为国家做奋斗，假设你没有把家庭弄好，或者说我们没有能够齐家，那么其实国家预设的目标也不太容易达成。所以我们习近平总书记一直在强调一个问题，就是怎么把优良的家庭文化传统，尤其是齐家治国的这种思想放到当下的治理之中，放到我们的法律之中，然后才有可能去实现伟大复兴的重任。这就是立法的一个非常重要的目标所在。也正是基于这种立法的定位，国家起草制定了《家庭教育促进法》。

第二，以未成年人为立法突破口。但是立法的齐家治国它怎么齐家？又如何治国？在我们这部法律里面，就是以未成年人为突破口。因为我们都知道从人的成长规律来讲，未成年人他是整个人生的一个最关键的阶段，能不能成人，能不能成才，其重心就是在未成年的这一阶段。正如习近平总书记所言"家庭是人生的第一所学校""家长是孩子的第一任老师""要给孩子讲好人生第一课，帮助扣好人生第一粒扣子"。所以当前我国的立法是以"父母对未成年人子女的教育"为基本范畴的。对于这一点，国家在修改《未成年人保护法》和《预防未成年人犯罪法》的时候，就预设了怎么去进行我们的家庭教育，为我们的家庭教育提供一个立法的通道。这个在《家庭教育促进法》立法的起草说明中，就可以看到当时是怎么考量的。当然，以未成年人为立法突破口，还有一个原因就是未成年人保护立法有比较好的立法基础，或者说立法的基础比较成熟，因为前面有两个立法作为一个铺垫。

第三，家庭责任的系统塑造。下面我将讲第三大部分，就是家庭责任的系统塑造。具体而言，包括以下几个方面。

一是确立家长在家庭教育中的主要责任。家庭责任的系统塑造首先就是要确立家长在家庭教育中的责任。前面我们讲到，家庭教育的立法思路是家国共治，但并非意味着家国在家庭教育的功能和地位就可以混同。在家国之间，父母亲权优先于国家亲权。因此，在家庭教育的责任定位上，家长是担负主体责任。也就是说，家庭教育的主要责任人或者主体责任人，是父母而不是国家。对于这一个点，立法必须要进行一个明确划分。国家不会，也不能任意跨越这一界定，去干预家庭，替代家庭。国家在家庭教育中的职责主要是支持家庭。

二是家庭教育的重点内容。对于家庭教育的内容，立法主要围绕着未成年人的五个全面健康成长，细化为六类重点内容。这六类重点内容在《家庭教育促进法》第16条有明确的规定，包括家国情怀教育、崇德尚法教育、正确成才教育、身心健康教育、珍爱生命教育、热爱劳动教育六个方面。而这六类重点内容分别从个体、家庭和国家三个角度去设置。

　　首先是从未成年人的个体角度，立法对家庭教育内容的设置，更多地偏向于个人的品德教育，也就是我们所说的立德树人。习近平总书记一直强调教育的初衷就是立德树人，要养成未成年人良好的道德品质。也就是说，家庭教育不仅应当关注学习教育，更应当关注个人品德、生活教育、心理教育、劳动教育和生命教育等。其次就是从齐家的角度，进行家庭教育。其实就是在塑造未成年人良好品德和生活习惯的基础之上，怎么去实现家庭成员之间的这种相互和谐。而这些教育就包括我们的家庭文化、家庭美德等教育中。最后就是从治国的角度进行家庭教育。其核心就是通过家庭教育增强儿童对国家的认同感。

　　三是家庭教育的八大方法。《家庭教育促进法》不仅规范了父母在家庭教育中应当教什么，还规定了应当如何教。这就涉及家庭教育的方式和方法问题。对此，《家庭教育促进法》在第17条中有明确的规定。大体而言，包括八种基本方法。但在我看来，这八种大方法又恰恰是针对当前家庭教育中出现的八大问题。

　　在八大方法中，第一个方法就是亲自养育。当代中国，不能够亲自养育自己的孩子已经成为家庭的难题。现在我国的儿童留守现象比较严重，儿童的成长缺少父母陪伴。即使不是留守儿童，我们的父母也越来越没空自己亲自养孩子，都委托给孩子的祖父母、外祖父母或委托给其他的人，这是一个方面。第二个方法就是父母合力。父母合力的核心是发挥父母的共同作用。一方面，父母合力要求父母都要发挥自己的应有作用，而不是单兵作战。当前，家庭教育中比较常见的问题就是一个人负责教育子女，一个人负责工作。甚至出现社会上所说的"丧偶式"家庭教育。另一方面，父母合力还要求父母在进行家庭教育时应当相互配合，打配合战，而不是相互拆台。第三个方法就是相机而教。相机而教其实就是讲家庭教育不像学校教育一样，端小板凳坐在那里听，而是说可以随时随地教育，遇到什么问题，可以教什么问题。尤其是要在共同的生活过程中进行教育。第四个方法就是言传身教。言传身教是我国家庭教育中的传统美德，言传身教的核心就是自己要通过自己的言行来为孩子做榜样。孩子是父母的影子，有什么样的父母就有什么样的孩子，这就是言传身教的力量。第五个方法就是严慈相济。严慈相济表现为两个方面，一方面对父母而言，表现为父严母慈或者母严父慈，大白话就是一个唱红脸一个白脸，这需要父母相互配合。另一方面对子女而言，既要严，也要慈，也是需要相互配合。而不能只有严，或只有慈。第六个方法就是尊重差异。尊重差异的核心就是每个家庭对自己的孩子，应当以个体差异为前提进行家庭教育。我觉得现在家庭教育遇到的一个比较大的问题就是不尊重差异。比如我们同学们都是从中小学上过学的过来人，可能也感同身受，大家学习都比较卷，都在拼命，都在鸡娃，逼着自己的孩子上各种各样的培训班。这就是当下常见的不尊重差异的问题。第七个方法就是平等尊重。平等尊重是现代法律的一个基本精神，尤其是在家庭中，未成年子女天然地处于相对弱势。父母基于家长权更容易支配子女，甚至侵害子女权益。而现代的家庭教育观是以平等尊重为基本前提的，因此，其也成为立法要塑造的一种观念。第八个方法就是共同成长。在我们的传统观念中，我们总是认为家长是在陪着孩子成长。确实，孩子成长是家庭教育的重要方面，但实际上家庭教育是一个共同成长的过程。也就是说，我们在做父母的过程之中，其实我们也在逐渐地长大。

前面我们总体性地讲解了家庭在家庭教育中的责任。下面我们讲国家的责任。在《家庭教育促进法》中，国家责任的基本定位不是对未成年人的家庭教育承担主要责任，而是为家庭教育提供有力的支持。大体而言，包括以下几个方面：

第一，促进家庭教育的机制。我觉得国家履行支持责任的首要机制就是建立促进家庭教育的机制与体制。对于机制体制的建构一般会在总则加以确定，其不仅确立责任主体，也界分责任主体的职责，明确职责分工。具体而言，机制与体制包含三个基本构成：一是议事协调机构的设立，议事协调机构应确定为县级以上人民政府负责妇女儿童工作的机构，其核心职责是组织、协调、指导、督促有关部门做好家庭教育工作。二是主责部门，由教育行政部门、妇女联合会共同组成。其主要职责是统筹协调社会资源，协同推进覆盖城乡的家庭教育指导服务体系建设，并按照职责分工承担家庭教育工作的日常事务。三是职责部门，包括精神文明建设部门和县级以上人民政府公安、民政、司法行政、人力资源和社会保障、文化和旅游、卫生健康、市场监督管理、广播电视、体育、新闻出版、网信等有关部门，这些职责部门的主要职责是在各自的职责范围内做好家庭教育工作。

第二，家庭教育内容的拟定。解决了体制机制的问题，下一步国家就要考量如何有计划地推进家庭教育，以提高父母及其他监护人的家庭教育能力。

在《家庭教育促进法》中所确立的基本方案是制定家庭教育指导大纲和指导标准。当然，在制定家庭教育指导大纲和指导标准方面，中央和地方有一定的分工。对国家而言，应当组织有关部门制定、修订并及时颁布全国家庭教育指导大纲。对地方而言，就可以根据地方情况对家庭教育指导大纲进行细化。同时，根据地方情况编写或者采用适合当地实际的家庭教育指导读本，制定相应的家庭教育指导服务工作规范和评估规范。制定家庭教育指导大纲和读本，其实就是确立家庭教育应当教什么的问题。其核心就是根据未成年人的成长规律和特点，把家庭责任这一章的内容细化到指导大纲和读本之中。其要解决什么阶段、什么年龄、用什么方法教、由谁来教的问题，通过这些方式方法的确定，以更好地实现家庭教育能力的提升。而确立指导规范和评估标准则是确保家庭教育指导大纲所确定的提升家庭教育能力计划能够实现。

第三，家庭教育的阵地建设。第三类支持机制就是阵地系统。所谓阵地系统就是主要承担提升家长家庭教育能力的组织体系。在我看来，当前家庭教育的阵地可以简称为一个中心、两个基本点。一个中心其实就是家庭教育指导机构的设置。在家庭教育指导机构的设置上，主要要求地方层面进行设置。大体按照行政层级进行设置。比如在上海，从市、区、街镇三个层面基本设置了指导中心。当然，在村居层面也设置了家庭教育的指导站点。而两个基本点就是在社区层面的家长学校和学校中的家长学校。我们的家庭教育指导大纲、计划、宣传教育活动，尤其是具体的家庭教育指导主要是依赖一个中心、两个基本点来完成。

当然，在网络时代，阵地建设不仅是线下阵地，还包括网络阵地。其基本要求是省级以上人民政府应当组织有关部门统筹建设家庭教育信息化共享服务平台，开设公益性网上家长学校和网络课程，开通服务热线，提供线上家庭教育指导服务。比如在上海，就有比较健全的上海市网络家长学校。它提供很多的资源和平台，可以让大家共享这些知识，有机会学习到相关的家庭教育知识。

以上是支持系统的解读，下面我向大家解读服务与干预系统。支持系统主要解决的是机制、体制的布局与建设问题，而服务系统和干预系统就是支持系统如何实施家庭教育，提高父母及监护人的家庭教育能力的问题。

第一，服务系统。从服务系统而言，就是支持系统中为父母及其他监护人提供家庭教育指导与服务的系统。大体而言，服务系统主要有两大类：第一个就是公共服务，公共服务其实就是前面讲到的，完全由政府支持和提供的服务。包括各地建立的各种家庭教育指导中心、站点等，也包括学校家长学校和社区家长学校。这就是我前面讲的一个中心两个基本点，这都是国家供给的家庭教育公共服务体系。当前我国的家庭教育指导主要依赖于公共服务体系，或者说以公共服务体系为主导，其他体系则是辅助性的。第二个就是社会化的服务。社会化的服务其实就是政府之外提供的服务。一方面由于在公共服务之外，还不能完全满足家庭教育服务的供给，需要由社会化服务加以补充。另一方面则是公共服务能力不足，通过社会化的方式加以补充。比如对一些已经具有资质并具有很强家庭教育能力的机构，政府可以通过向其购买服务的方式提供家庭教育指导与服务。也就是说，社会化服务只是服务的提供者为社会化的机构，但其提供的服务是由国家来买单，而不是由服务对象买单。

第二，干预系统。在服务系统之外，还有一个干预系统。干预系统包括两个层面，一个是社会的干预，一个是司法的干预。

其一，社会干预机制可以从以下几个方面考量。一个就是干预主体。干预主体解决的是谁可以介入和干预？在《家庭教育促进法》主要规定了几大类型：一个是村居委，一个是妇联，一个是家长所在的单位，另外一个就是未成年人所在的学校。这是基本的干预主体，但并不意味着只有这几类，立法还把其他与未成年密切相关的单位也纳入其中。二是干预的情形。也就是说，在何种情形下可以干预。《家庭教育促进法》也对此作了具体的规定。包括拒绝、怠于履行家庭教育责任或者是非法阻碍其他监护人履行家庭教育的情形。也就是说，既然立法赋予了你家庭教育职责，那么当你不履行家庭教育职责，包括明确拒绝、消极履行、自己不履行还阻碍他人履行等情形，都应当加以干预。三是干预的方式。包括劝诫、制止、批评教育、督促接受家庭教育指导等。这主要是一方面考量这些干预主体是比较容易接触到相关问题家庭的，其既是发现主体，也是处置主体，可以做到早发现、早处置。所以法律赋予其一定的职责，让其发挥应有的功能。另一方面，这些社会干预没有特定的法律职权，主要采取柔性的干预方式。

其二，司法干预。司法干预机制可以从以下几个方面考虑。一是在干预主体上，主要包括公安机关、人民法院、人民检察院三类。这三类主体在案件办理过程中，可以进行家庭教育。二是司法干预的情形。主要包括两个方面，一方面是公安机关、人民法院、人民检察院在办理案件过程中，发现未成年人存在严重不良行为或者实施犯罪行为的。另一方面是公安机关、人民法院、人民检察院在办案过程中发现未成年人的父母或者其他监护人不正确实施家庭教育侵害未成年人合法权益的。这两个方面其实也是《未成年人保护法》和《预防未成年犯罪法》所确立的。当未成年人存在严重不良行为或者说实施犯罪的时候，公安机关、人民法院、人民检察院就可以对其进行家庭教育。那么另外一种情况就是在讲我们的父母在家庭教育中不正确实施家庭教育，侵害了未成年人权益的时候，也可以对父母进行家庭教育，但是适用的前提一定是在公检法机关办理案件过程中。三是司法干预的方式。司法干预的方式与社会干预有很大的不同。社会干预的方式主要是柔性干预，因为缺乏刚性的法定职责。而司法干预则相对刚性，具体包括训诫和强制家庭教育指导两种类型。

以上是当前《家庭教育促进法》的最为核心的思路和制度设计，展现了法律如何顾家的制度设计，其目标在于以家庭为基本载体，通过未成年人这一切入口，实现齐家治国。最后，我简要讲一下家庭教育立法的立法趋势和展望。我一直认为，当下我国的家庭教育立法，它仅仅是齐家治国的法治化的一个开端，《家庭教育促进法》是家庭教育立法的探索性和阶段性立法。家庭教育并非只限于对未成年人的家庭教育，而应当是对家庭全方位支持。未来的家庭教育立法，应当会随着家庭教育法律体系的不断完善和成熟，逐渐扩展到整个家庭，支持家庭建设和发展，塑造新时代家庭，从而实现中国特色社会主义新时代的齐家治国。

以上就是我的讲座内容，我的讲座就到此结束，谢谢主持人，谢谢同学们。

互动交流环节，就当前《家庭教育促进法》的最为核心思路和制度设计进行讨论，提出了当前存在的问题和解决方法。

缓刑裁量模式实证研究[1]

时　　间：2023 年 10 月 9 日

主持人： 彭文华（上海政法学院刑事司法学院院长　教授）

主讲人： 刘崇亮（上海政法学院刑事司法学院　教授）

2023 年 10 月 9 日下午，上海政法学院"教授第壹讲"第二期顺利举办。"教授第壹讲"系列学术讲座是在校领导关心下，人事处、科研处与各二级学院为我校新晋教授搭建的一个展示最新研究成果的学术交流平台。我校刑事司法学院刘崇亮教授应邀以"缓刑裁量模式实证研究"为题开讲。我校刑事司法学院院长彭文华教授主持，一百余名师生线下参加了本次学术讲座。

彭文华教授：

各位下午好！

欢迎各位参加由上海政法学院科研处、人事处举办的"教授第壹讲"。"教授第壹讲"是我校正在建设的高级别、高质量的学术系列讲座，通过为我校新晋教授搭建一个展示最新研究成果的学术交流平台，提高我校学术水准、培养我校学术氛围，进而带动全校在科研成果上进一步突破。

本次讲座我们非常荣幸请到了本校刑事司法学院的刘崇亮教授。刘崇亮教授是我校刑事司法学院教授、佘山学者、硕士研究生导师、上海浦江学者、上海监狱学会副会长，中国犯罪学会理事，纽约城市大学约翰杰伊刑事司法

---

〔1〕 讲座内容已发表于《环球法律评论》2023 年第 5 期，原文名为《缓刑裁量模式实证研究——基于 4238 份危险驾驶罪裁判文书的实践检视》。

学院访问教授。研究方向为刑法学、犯罪学、刑事执行法学。他在《现代法学》《法律科学》《政治与法律》《环球法律评论》等核心刊物上发表论文 40 余篇，多篇被人大复印资料全文转载，主持两个国家社科基金及教育部、中国法学会等 6 个国家级与省部级项目，出版专著四部。

今天讨论的主题是：缓刑裁量模式实证研究。这个主题是刘崇亮教授最新形成的实证研究成果。本次的学术沙龙主要是围绕着"缓刑裁量"这一主题开展。那么接下来的时间就交给刘崇亮教授进行演讲！

主讲内容

各位参加讲座的老师、同学们，大家下午好！非常荣幸受邀参加这次讲座！首先，非常感谢学校开设了"教授第壹讲"这一系列学术讲座，为我提供了这样优质的平台进行学术探讨。其次，非常感谢彭文华教授隆重的开场介绍。最后，非常感谢各位老师同学能够参与这次学术沙龙，来聆听本人的最新研究成果。

本次讲座，我主要想围绕本人在《环球法律评论》上最新发表的《缓刑裁量模式实证研究——基于 4238 份危险驾驶罪裁判文书的实践检视》一文进行学术探讨活动。本次报告我将从四个方面对我的文章进行介绍。这四个方面分别是：研究背景、缓刑裁量模式的理论争议点、缓刑裁量模式的回归结果评价和对于目前我国缓刑裁量模式的评介与优化。

新刑法修正以来，我们国家的人口监禁率从 1998 年的 161/100 000 上升到近年来的 200/100 000。而根据最高人民法院公布的数据表明，多年来我国缓刑适用率一直较低，基本控制在 30% 左右。统计显示，2013 年缓刑适用率为 30.77%，2014 年为 31.08%，2016 年为 29.20%。近年五年来缓刑适用率则不升反降，2018 年缓刑适用率为 26.63%，2020 年为 26.31%，2022 年为 27.87%。在欧美等地，缓刑是适用最广的刑事制裁方法。美国的缓刑适用率通常保持在 60% 以上，也是矫正罪犯最为有效的手段之一。在日本，2008 年地方裁判所判处的 2 年以上 3 年以下的惩役或者禁锢刑中，有 56.8% 被宣告缓刑。由此可见，我国与欧美等国的缓刑适用率差异巨大，造成此种尴尬现状的原因在于：一方面，积极刑法观指导下的微罪扩张呈现出不可逆转之势，而以危险驾驶罪为代表的微罪使得犯罪标签在量上日益泛化；另一方面，法官在缓刑裁量过程中对风险的控制有较高的疑虑，导致较低的缓刑适用率。因此，当前最为急迫需要解决的问题在于，采取何种技术方案消除缓刑适用障碍。显然，完善缓刑裁量模式以扩大缓刑适用是解决上述矛盾的关键。问题是，虽然《刑法修正案（八）》对缓刑适用进行了较大修改，立法者也认为《刑法修正案（八）》进一步明确了缓刑适用条件，但理论界与实务部门对缓刑条件的修改并不认可，有学者甚至认为修法后缓刑适用适用条件更为模糊。为此，本文在对缓刑适用条件进行规范论证的基础上，以微罪的典型代表——危险驾驶罪的缓刑裁量为例，以回归分析为研究手段，检验缓刑裁量模式的现实样态，批评与反思当前缓刑裁量机制，以期为扩大缓刑适用提供新的技术解决方案。

让我们先来回顾一下我国缓刑这一制度的沿革：自旧刑法时代以来，立法者对缓刑的适用条件共进行了三次修改，修改的内容仅涉及实质条件，而不包括对象条件，即缓刑的适用对象一直以来皆为"被判处三年以下有期徒刑、拘役的犯罪分子"。关于实质条件的修改，1997 年《刑法》条文沿用了1979 年《刑法》条文对缓刑的适用条件的规定，仅是表述上略有差异。1979年《刑法》规定："根据犯罪分子的犯罪情节和悔罪表现，认为适用缓刑确实不致再危害社会的，可以宣告缓刑"。1997 年《刑法》则仅删除"认为"两个字，其他内容保持不变。《刑法修正案（八）》则对缓刑的实质条件进行了较大修改。修正案中的实质条件虽然也保留了"犯罪情节"与"悔罪表现"，但逻辑关系发生变化，并且判断标准也进行了修改。一是修正前"犯罪情节"与"悔罪表现"是"适用缓刑确实不致再危害社会"的判断条件，《刑法修正案（八）》则规定为应该同时符合"犯罪情节较轻""有悔罪表现""没有再犯罪危险"，这就意味着似乎三者的逻辑关系是并列关系。二是《刑法修正案（八）》把缓刑判断标准由"不致再危害社会"修改为"没有再犯罪的危险"。

立法者在《刑法修正案（八）（草案）的说明》指出："各方面认为，应当进一步明确缓刑适用条件，以利于操作"。由此可以看出，修法者认为原先的立法过于抽象与笼统，不利于法官的判断，故修法的目的在于，通过对适用条件的明确以便于司法裁量。关于修正案对缓刑适用条件的修改，各方呈现出不同的评价。李永升教授认为，修正案将缓刑的适用标准具体化，在司法实践中比较容易掌握，增加了司法实践中的可操作性。但是，否定性评价仍然普遍。实践中有法官认为，虽然修正案对缓刑适用的实质条件进行细化，但仍过于原则和抽象。学界甚至有学者认为，修正案不但没有实现缓刑适用实质条件操作的具体化，反而在缓刑的正当根据上"搅了浑水"，缓刑适用条件的实质条件本来是明确的，经过修正案的修正，缓刑适用的实质条件反而更模糊了。之所以各方产生不同的评价，就在于对缓刑实质条件的判断标准存在争议。从学界与实务部门对修正前后缓刑实质条件的争议观点来看，我将之概括为两种对立的模式，一种是并列模式，另一种是递进模式。

接下来，我简要地介绍一下两种模式。并列模式是指缓刑的实质条件中，犯罪情节较轻、有悔罪表现、没有再犯罪的危险、宣告缓刑对所居住社区没有重大不良影响等四个方面均为缓刑适用的判断标准，这四个方面的逻辑关系为并列关系。周光权教授在其教科书中就认为，只有确认犯罪分子符合上述各项条件，留在社会上不致再危害社会，才能适用缓刑。该观点实际上认为，修正案把原先缓刑的判断标准"适用缓刑确实不再危害社会"拆分为四个并列的判断因素，即犯罪情节较轻、有悔罪表现、没有再犯罪的危险、宣告缓刑对所居住社区没有重大不良影响等。递进模式是指虽然经过了修正案的修正，但在缓刑的实质条件中，犯罪情节较轻、有悔罪表现仍然是没有再犯罪危险的判断前提，亦即是否具有再犯罪的危险，须经过是否具有犯罪情节较轻及是否有悔罪表现等的综合判断，再犯罪的危险是缓刑的唯一实质判断标准。如张明楷教授在其教科书中指出，没有再犯罪危险是实质条件，犯罪情节较轻与有悔罪表现则是没有再犯罪危险的判断资料。

我认为，刚刚讲述的两种模式，并列模式与递进模式之争的实质在于对缓刑本质，即正当性根据存在不同的认识。实质上，现代法治条件下，一般意义上看，刑罚的正当性根据既强调报应，也强调教育，不可能仅体现报应或者教育。但是，基于缓刑的历史属性与判断逻辑，缓刑的正当性根据侧重于教育刑论。区别于包括主刑与附加刑的刑罚本身，缓刑作为一种特殊的刑罚执行制度，其本身系教育刑的产物。从逻辑上看，持并列模式观点的学者通常认为，缓刑的正当性根据体现了刑罚的报应与预防的目的，对于缓刑的宣告应该注重综合刑论的运用，最终实现惩罚与教育罪犯的目的。譬如，从现有的规范性文件来看，《关于常见犯罪的量刑指导意见》对缓刑裁量的规定，反映出该司法解释持综合刑论立场。该意见对 23 个常见犯罪的缓刑裁量皆规定，应该综合考虑行为、责任、危害或损害后果等犯罪事实及量刑情节，以及被告人的主观恶性、人身危险性、认罪悔罪表现等因素，决定缓刑的适用。而持递进模式的学者通常认为，缓刑的正当性根据体现了刑罚的预防目的，对没有再犯罪危险的罪犯宣告缓刑，说明运用缓刑可以达到特殊预防的目的，没有执行刑罚的必要，对于预防再犯罪能起到有效作用。正因为持教育刑论，递进模式论者认为缓刑的实质条件中，"犯罪情节"只能属于反映人身危险性的情节，亦即缓刑的裁量实质上属于预防刑的裁量。递进模式意味着在缓刑的裁量模式中，对象条件的判断是属于责任刑的判断，在责任刑符合的前提下，"犯罪情节"与"悔罪表现"的判断材料只能是预防刑情节，而"再犯罪危险"的判断只能依附于"犯罪情节"与"悔罪表现"。从认识论看，上述两种模式都可能被法官所采用。从实践论看，司法中法官们是运用并列模式还是递进模式成为主流则需要验证。进而需要进一步研究的是，并列模式与递进模式争议表现在司法裁量中，哪种路径的选择更优？特别需要指出的是，自《刑法修正案（八）》颁布实施以来，微罪大幅度扩张而缓刑适用率却并没有较大增长的背景下，哪种模式既能够在法理上得到合理解释，又能够契合中国刑事司法的本土化实践经验，这就需要进行实证分析。

根据上述两个缓刑裁量模式争议，可以进行理论假设。假设一：如果认为缓刑裁量应采取的是并列模式，那么，"犯罪情节""悔罪表现""再犯罪危险"应不具有从属关系，在符合缓刑的对象条件后，法官在缓刑裁量过程中，会注重责任刑情节与预防刑情节的综合运用，故"犯罪情节""悔罪表现"的判断依据是指责任刑情节，"再犯罪危险"的判断依据是指预防刑情节。因此，犯罪行为、危害后果、犯罪方法等责任刑情节较轻，并且具有自首、坦白、积极赔偿、取得被害人原谅等从宽型预防刑情节的被告人，会更容易获得缓刑的判决。假设二：如果认为缓刑裁量应该采取递进模式，那么"犯罪情节""悔罪表现"仅是"再犯罪危险"的判断因素，主刑裁量注重的是责任刑情节，在主刑量已经符合的情况下，"犯罪情节"与"悔罪表现"只能是反映人身危险性的预防刑情节。因此，缓刑裁量不考虑责任刑情节，那些具有自首、坦白、积极赔偿、取得被害人原谅等反映预防刑情节的被告人，更容易获得缓刑的判决。

这两个理论假设意味着，若决定缓刑能否适用的是责任刑与预防刑情节，表明实践中法官更倾向于并列模式；若决定缓刑是否适用的仅是预防刑情节，则表明实践中法官更倾向于递进模式。这两个假设为非此即彼的关系，到底实践中法官倾向于何种模式，还需要进行实践检视。

因为研究目标为缓刑的裁量模式，即司法实践中法官到底是采取并列模式还是递进模式，故理论上只要适合缓刑适用的所有刑事案件都可以作为研究样本。本次研究以醉酒型危险驾驶罪为样本案例，主要基于以下几个理由：一是该罪是《刑法修正案（八）》增设的犯罪，适用时效是与修正后缓刑实质条件适用时效相同，因此便于统一收集样本的日期。二是该类型罪只有一个基本犯，便于对基本犯罪构成事实的认定。三是《刑法》第133条之一除了规定醉酒型危险驾驶，还规定了另外三种类型的危险驾驶，但根据本次研究收集到的案例样本，占比极少，而且基本犯罪构成的事实不统一，不便于设置变量，故仅选择以醉酒型危险驾驶罪为样本案例。本次研究的所有样本案例系从中国裁判文书网上收集，随机抽取有效样本（判决书）共4238份。为了保证样本案例的广泛性与代表性，本次采取的是分层抽样方法，在中国裁判文书网上选择各个省份搜索判决书，使得样本较为均匀地分布在东、中、西部。另外，本次样本判决日期大致为2014年1月至2022年12月，年度分布量大致平均。据统计，在总样本中，被判决为缓刑的共1894个，有效百分比为44.7%；没有被判决为缓刑的共2344个，有效百分比为55.3%，样本初步具备实证分析的条件。

由于研究目的是发现司法实践中法官们如何对缓刑进行裁量，以便为优化缓刑裁量模式提供思路，因此本文采用二元 Logistic 回归分析。另外，缓刑并非具体刑种，作为一种刑罚执行方式的裁量，缓刑裁量区别于主刑量裁量，故回归模型中的预测变量应围绕着因变量"是否判处缓刑"来构建。本次研究把酒精含量与交通事故作为反映责任刑情节的核心自变量。需要指出的是，本罪不存在犯罪预备、犯罪中止及犯罪未遂等责任刑情节，实际上裁判文书也无法提取。另外，犯罪目的及犯罪动机也无法在裁判文书中提取。

需要特别指出的是，关于主刑量能否作为缓刑裁量的预测变量需要分析。缓刑裁量是在主刑量裁量后再判断是否适用缓刑，主刑量的大小是由不法与责任的要素决定，因此所有责任刑情节与预防刑情节都能够影响主刑量的大小。而根据本文的理论假设一，缓刑是否适用也应当考察所有的责任刑情节与预防刑情节。所以，就有必要进行缓刑与主刑量进行简单相关性研究。初步检测表明，相关系数为-0.241，P值为0.000，表明缓刑是否适用的确与刑量的大小相关，且刑量越大缓刑的可能性越小。但是，一是因为刑量并非刑法规定的犯罪情节与悔罪表现的内容，其本身是主刑量裁判的结果；二是刑量与案件中的责任刑情节与预防刑情节存在着共线性，故不能把刑量作为缓刑裁量的预测变量。

在上述前提下进行了我使用了 SPSS 26.0 软件进行了回归分析，结果如下：

从输出结果来看，"自首或坦白"被排除出方程中，这个变量的 p 值大于 0.05，表明没有统计学意义上的显著差异性。其他进入方程的 9 个变量，因为 P 值小于 0.05，表明具有统计学意义上的显著差异性。（1）在进入方程的 9 个变量中，驾驶资格、赔偿及立功等三个变量的回归系数为正，此意味着具有这三个情节的案件，会增加判处缓刑适用的机会；而酒精含量、营运车辆、交通事故、高速路、抗拒或逃避检查、前科等六个变量的回归系数为负，此意味着酒精含量高或者具有其他五个情节，会减少判处缓刑适用的机会。（2）对缓刑适用正面影响最大的变量是立功，其回归系数达到了 1.580，高于其他变量。对缓刑适用负面影响最大的则是前科，其回归系数为 −3.295，表明若有前科情节会极大减少缓刑的适用机会。（3）驾驶资格、赔偿两者的回归系数分别为 0.787 和 1.083，抗拒或逃避检查、营运车辆、交通事故、高速路的回归系数分别为 −0.773、−1.177、−1.172、−1.038。令人意外的是，酒精含量对缓刑适用的影响最小，回归系数仅为 −0.012。根据模型方程中变量的输出结果，就可以根据各变量的回归系数和常量建立起缓刑适用的预测模型。具体为：

$$p = e^{.125} \times e^{-.012\,(a)} \times e^{-1.172\,(b)} \times e^{.787\,(c)} \times e^{-1.177\,(d)} \times e^{-1.038\,(e)} \times e^{1.083\,(g)} \times e^{-.773\,(h)} \times e^{-3.295\,(i)} \times e^{2.580\,(j)}$$

在上述预测模型中，P 是指缓刑适用的概率，是模型中代入变量值后得到的结果，e 为常数，约为 0.117，在输入模型中各变量的回归系数后，各个变量的值若只要有该情节则为 1，没有则为 0。在具体案件中，输入各个变量的值后，得到的 p 值越接近 1，意味着判处缓刑适用的概率就越高；若 P 值越接近 0，则意味着判处缓刑适用的概率就越低。

那么，我来对上述结果进行一个总结：其一，法官在对缓刑适用的判决中更倾向于综合性地运用责任刑与预防刑来作为缓刑适用的根据，因此司法实务中缓刑裁量整体表现为并列模式。回归分析结果显示，9 个有效变量中，性质为责任刑情节的共 6 个，具体包括酒精含量、驾驶资格、营运车辆、交通事故、高速路、抗拒或逃避检查，预防刑情节共3个，具体包括赔偿、前科、立功。当然，赔偿到底是责任刑情节还是预防刑情节，学界存在着争议，但如果赔偿被界定为责任刑情节，表明缓刑裁量更多被责任刑情节所影响。这意味着在司法实践中，法官认为刑法规定的缓刑适用条件中的"犯罪情节"是指责任刑情节，而体现"再犯罪危险"的则是指预防刑情节，故假设一能够成立。这就意味着不管理论界是否存在着争议，司法实务中缓刑裁量采用并列模式能够证成。其二，在假设一证成的情形下，假设二则无法成立。如前实证分析结果表明，影响缓刑适用的情节既包括责任刑，也包括预防刑，并且在整个变量体系中，责任刑情节占主导地位，说明法官并没有把犯罪情节与悔罪表现作为再犯罪危险的判断材料。这就意味着缓刑适用条件中的"犯罪情节"仅指预防刑情节的设想在刑事司法实践中并没有得到认可，故假设二无法成立。

法官的集体职业实践经验中，包含着某种集体与实践理性，是司法客观规律的反映，但是，这种经验可能也存在着不足及一定的提升空间。在本次研究的危险驾驶罪的总样本中，虽然呈现出并列模式是法官在缓刑适用过程中的主要裁量模式，但我认为这种并列模式并不符合当代中国的刑事司法政策及缓刑的基本法理。

第一，并列模式导致缓刑裁量无法体现缓刑的根本属性。司法实务中法官们对犯罪情节与悔罪表现作综合的考量，使得犯罪情节、悔罪表现的判断与再犯罪危险的判断表现为并列关系，这种并列模式会侵蚀缓刑的根本属性。改造被持续认为为缓刑提供了坚实的哲学基础。即便这个哲学基础在某些时候会发生变化，譬如因为保护社区安全而强调对缓刑犯的强化监督，甚至强化对缓刑犯的威慑，但改造始终为缓刑的存在提供了理论基础。缓刑的理论根基与正当化根据在于特别预防，缓刑是特别预防论的产物。我国的缓刑在性质上属于刑罚执行的犹豫主义。基于刑罚个别化原则，对符合条件的罪犯，在判处刑罚并保留执行可能性的条件下，暂缓刑罚的执行，能够使犯罪人受到一种持续的、潜在的心理约束，有利于罪犯反省自己，达到预防重新犯罪的目的。正是基于此，缓刑的裁量体现的是行为人刑法。但上述实证的结果表明，缓刑的适用更多取决于责任刑情节的判断，预防刑情节并没有得到相应的重视。这也表明现有的缓刑裁量模式无法体现缓刑的根本属性。

第二，并列模式可能导致缓刑裁量中责任主义的重复评价。犯罪的实体是不法与责任，责任主义既制约定罪，也制约量刑。正因为如此，影响责任的事实情节，按照责任主义的观点，包括两个方面，一是法益侵害事实，二是表明责任程度的事实。因此，责任刑的形态是静态的，是宣告刑的内在根据，而预防刑的形态是动态的，是宣告刑外在的调整凭证。在所有案件裁量中，法官需要综合考量责任刑与预防刑情节，但在缓刑裁量中，缓刑的主刑量是责任刑与预防刑情节综合决定，而在主刑量确定后是否适用缓刑，则基本决定于预防刑情节。故我认为，并列模式会导致双重责任评价不可避免，从而会导致量刑偏重。

第三，并列模式忽略了再犯罪危险评估在缓刑裁量中的核心地位。与规范的再犯罪风险评估工具运用相比，我国法官对缓刑的风险评估显然仍然属于经验性的临床判断，特别是缓刑裁量的并列模式会削弱再犯罪风险评估在缓刑裁量中的核心地位。

第四，并列模式会导致缓刑适用的不合理限缩。显而易见的是，缓刑裁量的并列模式与递进模式相比，并列模式会使得缓刑适用的实质条件更为严苛，从而会导致缓刑适用的不合理限缩。另一方面，缓刑裁量并列模式是扩大缓刑适用的主要障碍。虽然《刑法》明确规定了缓刑适用的对象条件与实质条件，但就司法中的缓刑裁量而言，因为并列模式既要考量责任刑情节，又要考量预防刑情节，使得缓刑适用条件实质上变得更为严苛。

那么针对上述问题，我认为出于对缓刑裁量模式优化的需要，可尝试作如下思考：

第一，尝试采纳递进模式的二元裁量机制。在未来的缓刑裁量模式中，法官们应该放弃并列模式，现实地承认递进模式的二元裁量机制本来之优点，从而扩大缓刑的适用。在对缓刑裁量的过程中，决定是否适用缓刑本质上是对再犯罪危险的判断过程。在英国，因为矫正无效论，整个20世纪80年代缓刑的刑罚属性受到了信任危机。及至20世纪90年代，大量的措施与原则用以完善缓刑制度，其中最为重要的是，缓刑的裁量建立在区分严重的犯罪与不严重的犯罪的基础上再鉴别再犯罪的危险。英国的罪犯评估系统（the Offender Assessment System）被内政部指定用于全国罪犯的缓刑与矫正之中，并在该系统的运用目标中明确指出，应该把再犯罪危险评估与假释、缓刑裁量联结起来。正是近年来英美等国再犯罪危险评估技术在缓刑裁量制度中的成熟运用，使得这些国家的缓刑一直成为刑事制裁中最为重要的手段之一。

我国的缓刑制度应该借鉴英美等国的裁量模式，明确缓刑裁量也应以再犯罪危险评估为中心，从而优化缓刑裁量模式。

行为人刑法是建构在预防主义的基础之上，意在未来，故在缓刑的裁量过程中，反映行为人在缓刑期间再犯可能性的预防刑情节应该成为裁判依据。因为在缓刑中只能运用体现行为人刑法的情节，故缓刑的具体裁量显然仅支持递进的裁量模式。在司法实践中，还必须要明确区分责任刑情节与预防刑情节，以免导致裁量的误差。在构建成熟的缓刑再犯罪风险评估制度之后，预防刑情节判断都应包含在评估量表之中，但即便运用缓刑评估量表进行裁量，亦能显示缓刑裁量递进模式的科学性。

第二，确立微罪缓刑的普遍适用模式。我认为树立微罪优先适用缓刑的基本观念，就必须纠正那种"微罪缓刑本身不具有报应与威慑功能"的错误认识。在对缓刑裁量的过程中，决定是否适用缓刑本质上是对再犯罪危险的判断。在英国，因为矫正无效论，整个 20 世纪 80 年代缓刑的刑罚属性受到了信任危机。及至 20 世纪 90 年代，大量的措施与原则用以完善缓刑制度，其中最为重要的是，缓刑的裁量建立在区分严重的犯罪与不严重的犯罪的基础上再鉴别再犯罪的危险。英国的罪犯评估系统（the Offender Assessment System）被内政部指定用于全国罪犯的缓刑与矫正之中，并在该系统的运用目标中明确指出，应该把再犯罪危险评估与假释、缓刑裁量联结起来。正是近年来英美等国再犯罪危险评估技术在缓刑裁量制度中的成熟运用，使得这些国家的缓刑一直成为刑事制裁中最为重要的手段之一。我国的缓刑制度应该借鉴英美等国的裁量模式，明确缓刑裁量也应以再犯罪危险评估为中心，从而优化缓刑裁量模式。虽然属于预防刑的裁量属性，缓刑的正当性根据是强调特殊预防的教育刑论，但从刑罚功能意义上讲，缓刑亦既有报应与威慑之功能。大部分民众认为缓刑犯远离监禁，能够在社区自由活动，因此缓刑不具有报应与威慑之功能。但是，缓刑毕竟为有罪宣告，缓刑监督与缓刑撤销使得缓刑仍然具有一定的报应与威慑功能。同样，即便是微罪的缓刑适用，仍然能够体现刑罚的报应功能，从而满足法秩序所需要的正义观。我认为，可在《关于常见犯罪的量刑指导意见》中明确规定，危险驾驶罪案件若没有法定的缓刑禁止适用情节，一般情况下应该适用缓刑。在时机成熟后，可推广到其他微罪或者宣告刑为拘役的案件中，即一般情况下应该适用缓刑。

第三，建构以再犯罪危险评估为中心的缓刑裁量模式。缓刑制度的建立须遵循一系列的原则，其中最为重要的原则就是在量刑政策中，风险评估管理应该贯穿于缓刑的整个刑事司法过程中。但是，到目前为止，我国法官对缓刑中的危险评估基本采取定性方法。以定性的形式评估再犯罪危险最大的问题在于可靠性差，因而国际社会多使用定量的形式对罪犯进行再犯罪危险评估。为此，我们必须要建立以危险评估为中心的缓刑裁量模式，这种建立在递进模式基础之上的裁量机制能够最大限度地鉴别出高风险与低风险罪犯，以便促进对缓刑犯的再犯罪风险的合理控制。区别于英国较为成熟的缓刑量刑前报告制度，我国《社区矫正法》对再犯罪危险评估的规定较为粗疏，因此有必要在相关的法律法规中具体明确缓刑再犯罪危险评估的法律性质、评估对象、评估机关、评估步骤及评估效力等具体程序性问题，最终为构建科学的缓刑裁量模式提供程序性保障。

由于时间关系，我就先谈到这里，接下来我把话筒交还给彭文华教授，请他继续主持接下来的讨论。

彭文华教授：

非常感谢刘崇亮教授为我们带来了这样高品质的学术盛宴，同学们可以看到，刘崇亮教授对于缓刑裁量的研究非常地深入。他从理论争议切入，对4000余份裁判文书进行了分析，这是一个非常耗时耗力的大工程。但是我们看到，结果也是非常震撼人心，并且具有极强的说服力。我想一个讲座如果能让大家学习到一种研究方式和研究态度，那么这样的一场讲座就是成功的，我非常赞同刘崇亮教授的观点，在我国目前轻微罪治理中，首先考虑缓刑，而非监禁刑能够极大程度缓解监狱的压力。同时，缓刑是特别预防论的产物。我国的缓刑在性质上应当属于刑罚执行的犹豫主义。是故采用递进模式可能更符合缓刑的制度设计。

那么，今天的讲座就谈到这里。最后还是非常感谢刘崇亮教授受邀来参加这次系列讲座，让我们以热烈的掌声感谢刘崇亮教授带来的优秀成果展示！

互动交流环节，就缓刑裁量模式的实证研究问题展开讨论，深入研究了缓刑裁量模式的理论争议点，回归结果评介与对目前模式的评介与优化。

属地管理政策下基层复杂事务及
其调适性治理

时　间：2022 年 10 月 9 日
主持人：杜建军（上海政法学院政府管理学院副院长）
主讲人：辛方坤（上海政法学院政府管理学院 教授）

10 月 9 日晚，上海政法学院"教授第壹讲"第七期在我校 A4-201 会议室顺利举办。"教授第壹讲"系列学术讲座是在校领导关心下，人事处、科研处与各二级学院为我校新晋教授搭建的一个展示最新研究成果的学术交流平台。我校政府管理学院辛方坤教授应邀以"属地管理政策下基层复杂事务及其调适性治理"为题开讲。我校政府管理学院副院长杜建军主持，政府管理学院一百余名师生线下参加了本次学术讲座。

主讲内容

各位晚上好！

非常荣幸能够参加由上海政法学院科研处、人事处以及政府管理学院举办的"教授第壹讲"讲座。

今天讲座的题目是"属地管理政策下基层复杂事务及其调适性治理"。众所周知，近年来属地管理的政策异化已成为基层政府不可承受之重，颜昌武等学者认为"旨在守土有责的属地管理在某些情况下沦为上级职能部门甩锅推责的工具"，从而影响了基层治理实效。基层治理困境与人民善治期望形成了治理期望落差，而网络、政务服务热线、信访等成为期望落差的表达途径。对基层政府而言，大多数问题可以通过常规方式来解决，如行政执法、领导重视、加大投入等，因为它们是有例可循的常规问题；另有一些则是无法通过常规方式来解决的复杂问题，这些复杂问题通常并无案例可循，或者问题的管理情景发生了显著变化导致已有的解决方式不能适用。基层复杂事务若久拖不决或处置不当则会发展成顽瘴痼疾，甚至演化成社会冲突事件。我们可以合理地假设，异质性的基层复杂事务会影响基层治理方式的选择与效用。基于此，我的研究通过对基层复杂事务概念化的应用和检验，为基层公共政策问题的识别和影响提供经验证据。

虽然中国土壤生长起来的科层体制迥异于韦伯意义上的科层体制，但标准化、规范化、程序化仍然是中国行政体制的关键特征。基层治理除了承担维持社会秩序的功能外，更有张扬基层社会活力的价值追求，所以需要一定的灵活性和创造性，因而冯川等学者也认为"单靠科层体系规范化的治理方式很难对接复杂的一线治理现场"。比如说公益设施建设中出现的邻避冲突、顽瘴痼疾治理中的执法困境、跨域治理中的碎片化等。中共中央、国务院在2021年4月公布的《关于加强基层治理体系和治理能力现代化建设的意见》中明确提出"加强基层政权治理能力建设"，要求"增强乡镇（街道）为民服务能力"。

所以，本文的核心问题是以基层"关键小事"为代表的复杂事务经常超越乡镇等基层政府的常规治理边界，但属地管理的原则又要求基层政府必须"守土有责"，那么如何从理论层面展现基层政府解决复杂问题的过程，以全面揭示中国之治的基层形态，我将从以下几个方面展开论述：

第一，基层复杂事务及其表征。

其一，我认为，基层复杂事务是区别于"棘手问题"的复杂事务。

民生无小事，百姓的幸福生活亦由无数"关键小事"组成。虽然"关键小事"的新闻不断见诸报端，但究竟何为"关键小事"，有何结构特征？理论界还缺乏相应的学术研究进行回应。但从一些文献、新闻的报道来看，以"关键小事"为代表的基层复杂事务往往是百姓反响较为强烈的急难愁盼问题，如电梯加装、垃圾分类、物业管理等，属于复杂问题的范畴。虽然解决起来较为棘手，但若套用"棘手问题"对基层复杂事务进行理论化，对中国行政管理实践则是无益的。

里特尔和韦伯等西方学者在 1973 年提出的"棘手问题"理论，被认为是对当时公共政策领域盛行的"理性–技术"主义的批判，并将研究转向至复杂领域。他们主张，为困难的社会政策问题寻找科学依据注定失败，因为这些问题的本质是"棘手的"，而科学旨在解决"驯良问题"，即"那些问题本身能够清晰定义、明确归因，并可确定解决问题的行动方案的技术问题"。自此以后，伴随着公共管理外部环境的重大变化，如不确定性、多元性及冲突性的增强，越来越多的学者被"棘手问题"所吸引，以此来分析社会、政治和管理行为的非线性性质。有学者把"棘手问题"的特征归纳为：问题表述的不确定性、问题解决的不确定性、不可解决性、后果的不可逆性和个体的独特性等五个方面。2019 年《Policy and Society》期刊专门组织了一期文章来讨论"棘手问题"，其中，学者们的突出观点是，"如果将所有复杂问题都称为棘手问题，那么这个概念无助于我们理解棘手问题，也无助于制定应对措施。"杰伊·彼得斯就旗帜鲜明地反对将所有复杂问题都视为"棘手问题"的简单化倾向。也有学者根据问题本身与涉及的参与者两个维度构建了二维矩阵，将政策问题划分成为温良问题、认知复杂问题、分析复杂问题、复杂问题、概念争议问题、政治复杂问题、沟通复杂型问题、政治混乱问题、非常棘手问题等 9 种类型。从这些文献不难发现，"棘手问题"的限定越来越严格，外延也被不断收敛。

所以，将"棘手问题"与复杂事务进行严格区分合乎中国属地管理的体制要求。一方面"关键小事"为代表的复杂事务是基层政府必须解决的民生事务，这是中国共产党领导下的政府职责所在；另一方面，基层政府往往有各自处理复杂问题的"土办法"，差异性也是中国基层行政特色之一。显然，基层"关键小事"为代表的复杂事务不满足"棘手问题"所具有的不可解决、一锤子买卖、不可犯错等特征。本文认为，基层复杂事务是指基层治理实践过程中由于管理情景的变化而形成的结构不良、较少范例可循、并存在一定程度利益冲突的民生事务，需要基层政府谨慎、用心地对待。

我认为，基层复杂事务有 4 个方面的结构特征：一是有明确的对象指向，是与百姓利益密切相关的具体事情；二是有多元的利益诉求，事件处置过程中涉及不同的利益主体，若处置不当容易转化、升级，冲击治理秩序，所以谓之关键；三是有非线性的构成要素，各要素之间不是非此即彼的线性关系，而是耦合、交互的复杂系统；四是有灵活的处置方式，管理情景的变化需要基层政府不断修正、调适解决方案，以满足"守土有责"的约束。虽然复杂事务的处理过程较为棘手，但其首要特征是可解决性；解决方案一般也与基层的场景密切结合，依赖基层政府的灵活性与创造性，由此需要一定的容错空间。从中国行政管理实践上来说，将"棘手问题"与基层复杂事务区分开来，既可以激发基层政府的自主性，还能规避"一刀切"与"等靠要"的消极思维。

其二，认为基层复杂事务存在"上有压力、下有阻力"的制度空间。

长期以来，我国基层政府部门实行"条块结合、以块为主、分级管理"的行政体制，即属地管理。学术界关于属地管理的讨论从未间断，张紧跟、吕德文等讨论了该体制下的治理问题。但《关于加强基层治理体系和治理能力现代化建设的意见》文件中强调"县直部门设在乡镇（街道）的机构原则上实行属地管理"，意味着在基层治理现代化的过程中，属地管理仍有其独特的体制优势。事实上，无论是周黎安的行政发包制理论、周雪光的"中国国家的治理逻辑"还是曹正汉的"中央治官、地方治民"观点，均揭示了压力型属地管理体制下不同层级政府之间的委托—代理关系。而其中，"处于行政末梢的基层政府陷入责任属地、权力不属地的治理困局"被诟病最多。

近几年来，中国各地也不断探索如何在现有体制下提高基层治权。北京的"街乡吹哨、部门报到、接诉即办"被视为是"并未触动现有体制下政府层级间、条块间、部门间权力关系的结构"背景下对属地、部门责任的优化。当然，也有学者指出"尽管各级治理主体都参与了'接诉即办'工作，但是街道、乡镇和社区等仍然是承担最多治理任务的机构，他们可能会面临着基层治理能力不充分的挑战"。由此可见，属地管理下的权责不对等加大了基层政府处置复杂事务的压力。

目前，法治与权利已经成为基层治理的重要议题，也对基层政府提出了更高的要求。一方面，正如陈柏峰学者认为的，"伴随社会变迁，基层出现利益和观念多元化，一些群众的权利和责任意识发生变化，重权利、讲利益、不重义务、不讲责任"，面对这些复杂情况，基层政府缺乏合法且有效的标准化方法。另一方面，受限于"权力/不平等"范式的巨大影响，在当前中国基层法治的研究中呈现出"弱政府—强民众"的态势。即使基层政府一些合法的执法行动也可能面临引发社会抗争风险的困境。因此，基层执法实现从"执法管制"到"服务为先"的转变也是未来基层治理的图景之一。综上所述，民众的权利意识、舆论的风险社会放大、基层依法行政的硬约束等构成了基层治理的复杂社会环境，是基层政府解决复杂事务的阻力，更加需要基层政府谨慎处理。

第二，基层复杂事务的解决之道。

从中国的治理实践来看，基层复杂事务均有一定的利益冲突属性，也正因如此，党的二十大报告直接将完善社会治理体系置于国家安全的宏观视野之下，亦有"完善社会治理体系，最重要的就是防控化解各类矛盾风险"的相关官方表述。与棘手难题不同，基层在面对复杂事务时是有一定的容错空间的，因为矛盾的化解并不是"一锤子买卖"，而是需要不断去尝试、修修补补。另外，棘手难题遵循沃尔多的规范逻辑，但复杂问题的治理则与林德布罗姆的渐进决策相吻合。渐进主义决策者认为，决策不能只遵守一种固定的程序，而是根据组织外部环境与内部条件的变化进行适时的调整和补充。在面对信息模糊、结构不良、较少先例可循的复杂事务时，基层政府需要放弃效率优先的命题，采取谨慎的、非程序化的方法现裁现做，不断去修正问题并找到解决方案。从国内关于复杂问题的研究来看，绝大多数也是从宏观组织间关系的角度展开研究，如李瑞昌、侯晓菁等学者的非常规公共事务治理，赵吉学者的折叠型治理，周军学者的包容差异的合作治理等。事实上，学术界关于复杂理论对组织关注过多、领导者关注过少的批评从未停止过。海恩斯就认为，"复杂理论的学者对组织的自组织属性的关注远多于对组织中领导者的控制和决策能力的关注"。对微观的基层政府而言，限于属地管理体制与熟人社会结构的约束，关注组织中的领导行为显得更为重要。

基层政府领导者在被动性约束与能动性因素之间进行决策选择，表现为基层干部应对复杂问题的一系列行动策略，有研究称之为"一套办法"。其中，被动性源于处置复杂事务的属地责任安排，庞明礼、陈念平等学者提出"不同于韦伯科层制非人格化的工具理性人，中国党政科层制中的干部是有明确价值取向、担负历史使命的复合责任主体"，基层领导干部需要为百姓的"关键小事"承担兜底责任。能动性则源于应对复杂事务的自主灵活策略，基层政府在一定的容错空间内尝试多种方式，并逐渐探索出相对满意的解决方案。据此，我在文章中提出"调适性治理"的理论框架来展现基层政府解决"关键小事"过程中的调适性。调适性治理是指在公共事务管理过程中，基层政府依据内外部环境的变化及管理目标的需要，不断调配多种策略组合方式，以实现对复杂问题的渐进式和适应性治理。

虽然近年来涌现出一些关于调适性治理的文献，但其概念及适用却不尽一致。虽然始点不一、面向各异，但众多研究其实均将调适性视作一种治理理念，以理解相应的治理实践。调适是一个心理学的概念，指调整已有的结构来适应环境。其中，调整是行为，适应是目标。迪茨等的"结构论"认为，复杂、层叠与冗余结构能够增强治理在多变环境下的适应性；海尔曼和佩里的"主体论"则认为，中国场景下适应性治理的关键在于政府自主性。而我认为，调适性治理并不是基层政府预设的概念，无论是基于自身责任还是迫于上级压力，他们均想快速、有效地解决问题，但复杂事务的棘手属性又很难"一锤定音"。所以，调适性治理并不是一种治理理念，而是一个基层政府为解决复杂事务与多元主体交互、融合的过程。

第三，调适性治理与基层复杂事务的适配。

参照相关学者对棘手问题的二维划分方式，本文从问题的非常规程度和利益冲突的可能程度两个方面构建了基层事务的二维矩阵，将基层事务划分为简单事务、专业事务、焦点事务和复杂事务四种类型，并概述了响应挑战的治理策略。

简单事务的适用场景是：当利益冲突和非常规程度都较低时，治理挑战相对简单。在这种情况下，事实清楚、价值明确，领导者布置相应的工作并给予一定的条件，领导者可以通过简单的强制或标准化就可以实现，而这恰恰是科层治理的本质。

焦点事务的适用场景是：当利益冲突高，问题的非常规程度低时，治理挑战是如何实现偏好和利益的结合。此时，需要调节利益相关者的偏好，实现利益的一致性。基层决策者一般通过激励机制就能输出控制或结果的标准化。

专业事务的适用场景是：当问题的非常规程度高，但利益冲突低时，治理的挑战就是专业知识。因基本不涉及利益冲突，所以专家咨询是产生专业知识的主要机制，即将他人的专业知识纳入政策定义和政策实施中。基层决策者通过协商来控制、引导任务的实现。

复杂事务的适用场景是：当利益冲突程度与问题的非常规程度都高时，治理的挑战则是如何在单一的治理安排中同时协调利益和专业知识，因此属于复杂难题。面向利益协调和专业知识的"整合"是可行的治理策略。帕森斯就认为调适是社会整合体系的一个重要构成要素。这样的策略意味着一方面将行动控制在基本秩序范围之内，守牢社会秩序的底线；另一方面则不断扩大知识的来源范围，达到张扬社会活力的目的。

从行政决策的角度看，调适性治理能够实现与基层复杂事务的适配源于三方面的逻辑。一是理性化方面，强调与问题的适度共存。缘于历史遗留、利益关系、权责厘定、基层领导的注意力分配等方面的影响，基层复杂事务的解决显然不是一蹴而就的。虽然有属地压力，但问题的解决仍需一定的时间与空间，这也正是福柯所言的"自由实践"和"生活艺术"的一部分。二是合法性方面，强调将问题不断分解。基层政府在复杂事务中的认知能力和控制能力受到较大的约束，所以需要仔细区分已知的事实和推测的东西。将问题分解为"零碎工程"并各个击破，遵循波普尔的批判理性主义主张，是一种基于层次结构的治理思路，以此来促进解决方案的谨慎和适度。三是有效性方面，主张发挥社会学的想象力。社会学的想象力可以帮助基层决策者认清问题的核心与本源。通过广泛的专家参与、头脑风暴等方式，实现复杂问题的地方知识与更广泛环境中的专业知识相结合，提高复杂问题决策的有效性。

学术界一般从"温良问题–棘手难题"的角度进行公共政策问题识别。众多文献均将复杂问题视为棘手难题，但正如本文所述棘手问题有严格的问题特征限定。对中国基层实践而言，若将复杂问题视为棘手问题，容易导致"听天由命"的宿命论及"一刀切"的行政思维，不利于调动基层政府的积极性和主动性。实际上，作为"使命型政党"（唐亚林，2021）领导下的基层干部始终把解决人民群众的"急难愁盼"问题作为头等大事。由此，本文也提出了调适性治理理论来展示基层政府面对复杂事务的主观努力过程。已有文献多是从变通、选择性执行等政策执行的角度展示基层政府的被动行为。海贝勒等（2013）称县乡一级领导干部为"战略群体"，表明这个群体的主观努力是中国之治的重要一环。当代中国基层的鲜活实践为新的理论提供了肥沃土壤。调适性治理超越了传统治理理论之维中的科层控制和多元主义两种极端，呈现了中国基层治理复杂性条件下行政控制和社会参与的良性结合。当然，本文仅是初步分析了复杂事务调适性治理的内涵及其适用逻辑，研究还较为初步，如何挖掘出更多的案例来扩展理论的适用性值得后续研究进一步推进。我相信，基层政府处置复杂问题的策略研究对提升基层治理的研究格局、展现中国之治的基层逻辑具有重要的理论与实践价值。

综上而言，基层复杂事务的混沌结构与利益冲突属性要求决策者必须正视问题，在不断探索、尝试的过程中将问题逐渐收敛至核心层面，并借助多方面的智慧，实现问题的非常规性解决，这即是调适性治理的核心。

师生互动交流环节：

学生提问：老师您好，我想问的是，把所谓"棘手问题"和复杂问题加以区别主要有何现实意义，即把二者区分能给基层政府日常行政带来多大效用？

主讲人辛方坤回答：

同学你好，这两种问题在一定层面具有相似性，目前很少有学者把两种概念进行明确区分，学术界一般从"温良问题－棘手难题"的角度进行公共政策问题识别，即众多文献均将复杂问题视为棘手难题。但正如我刚才说的，棘手问题有严格的问题特征限定，对中国基层实践而言，若将复杂问题视为棘手问题，容易导致"听天由命"的宿命论及"一刀切"的行政思维，不利于调动基层政府的积极性和主动性。实际上，在党的领导下，基层干部在理想层面始终把解决人民群众的"急难愁盼"问题作为头等大事。

由此，本文也提出了调适性治理理论来展示基层政府面对复杂事务的主观努力过程。我认为，调适性治理理论的意义在于，其超越了传统治理理论之维中的科层控制和多元主义两种极端，呈现了中国基层治理复杂性条件下行政控制和社会参与的良性结合。当然，我在文中仅仅是初步分析了复杂事务调适性治理的内涵及其适用逻辑，对于如何挖掘出更多的案例来扩展理论的适用性值得后续研究进一步推进。我相信，基层政府处置复杂问题的策略研究对提升基层治理的研究格局、展现中国之治的基层逻辑具有重要的理论与实践价值。

非常感谢你的提问！

谈新时代大学生的电影媒介素养的
培养与构成

讲座时间：2022 年 12 月 16 日（周五）13：00
讲座地点：腾讯会议 194 738 258
主 讲 人：徐红（上海政法学院 教授）
主 持 人：孙健（上海纪录片学院副院长 副教授）
主办单位：人事处、科研处、上海纪录片学院

12 月 16 日，徐红教授展开了以谈新时代大学生的电影媒介素养的培养与构成为专题的讲座。本报告在厘清"电影素养是什么"问题的基础上，提出大学生电影素养具有基础性、层级性和认知性的主要特征，当前大学生电影教育应当着重对优秀电影作品的选择和科学消费的能力、对电影语言和电影叙事的理解能力、对电影真实和现实真实的区别能力的培养，并在此方向和基础上探索具有针对性和可行性的培养方法。其中，借助教育部和宣传部推荐的优秀电影作品名录和世界电影大师的经典作品，利用一些权威电影网站的评分机制来选择优质电影片目，让学生掌握一些有关电影类型、电影语言和电影媒介特性的基本知识，都是当前可资利用的切实提高当代大学生电影素养的资源和途径。

主讲内容

同学们好！今天的讲座我要和大家谈谈当代大学生的电影媒介素养问题。观赏电影是大家喜闻乐见的娱乐形式。许多大学生喜欢看电影，也经常看电

影。看电影怎么就成了"问题"了呢？如果我们结合当前观众的观影情况、观影需求和观影环境的变化，观看和消费电影确乎成了一个值得我们认真思考的"问题"。

当前我国电影业正处于转型升级、内涵式发展的关键时期，叫好又叫座的精品力作不断涌现，观众数量在稳步增长，观众的电影素养也随之逐渐提升。电影产业的生产力、传播力与影响力是衡量一个国家文化软实力的重要指标。一个国家的民众是否具备良好的电影媒介素养，能否养成对电影作品良好的选择、消费和欣赏的能力，既是一个国家的国民素质全面均衡发展的体现，也是指示该国电影产业健康运转的重要表征。民众拥有良好的电影媒介素养，有利于发挥观众对本国电影业的反作用力，促进电影品味和创作水平的提高，推动电影产业的内涵提升。对中国电影来说，如何提高生产力和经济效率，推动产业转型升级和实现可持续发展，提升电影产业与电影观众的互动水平是国家电影产业发展的重要环节之一。不可否认的是，当前我国部分群体的电影媒介素养仍有待进一步提升，部分电影观众的电影欣赏水平仍然停留在纯娱乐的肤浅层面，不能科学地判断、理解和接受电影的艺术与精神内涵，也不能充分地利用电影寓审美、认知与教育于一体的多样化功能，来实现自我素质的提升。这集中体现在一些艺术水准较高的影片票房惨淡、而一些庸俗媚俗的影片却大卖特卖的怪现象上。普通民众电影媒介素养的欠缺，既损害其个人文娱生活的品质，事实上也影响了国家电影产业的良性发展，制约了优质电影文化的发展与传播。

第一，当前大学生看电影何以成为"问题"？

一是当前的观影环境需要大学生提高电影素养。与过去的20世纪相比，21世纪的大学生观众拥有影院电影、电视电影、网络电影、手机电影等多样化的观影渠道，面对线上线下五花八门的影视信息和海量的、漫无边际的电影资料库。电影便捷的"获得性"表面上降低了观众的观影门槛，实际上提升了观众的观影难度，尤其是选择的难度。面对昔今中外的海量的影片片目，观众如果不具有一定的电影素养，拥有良好的选片能力和观影趣味，将很难避免大量的无聊影片对人生的无意义的消耗。

二是客观上民众的观影素养仍有进一步提高的空间。当前我国电影业正处于转型升级、内涵式发展的关键时期，叫好又叫座的精品力作不断涌现，观众数量在稳步增长，观众的观影质量也随之逐渐提升，观众的电影素养在其中发挥了积极的作用。但不可否认的是，当前我国民众的电影素养仍有进一步提升的空间，部分电影观众的电影欣赏水平仍然停留在纯娱乐的肤浅层面，不能科学地判断、理解和接受电影的艺术与精神内涵，也不能充分地利用电影寓审美、认知与教育于一体的多样化功能，来实现自我素质的提升。这集中体现在一些艺术水准较高的影片票房惨淡、而一些庸俗媚俗的影片却大卖特卖的怪现象上。大学生电影媒介素养的欠缺，既损害了其个人文娱生活的品质，事实上也影响了国家电影产业的良性发展，制约了优质电影文化的生产与传播。

三是国家教育部门的政策要求。2022 年 11 月 22 日教育部印发《高等学校公共艺术课程指导纲要》（以下简称《纲要》），要求高校构建面向人人的课堂教学和艺术实践活动相结合的公共艺术课程体系，将公共艺术课程纳入各专业本科人才培养方案，规定学生修满公共艺术课程 2 个学分方能毕业。教育部要求高校加大艺术课程建设的力度，以审美和人文素养培养为核心，以创新能力培育为重点，着力提升文化理解、审美感知、艺术表现、创意实践等核心素养，形成"一校一品""一校多品"高等学校公共艺术教育新局面。《纲要》规定高等院校开展和建设包涵艺术鉴赏和评论在内的公共艺术课程。高等院校积极开展电影艺术教育，提升当代大学生的电影媒介素养，可以发挥电影艺术对大学生的思想引领和价值导向的重要作用，增强优秀国产电影在高校思想文化阵地的传播力、影响力和引导力，让大学生在电影艺术教育中感受世界、开拓视野、体验情感，实现身心健康的全面发展。

第二，何为"电影媒介素养"（Film Literacy）？

既然具备良好的电影媒介素养，形成对电影艺术较好的选择、消费、鉴别和欣赏的习惯和能力，是当代大学生人文艺术素养和综合素质全面发展的良好体现。那么何为"电影媒介素养"呢？

"电影媒介素养"通常是指现代人通过选择、消费、欣赏、批评、运用甚至制作电影来获取艺术营养，愉悦和丰富自我的心灵世界（包括用影像来表达自我），来促进身心的和谐和健康发展的能力与素养。它一般包括对电影科学的选择与消费能力、良好的品鉴与欣赏能力、对电影语言和电影叙事手法的领悟能力、对电影作品的分析、评价和批判能力、对电影真实与现实真实的区分能力以及对电影艺术理论及历史的理解与认知能力等。它构成了现代人综合媒介素养的一个重要组成部分。

关于一般公众电影媒介素养问题的研究在 1933 年英国文学批评家列维斯和汤姆森在《文化与环境：培养批判的意识》一书中提出"媒介素养"的概念之后应运而生。基于"媒介素养"的一般概念——它是指受众在多样化环境中按照自我的目的与需求，接收、运用、分析、评估、质疑和制造媒介信息的素养与能力，西方学者将电影媒介素养视为一个内涵广泛的概念，囊括了公众在电影方面的知识、技能、情感和价值观等多个方面。但长久以来，由于电影既是一种媒介，更是一门艺术，其相对于报纸、电视、互联网等信息流较大、时效性较强的大众媒介来说，在传统的以新闻传播学为主导的媒介素养问题的研究框架中只占据了较小的研究空间，没有给予充分的展开。在电影艺术研究领域内部，电影媒介素养的观念在电影观众学研究中有所体现，但它往往被当作观影市场上电影观众的群体特征，而不是被当作特定群体的特定能力或素养问题来加以分析与研究。

第三，"电影媒介素养"的主要特征是什么？

一是层级性。电影是一门兼具人文性、技术性和大众性的媒介艺术，因此与此相关的一般公众的电影素养具有广泛而多样的内容与形式。大学生群体作为一个正接受良好教育的社会阶层，其审美能力比一般社群要高，但社会并不苛求每个普通专业的大学生都能像专业的电影工作者那样具有专业、完备而深入的电影素养及能力。根据人们不同的身份、职业、兴趣与爱好（如专业电影工作者/其他行业工作人员、一般电影观众/深度影迷等），现代人的电影媒介素养呈现出金字塔式分布的、由基本到高端的层级性特征，如下图所示。作为一种特定社会身份或群体的大学生阶层的电影媒介素养同样符合这种从基础到高级的层级性特征。其中，对优秀电影作品的辨别、选择和理性消费的能力构成了当代大学生最基本的电影素养。

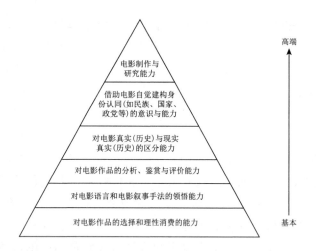

二是基础性。大学时期是一个人成长与发展的积淀和定型阶段。新时代大学生的电影素养应当落脚于对电影艺术的基本知识、概念、规律的认知和基础能力的培养，突出其通识性和基础性的特征。如上图所示，对优秀电影作品的选择和科学消费的能力、对电影语言和电影叙事手法的基本的理解和领悟能力、正确区分电影真实与现实真实的差异能力、对电影作品的良好的批评和分析能力、借助电影自觉构建对民族、国家等身份认同的意识与能力，构成了新时代大学生电影媒介素养的核心内容。至于拍摄和制作电影（或视频）的能力、对电影专业理论和历史的研究能力，不必作为非影视艺术类专业的大学生电影素养的基本内容。教育者应该立足于大学生的心理特征和认知实际，选择科学的教育内容和培养方法，来开展大学生基本电影素养的培育与提升。

三是认知性。鉴于电影艺术的特殊的意识形态性，大学生应该将关注重心放在对电影艺术媒介特性及其所传达意义的认知上。大学生尤其应当学会区分电影真实与现实真实（含历史真实）的能力、借助电影自觉构建自我身份认同的能力等。对于整个大学生群体来说，提高自我对电影艺术的认知能力要远比学会拍电影的动手能力来得更加重要。当前我国高校电影教育的当务之急是帮助大学生形成对电影艺术的科学而全面的认知，特别是培养他们利用电影来形成对人生、社会和世界的正确认知的能力。怎样选电影、看电影和理解电影，构成了当前大学生电影教育工作的优先事项。另外，大学生基本电影素养的培育和审美能力的培养应当围绕高校的德育工作目标同时展开，做到两者兼顾。与其他文学艺术作品相似，电影作品兼具思想性和艺术性的特征，一部好的电影不仅可以在艺术和审美上滋养人，而且可以在思想情操和价值观念上感染人和引领人。掌握和拥有基本电影媒介素养既是当代大学生良好的审美能力的体现，也是其正确的价值观和世界观在个人精神生活领域的映射。

四是主体能动性。数字时代来临后，随着电影艺术与计算机数字技术和新媒体平台的加速融合，海量的影视作品在丰富多样的观影渠道上涌现。这为观众自主参与线上或线下的多样化的电影文化交流与互动创造了可能，并要求他们采用更加理性、积极和主动的态度来消费和欣赏电影。这种崭新的观影文化迫切呼吁公众提升电影媒介素养，在跨媒介文化实践中发挥主体能动性。大学生群体凭借良好地对新事物的接受能力和新媒体应用能力，往往能够积极主动地参与到网络电影文化实践中，在在线电影文化的消费、评论、互动和生产中展示出较好的生产性和创造性。

传播学的受众反应理论假定大众媒介恰当的传播行为能够在受众身上激发起相应的传播效果。而传统的电影观众学研究，如雨果·明斯特伯格的《电影：一次心理学研究》、麦茨的《想象的能指：精神分析与电影》等，接受心理学理论（如精神分析学）的启发或指导，认为电影文本与观影者心理之间存在着一种共谋关系，即认为电影装置利用了观众的观影心理，使作为欲望主体的观影者成了电影装置的合作者或共谋者。上述理论都把电影观众视作接受大众传媒/电影装置攻击的对象或靶子，他们消极地接受后者的作用或影响。新媒体环境赋予了当代大学生自主运用电影媒介的可能性与必要性。他们在拥有了良好的电影媒介素养后，可以积极地消费和使用电影媒介，避开劣质电影作品和电影文化的不良影响，并运用观影的自主选择权发挥促进电影工业改良的反作用力，推动国家电影产业的转型升级和内涵发展。另外，大学生的电影媒介素养和主体能动性的高低不仅决定了其观影的选择与消费，而且有助于其自觉建构对党、国家和民族的正确的身份认同，培养爱国主义的高尚情操，这对于国家的教育事业尤为重要。

第四，当代大学生的"电影媒介素养"包涵哪些重要内容？

一是对优秀电影作品的选择和科学消费的能力。在新媒体时代，除了常规的影院观影外，互联网视频网站和手机应用软件上聚结了海量的电影视频。虽然大学生接触和观看影视作品的渠道扩大了，看电影的条件和方法也大为简便，但他们可接触的海量电影资源具有质量良莠不齐、作品类型繁多、思想内容庞杂的特点。这种观影环境客观上要求大学生提高对电影作品的选择能力、判断能力和鉴别能力，把宝贵的素质教育资源和学习与休闲时间用于观看优质健康的影视作品上，排除劣质电影对他们的思想身心的干扰。垃圾电影培养出劣质的艺术趣味，优质电影培养出正确的和高雅的艺术趣味；反之，良好的电影趣味有助于获取优质的电影作品，恶俗的电影趣味亲近劣质的电影作品。因此，培养大学生具备对优秀电影作品的选择能力和科学消费能力可谓是高校电影教育的首要内容。那么，大学生怎样才能提高对优质影视作品的选择、判断和消费能力呢？

发挥优秀电影作品的引领作用。同学们应当优先关注历年来教育部和宣传部向广大学生推荐的优秀影片片目（迄今为止已发布了 40 批）和历届奥斯卡、戛纳、威尼斯、柏林等国际 A 级电影节的获奖作品，重视中外优秀电影作品对自身的思想引领、审美引领和价值引领的作用。

借助权威电影网站的评分机制。大学生应当学会使用豆瓣、IMDB 等权威电影网站的评分机制和系统，利用这些专业电影网站上的资深影评人的电影评分，来选择可看性强的电影作品，避开烂片之坑。通过阅读和利用这些网站上的优质影评（包含短评和长评），同学们完成对心仪影片的导读和初步认知，从而为高质量、高认知饱和度的观影实践打下基础。

掌握一些有关电影类型的知识。大学生想要从海量的电影资源中选择出他们喜欢的、并有可看价值的作品，还必须掌握一些有关电影类型的知识，对电影分类的方式方法有所了解。常见的世界电影的分类方式有：纪录片与故事片、真人表演的影片与动画片、"主流电影"与实验电影或先锋电影等。其中故事片代表了电影艺术的主流，又可分为西部片、犯罪片、武侠片、动作片、科幻片、战争片、恐怖片、爱情片、伦理片、喜剧片等。关于电影的类型，电影理论界有一个专业术语——"类型电影"（Genre）。

什么叫"类型电影"或"电影类型"呢？从制片的角度来说，类型是电影制片公司按照不同电影样式的规定和要求制作出来的、着眼于商业谋利的影片；从文本的角度来说，类型是根据影片的题材、内容、形式、看点、风格等划分出的常见的电影种类；从叙事的角度来说，类型是可以通过一套符码和惯例加以定义的某类电影文本；从观众的角度来看，类型则是指某种能够满足观众特定的观影趣味、嗜好、期待和假定的电影样式。大学生掌握一定的"类型电影"知识，可以提高自己的观影选择能力。

二是对电影语言和电影叙事的良好的理解能力。作为一门专业的艺术门类，电影具有特定的艺术规律和欣赏技巧。大学生需要掌握良好地对电影语言和电影叙事的理解能力，才能走进影片的意义世界，展开准确有效的艺术欣赏。

所谓电影语言是指电影媒介在传达和交流信息中所使用的各种特殊的技巧、方式和表现手段的统称。它是电影用以映现客观世界、传递思想感情的一种特殊的艺术语言。与一般的自然语言不同，电影语言是一种直接诉诸观众的视听感官，以生动、具体的视听形象来传达情感、表现意义的声画语言，它具有强烈的现场感和艺术感染力。法国电影符号学家克里斯蒂安·麦茨曾经指出："并非由于电影是一种语言，它才讲述了如此精彩的故事；而是由于它讲述了如此精彩的故事，才使自己成为一种语言。"由于电影符码可以向人类所有"可见的"世界敞开，我们在讨论电影语言时，在绝大部分的场合下，讨论的并不是电影语言的"词汇"，而是它的"语法"，也就是在电影艺术创作中被反复使用、被日常观众普遍接受的一系列用于电影叙事和表意的形式、手段、成规和惯例。一个电影观众（大学生亦不例外）只有掌握了这套电影语言的成规、惯例或"语法"，才能真正地理解和欣赏电影。

三是对电影文本的分析与评价能力。在掌握了电影语言和形式技巧之后，大学生应当投入对电影作品或文本的整体分析上。新时代大学生具备对主流电影作品恰当的鉴赏、分析与评价能力，是其文化艺术素养的重要表征。

首先，电影作为一种重要的文化表现形式，凭借其非凡的叙事魔力和视听魅力，能够生动地反映社会、人性和价值观的多样性。大学生掌握一定的电影文本的鉴赏能力，有助于拓展文化视野，提升其对社会文化的认知和判断能力。

其次，电影艺术是一门综合性的艺术，涵盖了文学、摄影、音乐、表演等多个艺术领域。通过对电影作品的鉴赏与分析，大学生可以培养发现美与美感的能力，陶冶情操，净化心灵，提高审美认知。这种跨学科的学习体验有助于大学生的全面发展，培养出更具创造力和创新思维的人才。

最后，电影作为一种大众文化形式，往往在其中蕴含着对社会现象和人类命运的深刻思考。培养对主流电影作品的批判性思维，有助于大学生更深入地思考社会、文化和伦理问题，形成正确的世界观和价值观。另外，随着社交媒体的发展，学生对电影文本的读解不仅牵涉个体之间的交流，而且成了一种参与文化社交与对话的重要方式。通过分享自己的观点和见解，大学生能够更好地参与社会文化互动和讨论，促进多元思想的碰撞与融合。这对于构建开放、包容的文化氛围，推动社会人文进步具有积极作用。总之，当代大学生对主流电影文本或作品的鉴赏、分析与评价能力的提升，不仅对个体文化素养的提高至关重要，而且可以为新时代社会文化繁荣和进步发挥积极的作用。

四是对电影真实和现实真实的区别能力。俗话说，"耳听为虚，眼见为实"。这反映了眼睛对于我们日常感知外部世界信息和判断信息真伪的重要性，也说明了人们对视觉判断力的执着与信赖。在这种认知惯性的作用下，人们倾向于将诉诸人类视觉感知的电影世界自愿地信以为真。对于认知和判断能力尚在成长过程中的大学生群体来说，这种倾向表现得尤为明显。因此大学生对电影真实和现实真实（含历史真实）的区分能力，对电影世界的虚构性保持冷静、客观、警醒的态度，是大学生电影媒介素养的重要内容。

一般说来，大学生作为高智商群体，能够在理性上意识到电影世界的虚构性，即摄影机所摄得的影像不同于被摄物本身、银幕上呈现的故事世界不等同于现实生活世界。然而由于电影呈现的影像世界异常自然和逼真，在感觉和表象上与人们生活的现实世界非常相似，一般电影观众往往容易疏忽电影媒介/装置在电影的虚构世界与人们生活的现实世界之间的"间质性（中介化）"存在。也就是说，电影的"可见性"并不必然保证电影符码的"真实性"（即"眼见并不一定为实"），但在电影媒介/装置的"透明性"和"自匿性"（例如在电影叙事中电影制作者故意隐藏起"摄影机的运作"，从而让影像世界与现实世界无比亲近或相似）的遮蔽和掩饰之下，电影观众会放下戒备的观影心理，在无意识中将电影的影像世界"信以为真"，从而混淆了电影世界与现实生活的边界。

另外，自从20世纪80年代以来，计算机图形技术（CGI）被大量地运用于电影艺术的生产与制作中。数字技术既赋予了电影艺术无穷的想象力和表现力，在银幕上制作了令人叹为观止的数字奇观，也制造了大量的在现实世界中并不真实存在的、但可以以假乱真的数字化的虚拟影像（例如《侏罗纪公园》中的栩栩如生的恐龙影像）。这进一步加深了电影媒介的"透明性"或"自匿性"特征，颠覆了人们"眼见为实"的日常认知，让可见的银幕世界变得更加不可信。数字特技诱使电影观众无意识于电影世界是一种经过"媒介化"的、高度人为操控的虚构世界，它表面上的与现实世界的无限接近蕴含了巨大的欺骗性。

良好的电影素养教育能够指引观众不要把电影的表象真实"误识"为现实真实。电影具有混淆银幕真实（故事真实或艺术真实）与生活真实的魔力，也具有建构历史与现实的魔力。它能够营造出高度的逼真感，但它终归与客观真实保持着一定的距离。大学生观众应该学会既能够走进电影世界，又能从电影世界中走出来，既能够欣赏电影故事，又能够对电影的虚拟世界持有客观、冷静的评判态度。充分认识到电影是一种"媒介化"和"技术化"存在的事实。大学生观众可以提高自我对电影世界的认知能力和判断能力，让自己置身于银幕奇观的同时，又能保持一种清醒的批判意识，洞悉银幕上的视听体验都是通过电影装置、这种高度受到人为控制的"形式/媒介""转达"给观众的"二手的"、真假参半的意义符码。充分理解电影"透明性"或"自匿性"的媒介特性，是切实提高学生正确区分电影与现实边界的能力的一个重要环节。

五是借助电影自觉建构正确的身份认同的意识与能力。当前全球化趋势和新媒体技术使得信息传播更加迅速，新时代大学生可以接触到来自世界各地的思想、文化和观点。不同国家、文化、价值体系之间的交流与碰撞，开拓了他们的经验疆界和认知视野，但也带来了当前高校思想政治教育工作的意识形态的复杂性。电影作为一种集宣教与娱乐功能于一体的艺术形式，在培养学生正确的国家、民族的身份认同方面，可以发挥寓教于乐、事半功倍的优势。电影所展现的爱国主义、英雄主义、集体主义等价值观，有助于激发大学生的爱国情怀和社会责任感，使其在潜移默化中形成对国家、民族和政党的认同。鉴于此，高校教师应当培养学生主动借助电影自觉建构正确的身份认同的意识与能力，积极抵制不良的社会意识形态的腐蚀和侵害。通过对一些经典影片的情节、人物和主题观看和分析，同学们可以自觉培养自己的独立思考和批判性思维的能力，在寓教于乐、心悦诚服之中形成对党和民族、国家的身份认同。当代大学生借助电影自觉建构对党、国家和民族的正确的身份认同，对于养成新时代思想进步、全面发展的社会主义建设者的主体意识具有深远的意义。它既是新时代大学生自我发展、自我完善的主体能动性的体现，也是习近平新时代中国特色社会主义思想建设与实践的重要课题。

同学们！新媒体时代赋予了我们丰富多样的接触和消费电影的机会和可能性。但人生是短暂的，青春年华更是宝贵的。如何将自己有限的休闲和课余时间分配到有价值、有意义的娱乐活动中去，实现自我提升与健康娱乐的互补与双赢局面呢？从观影角度来说，提升自我的电影素养和鉴赏电影艺术的水平是解决该问题的关键。让我们行动、学习起来，做一个有眼光、有品味、有观点的电影观众吧！

新修订《体育法》的体系解读、立法创新及配套立法思考[1]

时　间： 2022 年 12 月 20 日

主持人： 谭小勇（上海政法学院体育法治研究院院长 教授）

主讲人： 姜熙（上海司法研究所 教授）

2022 年 12 月 20 日，上海政法学院"教授第壹讲"（第 9 期）"新修订《体育法》的体系解读、立法创新及配套立法思考"成功举办，本次讲座由上海政法学院人事处、科研处和体育法治研究院主办，吸引了校内外近百名专家学者、师生的参加。

上海政法学院体育法治研究院院长谭小勇教授主持本期讲座，姜熙教授通过对新修订《体育法》立法理念、章节设置、条款内容、条款数量等诸多方面进行评析，提出新修订《体育法》的创新之处主要涵盖体育权利体系的构建、全民健身战略的法定化、青少年学生体育伤害事故保险机制和体育学业水平考试制度、体育仲裁制度的建立、体育市场管理体系和体育行政执法体系的完善、高危险性体育赛事活动监管体系的建立以及体育领域的国际反制裁应对等。基于新征程的时代背景，针对新修订《体育法》的贯彻落实提出一些配套立法的思考分享。

---

[1]　讲座内容已发表于《体育科研》2023 年第 1 期，原文名为《新修订〈体育法〉的立法评析、立法创新及重点配套立法完善》。

主讲内容

尊敬的各位领导、专家和同学们：

大家好！

今天，我感到无比荣幸，能够在这样一个充满智慧和学术氛围的环境中，与大家共同探讨一个极富现实意义和深远影响的主题——新修订《体育法》的体系解读、立法创新及配套立法思考。对为本次讲座的筹备与顺利举行付出辛勤劳动的各机构和人员表示感谢。

2022 年 6 月 24 日，十三届全国人大常委会第三十五次会议表决通过了新修订的《体育法》，自 2023 年 1 月 1 日起施行。虽然此次立法工作是对 1995 年《体育法》进行修订，但修订后的《体育法》从立法理念、章节设置、条款内容、条款数量等诸多方面都有着全新的面貌。修订后的《体育法》，共 12 章，新增 4 个章节，增加了 68 个条款，全法共 122 条。从比较体育法的视角来看，新修订《体育法》章节数量、条文数量在世界各国体育法中均处于前列。从近年来我国的立法情况来看，《体育法》相较于我国其他领域的立法，其条文数量也是十分靠前。从条文内容来看，新修订《体育法》没有一个条款完整保留 1995 年《体育法》的相关条款。可以说是一部全新的《体育法》。因此，为了表述上与 1995 年《体育法》进行区分，本文将本次修订后的《体育法》称为"新修订《体育法》"，将 1995 年《体育法》称为"原法"。新修订《体育法》的颁布和实施意味着新时代中国体育法治掀开了新的篇章，将为新时代中国全面推进体育强国建设提供法治保障。

我们首先看新修订《体育法》"总则"章。新修订《体育法》"总则"章共 15 个条款，较"原法"9 个条款增加了 6 个条款。从条文内容来看，新修订《体育法》"总则"章的立法符合立法学的基本要求，对《体育法》的立法宗旨、发展体育事业的基本原则等进行了原则性规定。"总则"章还融入了弘扬中华体育精神、培育中华体育文化、坚持党领导体育工作、发展以人民为中心的体育、保障公共体育服务等新的体育发展理念和发展要求。同时，首次在国家法层面确立起了公民平等参与体育活动的权利，充分体现了新修订《体育法》"权利本位"的立法理念。公民体育权利保障的加强则意味着对政府在体育事业中的作用有更高的要求。因此，"总则"章一个非常重要的特征就是对政府部门在体育事业发展中的责任进行规定。此外，"总则"章还有一个重要特征，就是充分体现了条款内容之间的层层递进关系。第 1 条明确了立法宗旨，第 2 条就马上明确了国家发展体育事业的方针，第 3 条就规定了体育事业纳入各级政府国民经济和社会发展规划，强调了各级政府在体育事业规划发展应起到的作用和责任，紧接着在第 4 条就法定了政府体育部门的权责范围，再到第 5 条是体育权利的规定，而要实现体育权利的保障就需要对公共体育服务供给进行规定，这是参与体育运动的基本权利的制度保障。而公共体育服务的供给又需要财政的支持，于是第 6 条和第 7 条涉及公共体育服务和财政支持的规定。当然，"总则"章的立法也并非完美的，虽然"总则"章对整部《体育法》的统领性地位方面比"原法"有较大的进步，但"总则"章对整部《体育法》各章的统摄还不够全面，比如"总则"章与新修订《体育法》第五章"反兴奋剂"章没有形成对应，而全民健身、体育产业、青少年和学校体育章等均有对应的条款。但总体而言，"总则"章的立法较为规范，立法内容上有重大突破，奠定了整部《体育法》以人民为中心，以权利保障为本位的立法理念。

我们再看看新修订《体育法》"全民健身"章。

新修订《体育法》"全民健身"章共 8 个条款，较"原法""社会体育"章增加了 1 个条款。"全民健身"章仅第 16 条、第 17 条为全新的条款，主要是对全民健身战略和科学健身的规定。第 18 条和第 19 条是在"原法"第 11 条的拆分和修改基础上形成的。第 20 条和第 22 条则是在"原法"第 12 条的拆分和修改基础上形成的。第 21 条则是对"原法"第 13 条和第 14 条的合并和修改基础上形成的。第 23 条则是在"原法"第 16 条的修改。

新修订《体育法》"全民健身"章最明显的修改是章名的改变。"原法"第二章是"社会体育"章，这是按照我国体育学界对体育的基本分类而采用的名称，但是体育学界对此分类或者对"社会体育"的提法也存在着较多的争议。

在立法内容上，"全民健身"章的一个重大突破就是从国家法律层面明确了国家以发展全民健身为战略，这实际上是真正意义上把全民健身作为国家战略，因为是国家法律的法定内容。此外，"全民健身"章构建起了国家发展全民健身的基本框架体系。这个框架体系包含了公共体育服务体系的构建和供给，全民健身计划、体育锻炼标准的制定与实施，公民体质监测和全民健身活动状况调查，社会体育指导员制度等。同时，该章对县级以上政府在全民健身开展中的责任进行了明确的规定，且下沉到了居民委员会、村民委员会等基层部门的规定。对各级政府在全民健身中责任的规定是真正落实全民健身国家战略实施的基本保障。

新修订《体育法》第三章是"青少年和学校体育"章。"青少年和学校体育"章共 15 个条款，较"原法""学校体育"章 7 个条款增加了 8 个条款。"青少年和学校体育"章比原法"学校体育"章而言有较大的修改。首先，将"原法""学校体育"章名修改为"青少年和学校体育"，意味着该章由原先仅仅涉及学校体育，扩展到包括青少年体育。学校体育主要体现在地点上位于各级学校，内容是主要以学校体育课和学校体育竞赛为主干，而青少年体育的范围还包括了有着竞技体育内容的青少年赛事等，其主体更为宽泛一点，也有较多国家的体育立法对青少年体育和学校体育均有所规定。其次，该章的立法思路较为全面。且该章有诸多重大的制度创新，如体育考试制度、学校体育督导制度、教练员岗位制度、学校体育保险制度、优秀退役运动员优先聘用政策等均是具有重大意义的立法举措。最后，该章对体育行政部门和教育行政部门的权责规定更为详细具体。政府在促进青少年体育和学校体育的作用将得到进一步发挥。可以说，"青少年和学校体育"章将为我国青少年体育和学校体育的发展产生重大积极影响。该章立法回应了社会关切的学生身体素质下降、学校体育课正常开展、学校体育伤害防控机制等问题，充分反映了国家对青少年和学生体质健康的关怀。

新修订《体育法》第四章是"竞技体育"章。新修订"竞技体育"章共 14 个条款，较"原法""竞技体育"章 12 个条款增加了 2 个条款。新修订《体育法》"竞技体育"章的立法在继承我国竞技体育立法传统的基础上作出了创新。新增的运动员受教育权、运动员注册与交流权利、赛事组织者权利，以及运动员优待制度、运动员选拔制度、退役运动员支持制度等均体现了权利保护的立法理念。将以往我国的"管理型"竞技体育体制转变为了"权利型"竞技体育管理体制，是以人民为中心的体育发展理念在竞技体育法治建设中的完美呈现，是该章修改的一大变化和亮点。在制度创新方面，"体育运动水平等级"制度是在"运动员技术等级"制度基础上的进一步改革，是针对全社会、全年龄段人群的运动技能水平的评价制度。"体育运动水平等级"制度有利于引导全社会参与到体育运动中来，既有利于学校体育，也利于全民健身的发展，同时也进一步凸显了"开放办体育"的新理念。目前的运动员等级称号授予属于体育行政权责清单中的"行政确认"，社会人群很少涉及这一行政事项。所以，新修订《体育法》建立面向全人群的"体育运动水平等级"制度符合新时代中国体育事业发展的大方向。新修订《体育法》对于注册和交流的规定也反映了注册制度的变革。此外，"竞技体育"章最后一条是有关体育赛事组织者权利，该条的设置对于赛事组织者权益保护而言意义重大。一方面，该条解决了规制体育赛事活动现场图片、音视频盗播等行为的法律漏洞，一定程度上解决了《著作权法》难以对体育赛事画面进行保护的问题。另一方面，该条还解决了今后我国职业体育领域赛事转播权集中出售与反垄断法的冲突问题。根据我国现有的制度，诸如足球等职业赛事，赛事组织者是全国性单项协会，那么依据《体育法》的规定，全国性单项体育协会拥有体育赛事活动现场图片、音视频的权利，这样就可以避免出现赛事转播权集中出售时被视为是俱乐部之间的"共谋"而与反垄断法相冲突。

新修订《体育法》第五章是"反兴奋剂"章。新修订《体育法》第五章"反兴奋剂"章是新增加的章，共8个条款。"原法"第34条前2款规定："体育竞赛实行公平竞争的原则……在体育运动中严禁使用禁用的药物和方法。禁用药物检测机构应当对禁用的药物和方法进行严格检查。"在当前国际反兴奋剂法治体系日益发展的情况下，该条有关竞技体育领域反兴奋剂的条款过于笼统。近年来我国通过的司法解释、刑法修正案等，体现了我国在打击兴奋剂上的坚定立场和坚强决心。第一，新修订《体育法》增加"反兴奋剂"章首先是与相关的立法进行了衔接，明确确立反兴奋剂基本原则。第二，由于当前的反兴奋剂事务涉及面很广，单设"反兴奋剂"章能够很好地对反兴奋剂事务进行系统规定，从而完善我国的反兴奋剂制度。第三，我国新修订《体育法》"反兴奋剂"章还规定了建立国家反兴奋剂机构，并规定反兴奋剂机构依法独立开展工作，解决反兴奋剂机构的独立性问题。第四，明确了建立兴奋剂综合治理机制。综合治理是这次反兴奋剂章的一个变化和亮点所在。反兴奋剂涉及诸多领域和诸多部门的责任，兴奋剂治理无法单靠体育行政部门来解决，需要在赛场外对兴奋剂生产、销售等环节在其他部门的协助下治理，通过新修订《体育法》第55条的规定，对反兴奋剂综合治理机制的建立奠定基础。这也是反映了我国各级政府部门在反兴奋剂中将发挥重要作用，充分体现了我国在打击兴奋剂问题上的坚定立场和严格措施。第五，就涉及反兴奋剂的运动员、检查人员、反兴奋剂机构的权利、责任等加以原则性规定等。

从整章的内容来看，涵盖了反兴奋剂的主要制度框架，且该章中直接赋予政府在履行反兴奋剂事项上的责任，不仅仅是体育部门，还包括其他部门的协调参与，这在世界各国的反兴奋剂立法中也是较为少见的。因为各国的反兴奋剂立法中，基本都是将反兴奋剂的权责主要集中在其建立的国家反兴奋剂机构，但我国在新修订《体育法》"反兴奋剂"章给予了各级政府在反兴奋剂工作中的重要责任，同时明确规定了反兴奋剂机构的独立性，这充分体现了我国在反兴奋剂问题上的中国特色，同时又体现了我国作为联合国教科文组织《反对在体育运动中使用兴奋剂国际公约》签署国对履约责任的承担。

新修订《体育法》第六章是"体育组织"章。新修订《体育法》第六章"体育组织"章首先是对"原法"第五章"体育社会团体"章章名的修改。从比较体育法的视角来看，"体育组织"的表述比"体育社会团体"的表述更为广泛，诸多国家体育立法中均采用"体育组织"的提法。因此，章名的修改符合各国通行的做法。从"体育组织"章的内容来看，本次的修改力度不是很大，但还是能够覆盖到体育组织的各个方面。中华体育总会、国家奥委会、全国性单项体育协会等关键组织均有单独的条款。在创新方面，主要是增加了会员权益的维护，充分体现了体育组织的社会团体性质，改变了以往对单项体育协会仅仅是管理型单位的刻板印象。同时，对青少年体育俱乐部、社区健身组织等的关注也弥补了"原法"对这些体育组织的忽视，对青少年体育、全民健身活动的开展具有积极意义。

新修订《体育法》第七章"体育产业"章。新修订《体育法》单设"体育产业"章充分体现了国家对体育产业立法的重视，实现了我国体育产业立法从无到有的突破。但从"体育产业"章的内容来看，大部分条款多为倡导性的规定，除了政府体育产业协调机制、区域体育协调互动机制和体育产业统计制度之外，具体的能够促进体育产业发展的制度和政策创新仍显不够。对于职业体育产业的规定也过于原则性，对职业体育联赛体制、职业体育联盟的建立等基本问题没有涉及，连授权立法条款也没有设立，后续还需要有关部门主动通过配套性立法才能充分解决我国职业体育产业的问题。此外，仅规定了运动员、教练员职业化发展，忽视了裁判员的职业化发展问题。裁判员的非职业化发展导致了很多问题，目前职业足球和职业篮球面临这些问题。从"体育产业"章的总体立法情况来看，以倡导性理念为主导，一定程度上忽视了问题意识和调整职业体育领域的权利义务关系，后续仍然需要配套立法来解决。

新修订《体育法》第八章是"保障条件"章。新修订《体育法》第八章"保障条件"章共 14 个条款，较"原法"第六章 8 条而言，新增了 6 个条款。该章是保障体育事业发展的重要章节，重点从体育资金保障、体育场地设施保障、体育政策保障等方面进行了详细规定。在政府权责方面，详细明确了政府在体育保障中发挥的职能和责任。"保障条件"章的诸多条款均具有一定的强制力度，所提供的保障能够为全民健身战略的实施、体育事业的发展提供坚实的基础。在立法创新方面，明确了政府购买公共服务机制、体育场地设施的多元供给政策等。其中体育保险制度的建立将极大地解决体育活动开展时伤害事故处理中的矛盾问题。如果说《民法典》第 1176 条可以为体育伤害纠纷提供归责的法律依据，体育保险制度则可以进一步解决体育伤害纠纷中的赔偿问题。

新修订《体育法》第九章是"体育仲裁"章。随着国际体育仲裁院（CAS）的建立，国际层面的纠纷解决形成了一套高效的系统。众多国家已经建立了本国单独的体育纠纷解决体系。"体育仲裁"章对我国体育仲裁制度的系统性规定，及时填补了我国的体育法律制度空白。根据新修订《体育法》"体育仲裁"章的规定，结合近期国家体育总局公布的配套性立法《体育仲裁规则》和《中国体育仲裁委员会组织规则》的内容，我国体育仲裁制度在解决 CAS 等体育仲裁的经验基础上，也依据中国的国情体现了中国体育仲裁制度的特色。

新修订《体育法》第十章是"监督管理"章。新修订《体育法》"监督管理"章是新增章节，共 8 个条款。该章对《体育法》真正发挥作用具有重要的意义。首先，该章明确了县级以上人民政府体育行政部门和有关部门的监督管理权责，并建立了县级以上地方人民政府向本级人大或常委会的报告制度。这是进一步压实了地方人民政府在体育事业发展上的责任，对督促地方政府履行职责，促进体育事业的发展而言至关重要。其次，该章为建立起体育赛事活动监管制度，尤其是专门针对高危险性体育赛事活动的行政许可制度提供了法律基础。最后，该章将为全面完善体育市场监管体系和体育行政执法体系提供法律依据。要完善我国体育市场管理体系，实现新时代中国体育市场的繁荣与健康发展，至关重要的一项任务就是要完善我国体育市场管理的法律制度，让体育市场的管理于法有据，实现体育市场管理的法治化。同时，体育行政执法体系建设则是实现体育市场管理的关键手段。"监督管理"章的立法将有助于解决体育市场监管难、体育执法难的局面。

接下来我们讨论一下新修订《体育法》"法律责任"章。新修订《体育法》"法律责任"章相较于"原法""法律责任"章的原则性规定，新法"法律责任"章更为详尽具体，对处罚的规定更为清晰。解决了以往《体育法》实施过程中对违法行为难以进行规制的问题，使新修订《体育法》真正地成为具有约束力、强制力的"有牙齿的法律"，改变了以往《体育法》是促进法、"软法"的性质。此外，新法"法律责任"还考虑到了与刑法、民法典的协调，形成了对兴奋剂问题规制的协同关系。

新修订《体育法》最后是"附则"。新修订《体育法》"附则"共 3 个条款。第 120 条是有关任国际体育运动中国家主权、安全、发展利益和尊严保护的条款。第 121 条是根据"原法"第 55 条的修改而来，是关于军队和警察部队体育的规定。第 122 条是关于新修订《体育法》的实施时间的规定。

新修订《体育法》"附则"章最大的亮点是第 120 条，该条是关于国际体育运动中维护国家主权、安全、发展利益和尊严的条款。目前，国际形势纷繁复杂，国际体育领域也不断陷入政治漩涡之中。《奥林匹克宪章》第 50 条、美国《罗德琴科夫反兴奋剂》、"俄乌冲突"引发的"体育制裁"、美国发起的奥运外交抵制等，都预示着体育领域随时可能陷入地缘政治冲突之中。新修订《体育法》"附则"章第 120 条的设立为中国应对体育领域出现侵害中国国家主权、安全、发展利益和尊严等问题时，有了法律依据采取相关的反制措施，避免中国陷入被动状态。因此，该条款的设立是十分重要的，且是把握了国际形势的条款。

我们再来看看新修订《体育法》的重大创新。第一，我认为新修订《体育法》第一个重大创新是开始建立中国的体育权利体系。公民平等参与体育活动的权利，未成年人、妇女、老年人、残疾人等参加体育活动的权利，运动员受教育权、选择注册权、体育赛事组织者权利等在新修订《体育法》中得以法定。这意味着中国体育法治建设从"管理型"模式转变为"权利型"模式。以人民为中心，以"权利"保障为核心的体育事业发展思想正式通过国家法律确立起来。第二，全民健身战略的法定化。新修订《体育法》的规定则是正式从国家法层面将这一项国家战略法定下来，将《体育强国建设纲要》中提到的全民健身真正地上升为国家战略。且新修订《体育法》诸多的规定如政府在全民健身中的责任、公共体育服务的供给、场地设施、体育公园建设等都紧紧围绕全民健身国家战略的实施，为全民健身国家战略的实施提供了坚实的法律保障。第三，新修订《体育法》对青少年和学校体育制度进行了新设计，主要是学生体育活动意外伤害保险机制和体育学业水平考试制度。学生体育活动意外伤害保险机制的确立是保障青少年和学校体育顺利开展的重要法律基础。将为解决长期以来困扰学校体育发展的问题提供有效的解决途径。体育学业水平考试制度的建立是从国家法律层面进一步提升了体育科目在我国考试制度中的地位。目前许多省市已经将体育纳入中考的成绩之中，并不断地提高体育科目成绩的比重。新修订《体育法》对体育学业水平考试制度的规定将为今后不断探索体育考试制度改革留下法律空间。第四，体育仲裁制度的建立。体育仲裁制度的建立是完善我国体育法治体系的重要举措，也是此次《体育法》修改最为重大的体育立法创新。我国体育纠纷解决制度的长期缺位，使得体育领域的纠纷无法得到有效的解决。各主体缺乏有效的救济途径。因此，设立体育仲裁制度，完善我国的体育纠纷解决机制，填补我国体育法治体系的空白，是我国体育法治建设的关键任务。第五，要完善我国体育市场管理体系，实现新时代中国体育市场的繁荣与健康发展，至关重要的一项任务就是要完善我国体育市场管理的法律制度，让体育市场的管理于法有据，实现体育市场管理的法治化。对于体育行政执法而言，与体育市场监管密切相关，体育行政执法主要集中于体育市场监管领域。目前我国的体育行政执法存在较多问题，大部分省市没有专门的体育行政执法机构和人员编制，有一定的执法人员，但这些执法人员多是各地体育局的在职人员兼职。此外，体育行政执法人员专业水平不足，行政执法经费、设备缺乏是普遍存在的问题。因此，新修订《体育法》对体育市场管理和体育行政执法的规定将大大完善我国的体育市场管理体系和体育行政执法体系，并为后续的配套立法留下了依据。第六，高危险性体育赛事活动监管体系的建立。新修订《体育法》明确了政府体育部门要对举办高危险性体育赛事活动进行监管，法定了政府体育部门对高危险性体育赛事活动举办的许可权力，为建立高危险性体育赛事活动管理制度提供了法律依据。第七，国家体育主权意识的觉醒。体育主权问题一直以来都是一个被忽视的问题。我国新修订《体育法》第120条为我国在体育国际交往中，守住国家主权和利益奠定了法律基础，意味着我国已经开始意识到国家体育主权的保护问题，这是本次新修订《体育法》的一个重大创新。这种创新，既符合我国的利益，也符合国际法的基本规范。

最后，我想谈谈新修订《体育法》的关键配套立法和政策的完善。

第一，新修订《体育法》对职业体育进行了规定，但多为原则性规定，大量有关职业体育的问题均没有涉及。从法治角度来说，一方面职业体育要受到其他与市场经济相关的部门法的调整；另一方面，从欧美国家职业体育产业的发展经验来看，职业体育产业领域具有许多区别于其他产业领域的独特之处，如在市场竞争、赛事转播权出售、俱乐部股权、市场准入等方面，职业体育领域都有其特殊性，需要一些专门的法律来进行调整。所以，出台一部行政法规——"职业体育条例"是落实新修订《体育法》，并构建中国特色职业体育法律制度的重要工作。"职业体育条例"应对职业联盟的建立、联盟的性质、准入制度、金融制度、转会制度、破产制度、合同制度进行系统的规定。

第二，加强体育市场管理是政府体育行政管理部门职能转变的重要内容，是维护体育市场公平竞争、激发体育市场活力、创造力的重要保障，是实现国家体育治理体系和治理能力现代化的重要任务。新修订《体育法》对体育市场监管制度和体育行政执法进行了明确的规定，其目的是要解决长期以来体育市场监管和体育执法问题上的法律缺位，解决我国的体育市场监管和体育执法问题。由于体育市场监管和执法涉及多部门的联动和协调，因此需要在国务院层面出台一部行政法规——"体育市场管理条例"来进行配套。首先，"体育市场管理条例"要确立新时代中国体育市场监管的体制，该问题实际上就是要明确中国的体育市场执法体制问题。也就是体育市场监督管理是采取由体育部门单独执法或是将体育市场执法纳入到文化综合执法或是直接由市场监督管理部门执法，在"体育市场管理条例"中可以作出原则性规定，具体操作可以由各地方根据自身的情况进行选择。其次，明确中国体育市场监管边界。从目前我国的体育市场执法事项来看，大部分的执法内容主要是针对高危体育经营活动。但是，随着体育产业的迅速发展，我国体育市场的边界已经不断地扩大。体育赛事市场、体育健身休闲市场、体育培训市场、体育场馆服务市场、体育中介服务市场以及其他以体育为载体的市场领域，均应成为体育市场管理条例的涵盖范围。最后，明确体育市场上各主体的权责。如体育市场经营者是体育市场上的核心主体。对体育市场进行管理实际上就是要规范体育市场经营者的经营行为，从而促进体育市场的健康发展。那么，"体育市场管理条例"必须对体育市场经营者的权责加以规范。尤其是必须明确经营者在产品质量、诚信经营、公平竞争等方面的责任。这些问题的解决均需要"体育市场管理条例"的出台。

第三，新修订《体育法》通过"体育仲裁"章对体育仲裁制度的建立、体育仲裁委员会的建立、体育仲裁范围、裁决效力、裁决的执行和撤销等进行了规定。且在第93条进行了授权立法。授权国务院体育行政部门依照该法组织设立体育仲裁委员会，制定体育仲裁规则。因此，"体育仲裁规则"的制定就成为国家体育行政部门的一项重要工作任务，直接关系到我国体育仲裁制度的落地实施。可喜的是，新修订《体育法》通过之后，国家体育总局于2023年1月1日公布了《中国体育仲裁委员会组织规则》《体育仲裁规则》。《中国体育仲裁委员会组织规则》，对体育仲裁委员会基本构架、运行机制的建立进行了规定，在构建体育仲裁体系、规范仲裁活动、维护当事人合法权益等方面具有指导作用，是设立体育仲裁委员会的基本指引。《体育仲裁规则》直接规范体育仲裁活动，对体育仲裁的管辖范围、仲裁员资格、仲裁庭的组建、案件的申请、受理、裁决等进行了系统的规定。《中国体育仲裁委员会组织规则》《体育仲裁规则》的制定和实施，将对推动中国体育纠纷解决制度的法治化发展发挥重要作用。

最后，我想做一个简要的总结。

体育事业的发展需要法治的保驾护航，这已经成为世界各国体育事业发展到一定阶段的必然选择。进入21世纪后，体育法治越来越受到各国的重视。大多数以往没有体育立法的国家纷纷出台体育法。全世界大约有一百多个国家出台了体育法。许多以往有体育法的国家也开始进行体育法的修改。中国《体育法》历时10多年的修改历程，终于完成了修法任务。一部新的《体育法》诞生。新修订《体育法》共12章，122条，从整部法律的篇幅来看，完全是一部大的法律。在近年来我国颁布的新法律中，《体育法》是章节数量和条文数量非常多的一部法律之一。

从立法形态来看，可以将其分为建构型立法决策和回应型立法决策。从新修订《体育法》的条文分析，作为规范、涉及全新系统的法律制度的建构型立法决策，"反兴奋剂"章、"体育产业"章和"体育仲裁"章等都可以归为此类；而总则、"青少年和学校体育"章、"体育仲裁"章等则可以归为应对现实存在的问题制定、修改或者废除的回应型立法决策。值得注意的是，"体育仲裁"章作为典型的既属于回应体育仲裁制度缺位的回应型立法决策，也同样属于为体育仲裁制度构建了基本的制度框架的建构型立法决策，在这次制度设计中注重结合两者的优势所在，促进了立法效益的最大化。除了"体育仲裁"章，其他各章也都或多或少含有建构型或回应型立法决策的属性。由此可以看出，新修订《体育法》立法既实事求是地考虑了当下时代中国体育领域的迫切问题，解决体育领域既存的法律不足或缺位问题，也着眼长远、系统规划，服务于建设体育法治这一目标，为以后体育法治的良法善治打下了更为坚实的基础。

从历史与现实的维度来看，新修订《体育法》植根于中国体育法治的实践经验，也较好地吸收了近年国家全面深化体育改革的诸多新成果、新理念。新修订《体育法》在继承中有创新，在体育仲裁、体育保险、体育考试等方面有制度上的突破。新修订《体育法》的颁布实施，将使中国体育法治建设迈入新的时代。

上海政法学院体育法治研究院院长谭小勇教授做总结和概括，感谢姜熙教授以比较法的角度、全球化的视野和体系化的理念对新《体育法》的重大贡献和创新所作的分享，感谢主办单位和与会专家学者的参与，相信新《体育法》将在中国体育事业新征程中直面问题、解决问题，良法善治并发挥其里程碑意义的影响。

动态法哲学的生成与架构
——以法律和道德的关系为线索

讲座题目：动态法哲学的生成与架构——以法律与道德的关系为线索

讲座时间：2023 年 4 月 18 日（周二）18：00

讲座地点：汇知楼 107 会议室

主讲人：刘杨（上海司法研究所教授、博士生导师）

主持人：丁茂中（上海司法研究所副所长、教授、博士生导师）

4 月 18 日，刘杨教授在汇知楼 107 会议室开展了以"动态法哲学的生成与架构——以法律与道德的关系为线索"为主题的讲座。讲座讨论了"恶法非法"和"恶法亦法"是处理道德-法律关系的静态法哲学的核心命题，由于预设了不同的法律观，两个恶法命题非但不构成形式逻辑意义上的反对关系，反而在理论功能、实践效果上具有统一性。守法义务理论是恶法命题在动态的守法领域的延伸、拓展和应用，也是对恶法命题的呼应、落实和证成。具有耦合关系的恶法命题和守法义务命题在自然法学和法律实证主义的理论体系中，分别构成了前后相继的两个"道德命题"和两个"分离命题"，由此形成"道德-法律-守法义务之间的系统性理论"，既从理论上说明了两大法学派"不同而相通"是如何实现的，也解释了二者共同维护正义、民主和法治是如何可能的。这一理论实现了法哲学从静态到动态的跃迁。

主讲内容

通常所熟悉的法哲学的理论架构是静态的，即着眼于法律是什么这个基本问题，从道德（价值）或社会事实方面去回答这一问题，这里的"法律"首先或主要被理解成了静态的文本化的"立法"。随着法哲学理论的深化发展，静态的法哲学越来越显示出它的局限性。因为法律不仅是静态的立法文本，而且更应当涵盖动态的守法过程，即包含执法、司法、法律监督、公民守法等全部法律实施环节。静态的"立法"是法律，动态的"守法"更应当是法律。这种理解给法哲学的思考带来启发，而要说明动态法哲学为何物，其由来和必要性何在，必须由传统的静态法哲学说起。

自然法学是发端于古希腊并影响至今的法哲学流派，对西方社会的政治、法律、伦理等诸多方面产生了重大而深远的影响。19世纪中叶以来的人类哲学观念的"除魅"运动以后，法律实证主义兴起，西方法哲学史遂演变为自然法学说与法律实证主义交相辉映的历史。通常认为，法律实证主义与自然法学说是两大对立的思想流派，然而它们却共同支撑、维护着西方的正义、自由、法治。那么，两大法学派的"对立"应在何种意义上理解？"统一"又是如何实现的？"对立统一"的内在机理是什么？对这些问题的恰当说明，既有助于避免我们在对法哲学主要流派的理解上陷入非此即彼、两极对立的简单化思维或似是而非状态，又可观察到静态法哲学的局限，将法哲学从静态拓展到动态，以深化对主要法哲学理论的准确理解。这里主要通过"道德–法律–守法义务之间的系统性理论"实现上述设想。

"法律是什么"作为法哲学的基本问题，具有"法律观"的意义，对基本问题的不同回答，就构成了不同法学流派的基本"命题"。在西方法哲学史上，法哲学的基本问题突出地表现为法律和道德的关系问题。自然法学派在古代世界观的支配下，从道德、价值方面去解释和回答法哲学的基本问题，形成了在西方法哲学史上长期占据主导地位的"道德命题"。近代法律实证主义在"拒斥形而上学"的纲领下，否定了从道德、价值方面解释法律的自然法思路，转而从社会事实方面解释法律的本质。在法律和道德关系上，"道德命题"具体表达为"恶法非法"，"分离命题"具体表达为"恶法亦法"。在法律与道德之间静态的法哲学理论中，两个"恶法命题"是有代表性的观点，因而成为我们观察、分析静态法哲学的一个极佳切入点。

两大法学派不仅有共同的基本问题，而且两个恶法命题所欲实现的理论目的、核心关切也是共同的，不外乎两个：（1）保持对法律进行道德批判的可能性；（2）维护法律的权威性。面对这两个共同诉求，之所以会出现不同法哲学理论的差异甚大的解决方案（基本命题），根源正在于这两个诉求之间是矛盾的、相互冲突的：可批判的往往意味着不够权威，权威性本能地排斥可批判性。正是这种矛盾冲突的纠结，导致不同法哲学流派以不同方式、方法、手段、策略去解决问题，并认为自己的理论提供了最佳方案。

自然法学派以"道德命题"解决法律的可批判性和权威性问题：（1）"恶法非法"通过"法律"定义的门槛确保法律在道德上的正当性，对自然法学派来说，"法律代表正义"是理所当然、不言而喻的；（2）通过法律的道德正当性去说明法律的权威性，即把法律的权威性转换、落实为道德的正当性。这实际上使法律本身成为狐假虎威的东西。自然法学派只强调了法之权威性与正当性联系的一面，但却忽略了权威性的另一个面相：强制性。权威性意味着即使遇到阻力也必须被服从或遵守，在此意义上，法律权威必须排除以道德内容正当性为根据。凯尔森在批评自然法思想时称，如果自然法是可行的，那再去做人类立法，就是日下秉烛般的蠢行。

法律实证主义以"分离命题"和"社会事实命题"解决法律的可批判性和权威性问题：（1）把道德与法律隔离开，即把道德正当性处理到法律的定义之外，正是为了更好地保持对法律进行道德批判的可能；（2）从"强制性"的一面解读"权威性"概念，使法律不再依赖于道德正当性，而改由社会事实命题——形式化的、系谱性的承认规则——加以解释，在某种意义上回归了"权威"概念的本义。

法律实证主义不仅深刻洞察到传统自然法学说的缺陷，而且清醒地认识到人类面对的"道德—法律难题"具有难以克服的困境，人类只能"两恶相权取其轻"。对困境的充分自觉，使我们有机会进一步反思两大法学派各自观点的两面性。

一是理论效应：确定性/灵活性（安定性/随意性）。这里的理论效应是指，恶法命题与法律的某些内在品性之间的对应、支撑关系。在描述法律时，"确定性/不确定性"（安定性/随意性，权威性/灵活性）是一组常用指标，作为一组对立的概念，对立的每一方又都具有两面性。基于信赖利益保护原则，法律总体而言倾向于确定性而排斥灵活性，从而具有可预期性、可操作性，这是法律最可宝贵的品性。然而这里仍需要辩证分析："确定性"从褒义的角度理解，是安定性、可预期性、可操作性；从贬义的角度，又意味着僵化性、滞后性、封闭性。"灵活性"从褒义的角度理解，是适应性、开放性；

从贬义的角度，又意味着随意性、不可预期性。而实际上，法律的确定性不是绝对的，在确定性与灵活性的两极间保持"必要的张力"不仅是必要的而且是必然的，因为二者都是人的社会生活所必需的。大体而言，自然法学说倾向于支持法律的适应性、灵活性，可能付出的代价是使法律陷于不确定性、随意性、不可预期性、不可操作性，进而丧失法的权威性、安定性。实证主义法学有助于强化法律的确定性、安定性、可遵循、可预期、可操作性，警惕的是自然法思想可能带来的随意性、不可预期性，可能付出的代价是僵化、滞后、不灵活，甚至是实质正义的丢失。于是，两大法学派的价值追求与实践效果，也都具有了相应的两面性。

二是实践功能：批判性/辩护性（革命性/保守性）。这里的实践功能是指，恶法命题在实践上的作用、效果。直接地看两个"恶法命题"，一般都认为，自然法观念具有批判性、革命性，而法律实证主义具有辩护性、保守性。实际上，这一认识是片面的，或者说只见其表、未识其里。我们只要对两个恶法命题做一个简单的形式逻辑推理，即可看到事情的另一面。

由极具批判性的"恶法非法"推出具有明显保守性的"法是善法"；由保守性的"恶法亦法"反而推出具有批判性的"有的法是恶法"。看到这一点，才会有理论的洞察力。从而，才不至于在两大法学派之间简单地表态站队，把极权专制归罪为实证主义，美英等更具有强烈实证主义倾向的国家并没有走上专制集权之路。总之，从历史和逻辑两方面，都不能简单地得出法律实证主义支持极权、专制、暴政而自然法理论支持自由、民主、法治的结论。

"两面性"分析并不意味着"各打五十大板"。我们认为，在自觉到"恶法命题"各自的两面性的情况下，法律实证主义执意倡导、坚持一种不同于传统自然法的命题，其真实意义不在于以"恶法亦法"否定、替代自然法学的"恶法非法"，而在于提醒我们法哲学的命题往往是利弊并存的。传统自然法学的根本缺陷也不在于"恶法非法"命题是错误的，而在于它对"恶法非法"命题的两面性缺少这种理论自觉。虽然分析实证主义法学看到了传统自然法学说的缺陷，也没有办法从根本上消除矛盾、克服缺陷，但是一种理论对其自身的局限性（利弊、得失）甚至缺陷抱有充分的理论自觉，正是理论成熟的标志。

恶法命题所代表的静态法哲学的核心理论，尽管是极其基本而重要的，但却无法涵盖法律与道德关系的全部。在静态法哲学理论中，"道德"总是表现为一套作为实定法的评判标准、尺度和根据的"高级法"，"法律"则为静态文本的制定法或判例法。法律与道德的关系也表现为规范与价值的静态关系。换言之，恶法命题只关乎"立法"（法律）而无关乎"守法"（在广义上包括官员执法、司法和公民守法，是与"法律实施"等同的概念）。实际上，法律与道德的关系不仅体现在静态的法律规范、法律文本、立法与道德的关系，也体现在动态的法律实施、守法、用法行为与道德的关系，并且，法律的这两个面相（立法、守法）是密切连为一体的。

静态法哲学的恶法命题的实践意义有待明确，从理论逻辑上说这要求相应的守法理论予以落实。不论是"恶法非法"还是"恶法亦法"，都不是概念游戏或形上思辨，而是具有鲜明的实践指向，恰如菲尼斯所说："你是否称呼它们为法律无关紧要：问题是接踵而至的结果。"恶法是不是法，并非真实问题所在；恶法要不要遵守或应不应遵守，才是问题的要害。"恶法非法"直接否定了"恶法"的法律资格，"恶法亦法"言明了法的"可谬性"，其理论效果、实践指向都在于为广义的守法及其限度提供理论基础，也为特定条件下的"良性违法"提供正当性理由。这都是应对纷繁复杂的现实生活的需要。孤立地看待两个"恶法命题"，既遮蔽了其深层的理论目的、现实意义，也无法合理地解释二者的区别，因此有必要依其理论目的将思考的视野合逻辑地延展到"法律实施"环节，探讨静态与动态相结合的法哲学理论。

如果说从法的"本体论"到法的"运行论"是一个具有逻辑关联性的链条的话，那么，自然法学派是把解决问题的重心放在了"本体论"部分，即以法的"定义"为重心解决问题：恶法非法，因此无须遵守。与自然法学说相比，法律实证主义思考和解决问题的重心已悄然发生位移：由静态的"本体论"转移到动态的"运行论"，由法律的"定义"转移到守法的"实效"环节：法律太过邪恶，因此无法被遵守或服从。这一重心的位移也从一个侧面表明恶法命题是意犹未尽的命题，它合逻辑地要求从静态拓展到动态，依我们的理解，它实际上要求某种守法义务理论的回应，以最终完成恶法命题的实践功能。

完整的法哲学理论应当且必然包括动态的"守法"环节。如果说表达法律与道德关系的"恶法命题"代表法哲学中抽象、静态的一极，那么守法问题则涵盖了法哲学中现实、动态的一极。作为一种社会事实，守法是有人的自由意志参与其中的行为，必然蕴含道德价值因素，因此以"义务"概念表达、刻画守法行为是恰当的。将"义务"概念与"守法"对接起来意味着，道德或道德性并不是作为静态规则的法律文本所独有的评价尺度、衡量标准，作为"活法"的守法环节在某种意义上更具有道德意义、更需要道德评价。"守法义务"代表了动态的守法的道德性。正像静态法哲学中出现了"恶法非法""恶法亦法"的不同观点，在动态法哲学中也出现了守法义务肯定论和守法义务否定论并存的局面。而这两者间存在着内在的逻辑联系，解释这种内在联系，才能形成法哲学的系统性理论，而避免把两个恶法命题或两种守法义务理论简单对立起来。

动态法哲学的生成，伴随着守法义务理论的复杂化。传统自然法哲学视作理所当然的守法义务肯定论独撑天下的局面被打破，守法义务否定论从实质内容上说又包含了"部分服从理论""公民不服从理论"。

从根本上说，守法义务理论的复杂化源于正当性观念的转变。随着近代哲学世界观的"祛魅"化，19 世纪之后的西方思想出现了明显的实证主义转向，绝对的、形上的、实质的"正当性"被相对的、形下的、形式的"合法性"取代。正当性观念一经弱化，守法义务的绝对性就土崩瓦解。原来那种非此即彼的正当与非正当的绝对对立，被相对的、量化的、程度的概念所代替："不服从是否能被证明为正当的问题依赖于法律和制度不正义的程度。"守法义务理论的复杂化顺应了法哲学思潮的转向，也表征着这种转向。由于守法义务理论实现、呼应、证成着恶法命题，守法义务理论在法哲学中不可或缺的理论地位渐次清晰地显露出来。

两大法学派一定程度的融合、折中为背景的部分服从理论，在上游并没有明确的恶法命题相对应。可以这样解释守法义务理论与恶法命题的不完全对应现象：由于恶法命题与法律实践关系的间接性、疏离性，除了"恶法非法"（SEP）和"恶法亦法"（SAP）这两个表面上极端对立的命题之外，恶法命题精细化（SIP、SOP）的要求并未被提出。面对生生不息的法律实践，恶法是不是法的判断也许无关宏旨或并非必要，但恶法要不要遵守或应不应遵守的问题却不容回避和耽搁。现代人似乎无暇再做关于"恶法"的概念游戏，直接把问题提给了守法理论，部分服从理论正是被现实逼出来的理论。

守法义务理论的复杂化以守法义务否定论的出现为标志，虽然并不意味着守法义务肯定论的销声匿迹，一如近现代以来西方法哲学中法律实证主义与自然法学说双峰并置的场景，但显然守法义务否定论的意义需要加以特别的阐明。我们认为，以守法义务否定论为标志的守法义务理论的复杂化，就理论效果和实践功能而言，所带来的非但不是混乱和消极，反而可能是清晰、自觉和积极，这体现在以下几个方面：

第一，守法义务否定论深刻揭示了自然法学说的缺陷。在法律实证主义看来，自然法的正当性推导链是不完善或可置疑的，因为没有一个上帝式的"人物"能保证法律的绝对正当性，不能直接由法律的正当性简单地推导出守法义务。

第二，守法义务否定论是对"恶法亦法"命题的有力辩护。守法义务否定论打破了无论法律好坏都必须遵守的教条，同时也突破了把所有违法行为都视为道德错误的简单认识，将"合法性"与"守法义务"分隔开，是对"恶法亦法"命题的最有力辩护。

第三，守法义务否定论及部分服从理论有助于形成和说明民主体制正常的自我纠错机制和社会稳定机制。守法义务否定论与"分离命题"一脉相承，剥离了法律的道德光环，认识到对法律进行价值判断的复杂性，法律之正当与否往往是模糊的、相对的、充满争议的，所以不允许任何人或制度以"君临天下"的姿态宣布自己占有"绝对真理"、拥有"绝对权威"，任何现实制度都是有限的、可错的，因而都是可质疑、可讨论、可反思、可改进的。

第四，守法义务理论复杂化提示我们，法学理论具有与"科学"不同的实践品格。自然科学预设了"主—客"两分的认识框架，主体的认识必须符合客观"原型"；而人文社会科学则以人之关系构成的社会为研究对象，这意味着人既是认识的主体，又是认识的客体（对象），"主—客"两分框架在此失灵了。不仅如此，如果说科学是关于物的世界的知识，那么哲学（从而法哲学）就是关于人的世界的思想，它不仅具有认识和解释的功能，而且具有实践意义上的批判、引导、塑造、规范功能。守法义务理论正如恶法命题一样，并非存在论层面的真假—事实判断，而是实践论层面的价值—理论选择。

对守法义务概念的理论意义的充分自觉，意味着法哲学理论结构的重构，这种重构只有在法律实证主义时代才是可能的。在古希腊到19世纪中叶的自然法哲学背景下，"守法义务"虽然也经常被提到（从苏格拉底开始直到近代以前，历代西方思想家基本都把守法义务视作当然，即持有守法义务肯定论），但实际上并未认识到守法义务在法哲学的理论结构中的意义，而只是自发水平上的一种道德直觉。其内在逻辑是：由于"法律"具有道德性，便能够顺理成章地推导出守法义务肯定论。这种"想当然"的推论意味着，守法义务肯定论仅仅是以法律—道德为核心的自然法哲学的一个当然的、附带的结论而已。现代法律实证主义为克服传统自然法学说的诸多困难而提出了"分离命题"，实际上动摇守法义务肯定论的理论前设——法皆道德上的善法。这一理论处境要求法律实证主义在"守法义务"环节上做出相应的处理：既然分析实证主义法学所界定的"法律"已不再有道德意涵，再去要求普遍的守法义务，就是不合逻辑的，在实践上则可能沦为屈从恶法、纵容专制的帮凶，因而必然主张守法义务否定论。

法哲学实践功能的统一性，奠基于法哲学理论的系统性；法哲学理论的系统性，特别地依赖于"守法义务"概念和理论而得到透彻的说明。因此，作为两个第二命题实质内容的守法义务理论，尽管从逻辑上说可以理解为两个第一命题（恶法命题）的合理推论，但这并不影响其在法哲学的理论体系中具有独立的理论支点意义。

法哲学理论的系统性，是借助法哲学的视野从静态拓展到动态而实现的。守法义务概念将法之"本体论"与"运行论"相连，将立法与守法对接，将规范与事实沟通，实现了静态法哲学向动态法哲学的跃迁，凸显了法哲学完整的理论结构。不同于以道德—法律为轴心的自然法哲学，在这种以法律（立法）—守法（广义）为轴心的法哲中，"道德"不再是主要作为一种"客观价值"而是作为评判立法和守法两种实践的根据、尺度和标准而存在。"守法义务"使"德"超越了静态法评判标准的单一角色而坐落于动态的"守法"节，使"道德"摆脱了抽象的存在而附着于某种社会事实，还原了道德概念的本相。

具体来说，法哲学理论从静态到动态的拓展，实现了恶法命题与守法义务命题之间的"耦合"作用。其一，在两大法学派不同的法律观预设下，作为第二命题的守法义务命题与作为第一命题的恶法命题相互配合，可以形成不同的、系统而自洽的法哲学理论，它们都能为法哲学实践功能的趋同性、一致性提供清晰的解释，尤其是作为"分离命题Ⅱ"的"守法义务否定论"恰到好处地为饱受诟病的"恶法办法"命题解了围，理论意义更加突出。其二，守法义务命题与恶法命题（亦即两个道德命题或两个分离命题）相互配合，可以很好地解释"守法负担平衡"现象。自然法学的两个"道德命题"

可谓"严进宽出":"法"之定义是严格的、狭义的善法,守法义务则是绝对的、普遍的肯定论,因此传统自然法观点虽然要求"严格服从",但并未因此加重守法、服从的负担,也未减少不服从的概率和可能;法律实证主义的两个"分离命题"可谓"宽进严出":法之定义是宽泛的、广义的,守法义务则是相对的、非普遍的否定论,换言之,法律实证主义在采用了广义的法律概念的同时,从"严格服从"的立场上退却到否定守法义务,也同样不影响守法负担的增减。

凡此种种均表明,两大法学派的相关命题不仅不能简单、孤立、直接地理解为对立,而且必须在"道德—法律—守法义务"三个支点构成的理论系统内加以解释。借助这一理论系统,貌似南辕北辙的"恶法非法"与"恶法亦法","守法义务肯定论"与"守法义务否定论"命题,在理论效果和实践功能上却殊途同归。两大法学派方法、手段相异,目的、目标甚至效果相同。

动态法哲学的理论架构,以"道德—法律—守法义务"为核心,在自然法学和法律实证主义这两大法哲学的核心流派对这一架构的解释上,呈现了法哲学理论结构、内容的简单、对称之美。但必须指出,这一理论的解释对象应当限定在传统而典型的自然法学说和法律实证主义上。这里所使用的"传统"主要并非时间概念,而是一个理论概念,即传统法哲学的不同流派尽管在恶法命题、守法义务理论上持有不同的观点,却一致认可在"道德—法律—守法(或守法义务)"之间的线性联系和简单对应关系,即"恶法非法—守法义务肯定论"的对应和"恶法亦法—守法义务否定论"的对应。

无可否认,现代法哲学的派别之分趋于淡化,更准确地说,现代法哲学从传统、典型、极端的学派立场上妥协、退却了。法哲学思想的古今之别大于派别之争。首要的分歧存在于现代法哲学与传统法哲学之间,其次才存在于传统或现代法哲学内部不同流派之间。在一定意义上,现代法律实证主义比传统自然法更接近于现代自然法,换言之现代自然法与法律实证主义之间的区别可能小于它与传统自然法的区别。

效果趋同的两大法学派的理论究竟何者更具优势,恐怕只能是瑕瑜互见,各有利弊得失。从实践的角度来说,自然法学说关于"非法"或"亦法"之类法律资格的判定对解决服从与不服从问题是多余的步骤;过于断然、绝对地否定了"恶法"之法律资格,可能冒损害法律的权威性和安定性之危险。法律实证主义绕过了这一中间步骤,直接将法之善恶与服从与否联系起来:

恶法因其恶而无法服从，无须通过推导其"非法"就可以解决不服从的正当性问题。同样是得出"不服从"的结论，两大法学派却有不同的论证理由。

以"道德—法律—守法义务"为核心架构而生成的动态法哲学，从内在机理上解释了自然法学说与法律实证主义两大法学理论的"对立统一"是如何可能的，说明二者具有根本立场、价值目的的一致性，而所谓对立、分歧只是手段性、方法性的。自然法学说与法律实证主义是奔涌于同一河道上的思想之流。洞悉这一点，有助于法哲学思考的重心转向更广阔、深刻而有意义的问题领域。

想象的正义

——基于符号暴力的"魔法"

时　间：2023 年 4 月 25 日

主持人：孟飞（上海司法研究所副所长 教授）

主讲人：陈洪杰（上海司法研究所 教授）

与谈人：张骏（上海司法研究所 教授）

4 月 25 日晚，上海政法学院"教授第壹讲"在汇知楼 107 举行。我校上海司法研究所陈洪杰教授应邀以"想象的正义——基于符号暴力的'魔法'"为题，与师生展开交流讨论。上海司法研究所副所长孟飞教授主持讲座，数十名师生参与了本次学术讲座。

主讲内容

各位老师同学晚上好！

非常荣幸能够参加由上海政法学院科研处、人事处以及司法研究所共同举办的"教授第壹讲"。

今天的题目是"想象的正义——基于符号暴力的'魔法'"。在这里，我们想要尝试讨论的主题是关于社会正义想象与法律想象之间的内在紧张，以及我们如何能够通过相应的符号策略、场域机制来缓解这种紧张关系，建构社会对法律正义的想象和认同。今天要讨论的内容主要分为四个部分。

第一部分，社会正义想象与法律想象之间的内在紧张。

当我们远远地眺望或是想象法律的世界时，我们的脑海中可能会浮现出各种理想化的观念图景：法律是自由、权利和秩序的守护者；法律是一部设计精巧、逻辑严密的历史机器；法律是理性、权威和正义的化身……然而，一旦法律走出想象中的观念世界，带着其不容抗拒的逻辑力量和制度惯性，进入我们安身立命的生活世界，触碰到我们无法释怀的爱恨情仇，我们却经常会发现，法律并不能像想象中那样安顿我们对正义的情感诉求和精神寄托。

在法律占据支配地位的"法化"社会，自生自发的社会生活逻辑和日趋严密的法网之间难免会产生各种有待调适的紧张关系。这一点在我国法治建设过程中也有各种具体的表现形式。比如，在普法电影《秋菊打官司》的剧情安排中，就颇为写实地铺垫了这样一种潜在冲突：秋菊的丈夫因为一些利害瓜葛而与村长起了争执，一时冲动之下，口不择言，大骂村长断子绝孙（这里面有个特定的故事背景是，村长家只有四个女儿，并且还刚刚被计划生育政策给"计划"了）。村长恼羞成怒，朝秋菊丈夫的下身狠狠地踹了几脚。这让秋菊大为不满，秋菊认为，自己丈夫有错在先，村长踹几脚出气本来也无可厚非，但村长"不能往要命的地方踢"。她因此要讨个"说法"。而对于这个事件过程，苏力敏锐地注意到，在正式法律规范的设计和安排上，没有能够对应这个"说法"的制度空间。这就导致法律伸张正义的运作逻辑与社会的正义想象产生了严重的错位，这构成了电影叙事中一系列阴差阳错剧情冲突的结构性背景：法律关注的是村长的侵权行为有没有达到法律界定的伤害标准，而不是秋菊所在意的那个"要命的地方"。这就使得秋菊始终徘徊在"法的门前"而不得要领。不过，尽管村长与秋菊家有这样的宿怨，当秋菊陷入难产的重大危机时，村长在人命关天的大事面前也不含糊，他在大雪封山的夜晚找来人手，硬是靠着肩扛手拉，把秋菊送到了几十里外的县医院，最终保得母子平安。按照朴素的社会正义观念，村长"救人"的大恩无疑足以抵消掉"踢人"的过错，秋菊和她的男人主动向村长家恳求和解，邀请后者来喝满月酒，村长内心也放下了过去的嫌隙，做着赴宴的准备。但就在这个皆大欢喜的当口，剧情却又发生了戏剧性转折：经过鉴定，此前村长殴打秋菊丈夫所造成的肋骨损伤构成了法律界定的轻伤，村长因此要受到行政拘留的法律处罚。得知村长被抓的消息，秋菊一路追到村外，却只看到远去的警车，她满脸困惑："怎么把人给抓了，我只是要个说法。"

对于法律这种以自我为中心，并且也自有其逻辑自洽性和形式合理性的制度正义，苏力认为我们有必要站在社会的立场上审慎地问上一问："何者之正义？哪一种合理性？"因为法律的强制介入无疑会损害共同体成员之间长期博弈、相互依赖的社会关系网络。

刘正强博士发现，国家法律机器为了保证自身的逻辑齿轮不至于陷入社会复杂性的泥潭，往往会通过一种类似于干衣机甩干水分的机制，对社会事实按照法律要件进行筛选，屏蔽掉道德、习俗、人情世故等法律之外的社会关系想象和价值评判，重构出一种高度抽象性和形式要件化的法律关系语境，从而确保自身对法律场域的主导和控制。回到"秋菊打官司"的电影叙事，按照社会伦理关系视角，对于村长先"踢人"后"救人"这两个行为，无疑应当在事件进程中进行整体性评价之后才能"盖棺定论"。而基于法律处理社会问题的"甩干"机制，村长的行为却被人为切割成互不通约的两重法律关系，从而为法律的制裁赋予形式正当性。

当法律以强大的制度惯性对进入其评价视角的社会生活事实进行"筛选""屏蔽""切割""甩干"和"重构"，即便法律的逻辑链条与人们通常接受、认可的意义理解相抵触，法律也依然能够将自己想象中的正义施加于社会。比如，在2016年"赵春华非法持有枪支案"中，当时已经年过半百的妇女赵春华靠在天津市某旅游景区经营一家气球射击摊维持生计。该景区内共有20多个射击游艺摊聚集经营，景区管理部门每月向每个摊主收取500元的摊位费，赵春华的摊位是在2016年6月份以2000元转让费从其中一位摊主那里接手的。在天津市公安局"治枪患"的专项行动中，包括赵春华在内共有13名摊主被查处，在赵春华摊位现场共查获枪形物9支，其中6支被鉴定为是以压缩空气为动力的枪支。一审法院认为，根据国家的枪支管理制度，被告人赵春华非法持有枪支数量较大，情节严重，已经构成非法持有枪支罪，决定对其判处有期徒刑三年六个月。

我们可以看到，赵春华的所作所为在"合法合规"性的自我理解上始终都遵循着我们所能合理期待的作为社会平民阶层能够遵循的、并且也为社会一般民众所普遍认可的日常经验法则。赵春华取得所谓"枪支"的途径也并没有超出一个普通人在其常规的社会认知体系下和日常交往网络中获得"社会资源"的"正常途径"的范畴。正是基于这样的社会生活背景认知，这个案件的法律定性受到了广泛的社会质疑。陈兴良教授认为，法院的有罪判决，虽然在纯粹的形式法律逻辑层面是自洽的，但明显有悖于常识和社会公众的一般认知。即便如此，二审法院依然只是在坚持有罪判决的前提下，适当考虑了被告人的主观恶性、人身危险性、认罪态度和悔罪表现，酌情从宽处罚并适用缓刑。

第二部分，法律实践如何恰当对接社会的正义想象。

习近平总书记曾经在各个重要场合的讲话中指出："我们要依法公正对待人民群众的诉求，努力让人民群众在每一个司法案件中都能感受到公平正义。"这一重要论述非常深刻地从主体实践和社会认知两个维度揭示出，法律的正义关怀不能仅仅是一种权力独白，更要落实到主体间的交往视角中就何谓"公平正义"取得"交叉共识"。我们可以从以下两个方面来加以具体理解：

一方面，法律不能沉浸于以自我为中心的世界想象，或者仅仅是把社会当作规范或规制的对象。无论"秋菊的困惑"，还是赵春华的遭遇，以及一度泛滥的"民意审判"现象都表明，法律那种高度的形式要件化，甚至是"去生活化"的抽象正义表达，很难与社会大众的意义感知建立必要的情感联结。缺乏"共情"能力的法律更多只是孤独地拥有自己对正义的主观想象。

苏力在分析秋菊面对的法律困境时，提出过一个在当时略微"非主流"的观点。他认为，从法律回应社会多样性的现实需求来看，"界定权利和建立权利保护机制的权力应当是分散化的，在可能的情况下应更多地考虑当事人的偏好，而不是依据一种令人怀疑的普遍永恒真理而加以中心化。"现在回过头来看，苏力关于权力分散化和法律去中心化的理论洞见或许比他早已被标签化了的"法治及其本土资源"更值得咀嚼、玩味。吴英姿教授认为，当前法律解纷机制的趋势是遵循程序相称原理，为多元司法需求提供"定制的正义"。另外，随着司法参与和司法民主的逐步落实，未来也许可以通过进一步深化事实与法律两分的司法决定机制，以一种多元主体间的法律对话在法律场域实现"再生活化"的正义想象。

另一方面，习近平总书记关于"努力让人民群众在每一个司法案件中都能感受到公平正义"的法治期许，也要求法律体制能够面向社会进行有效的价值输出。这就需要通过符号资本的生产和象征争夺，将法律的正义表达转换成能够有效捕捉社会想象的象征叙事。王海洲教授认为，其中最主要的挑战在于，"是否能够无碍地将象征物的塑造和象征系统的构建与接受者的意志合而为一。"为了实现这一目的，在法律交往场域，应该尽可能保证所有相关者都有平等开放的机会来参与建构正义的象征叙事，取得交叉共识。只有这样，才能促使各方参与者都能为象征体系的效能尽一份自己的力。

第三部分，我们来简单探讨一下想象正义的符号策略与场域机制。

首先我们需要认识到，体现人类道德准则的正义观念实际上是人类社会超越单向性的自然本性而人为拟制出来的一种意识形态观念。这种社会拟制的一个主要规训对象就是人类的暴力天性。社会公共权威之所以能够在规训暴力的共同体诉求和正义想象中取得强制与同意的平衡，关键就在于其能够利用个体与共同体之间的关系想象以及共同体成员共享的信仰象征将赤裸裸的物理暴力转换成象征意义上的符号暴力。

在社会生活的方方面面，符号作为外在表意的"能指/所指"，可以说是以一种无处不在、无微不至的社会现象。符号以不可穷尽的信息深度和广度深刻"内嵌"到了每一个理性社会人的所见所思之中，构成了社会沟通和文化意义上的庞大表征系统。在凭借意义网络加以联结的社会中，一切善恶、真假、正义与非正义……其实都只不过是经由符号加以编码的结果。

符号的一个基本特质是通过其表意功能塑造关系想象，标识交往场域。比如，我国四大名著《水浒传》中"杨志卖刀"的情节就非常典型。青面兽杨志在盘缠耗尽、生活无着的无奈情况之下，只得"将了宝刀，插了草标儿，上市去卖"。在这里，杨志将祖传宝刀插上草标儿、站在街边的举动作为一个整体性的事件，实际上就是通过"草标儿"这个约定俗成的符号指向一个意义内涵明确的交易惯习，任何路人、过客通过这个符号都可以顺利解读出"一个彪形大汉携刀站在街边"这个整体性事件的全部含义，从而使得潜在的交易对象可以按照市场议价的场域逻辑展开交往行动。

比如，在生产力发展水平停留在渔猎文明程度的爱斯基摩人社会，对于除杀人事件以外的常规社会冲突，格陵兰岛地区的当地土著主要诉诸"斗歌"的准司法程序来解决纠纷。在这个场域的游戏规则中，参与者按照高度规范化的传统曲调唱出自己的控诉或抗辩，谁感觉自己更能调动围观者的情绪（用各种嬉笑怒骂的犀利语言怂恿观众唏嘘和嘲笑对手），谁就可以自认为是胜利者。不过，无论孰是孰非、胜败与否，"输赢两家都得重归于好，他们相互交换礼物，作为解决纷争的纪念"。与此同时，游戏的参与者则会因为自己的表现而赢得相应的社会威望，在爱斯基摩人看来，"这就是爱斯基摩人社会所需要的足够的正义。"

在社会交往空间中，有无数经由各种符号加以标识的形形色色的多元场域，这是社会不断发生分化演变的结果，这个过程也赋予了场域相应的自主性。这意味着场域能够按照自身的逻辑和规律展开运作，不受其他外部因素的横加干预。比如，在经济系统中，社会参与者信奉"生意就是生意"，或者"亲兄弟、明算账"的场域逻辑；在科学领域，参与者强调"吾爱吾师，吾更爱真理"；在法律系统/司法场域中，"公平/正义"则是人们不灭的信仰。

对于社会行动者来说，场域是每个人都有机会按照预设的游戏规则和准入门槛合法地参与博弈，各取所需、争夺稀缺性资源和支配性地位的高度理性化的社会情境系统。而在这种情境化的互动交往中，符号是社会行动者联结、并且玩转场域"游戏"的重要象征媒介和行动资本。

在当下中国，自改革开放以降，随着"依法治国"方略的兴起，社会分化以及相应的场域自主化进程骤然发力、提速，带来了经济腾飞和文化繁荣的大好局面。但与此同时，也存在着社会分化水平不充分、不均衡，以及场域自主化程度受限的发展瓶颈。为了提升从总体支配到分化整合的法治保障水平，党的十八大以来，习近平总书记创造性地提出了新时代全面依法治国的工作布局，明确要求坚持依法治国、依法执政、依法行政共同推进，坚持法治国家、法治政府、法治社会一体建设。

在全面依法治国视野下，无论是实现国家治理体系和治理能力现代化，还是充分释放社会分化和场域自主化的发展潜力，都需要依赖法律的力量提供结构性支持，而在这种关系结构中，司法无疑处于一种枢纽性的位置。这一点正如布迪厄指出的，司法场域是围绕法律解释权展开争夺的场所。而按照场域的运行逻辑，参与者们在自身的利益驱动下围绕法律决定权展开争夺的主要对象就是符号。

"斗歌"机制最富有启示意义的一点在于，它并不是根据实体意义上的权利义务关系来评判正义与否，而是诉诸仪式化、程序性的主体间互动来捕捉想象力。这固然是因为作为低级渔猎文明的爱斯基摩社会尚不具有能够在实质意义上为社会主持普遍正义的中心权威，但即便是在更高层次的社会文明中，基于强大中心权威的功能分化而承担社会正义期望的权力系统也会基于法律文化技术等背景因素的考虑而使用程序主义进路作为伸张正义的权力策略。

这主要因为程序正义相较于实体正义是一种信息识别成本较低的外在符号。比如，程序运转所呈现出来的无差别适用和平等对待的形式外观就是一种更易于实现想象力捕捉的符号信息。在程序化的法律交往实践中，每一个预设的时间节点、步骤和形式要件都象征着合法与不合法的划界。尽管这种划界未必能够精确地对应实质意义上的正义与不正义，或者合理与不合理，但只要这种形式与实质之间的差异不突破程序符号本身所能承受的阈限，人们就能够以简化的方式想象正义。

当然，正如已有的实践反思和理论检讨所指出的，程序正义的符号策略在简化复杂性的同时，也隐含着忽视实质正义和社会价值共识的合法性风险。这主要是因为程序正义作为低信息成本的外在符号并不必然指向一种具有高品质信息内涵的司法公共产品。就像在爱斯基摩人的例子中，"斗歌"机制作为一种社会公共产品其实只能满足人们最低限度的解纷诉求：双方当事人都能通过尽情释放语言暴力而获得情感宣泄，并从中找到某种心理平衡。在双方都不想把事情"搞大"，却又缺乏有效的中心权威来"摆平"各方利益的社会条件下，他们只能接受这种"差强人意"的程序"正义"。

从捕捉想象力的角度来看，程序性的符号策略在想象正义层面所达致的效果有点类似于国人在改革开放之前对生活用品所奉行的"实用即正义"的消费价值观。在选择空间和物质水平均极为有限的社会背景下，一双轻便耐用的"解放鞋"对于绝大多数普通人来说就已经是对工业消费品的想象力极限了。就此而言，以程序正义作为合法性标签的司法公共产品实际上只不过是追求国家治理绩效的流水线产品，并不必然具有高品质的信息内涵和合法性张力。尤其是在"司法为民"的人民司法传统反衬之下，这种追求司法投入与产出之"性价比"的程序符号策略必然会面临合法性认同的诸多挑战。

第四部分，现代司法赢得社会认同的程序张力。

在社会高度分化的背景下，人们对司法的需求也呈现出多元复杂性，倾向于寻求一种量体裁衣式的"定制的正义"。为了回应多元化的社会诉求，现代司法基于"程序相称"的理念也呈现出程序多元的特质。这主要表现为各种有针对性的专门化司法程序（比如，繁简分流）、各类专设机构（比如，类型化的专门法庭和专门法院），以及各具象征意义的第三方机制（比如，独任制、合议制、参审制、陪审团制，等等）。在程序多元的大趋势下，国家供给的正义也基于差异化的社会需求而呈现出选择分化的想象空间。

比如，普通法系国家有一个源远流长的司法传统，任何可能因为司法审判而被剥夺财产（达到一定金额标准之上）、自由乃至于生命的当事人都有权选择由"邻人"组成的陪审团审判。而在陪审团的人员构成上，当事人更是具有高度自主的程序选择权。任何一方当事人都可以选择接受某位备选陪审员进入陪审团，也可以通过行使有因回避和无因回避将不符合己方期望的人选排除在外。任何一方当事人都会穷尽行使回避权以将不符合他们期望的人选剔除出去，从而尽可能组成一个能够与自己期望的意义可能性理解保持一致的陪审团。

当然，陪审团审判虽然有助于当事人充分想象一个能够将自我投射其中的期望结构，但其所耗费的国家公共资源也是超乎想象的。在资源有限的前提下，国家不可能为了满足当事人的正义想象而进行无限的资源投入。对此，普通法系国家的重要对策就是通过国家有限供给与社会选择分化所达成的博弈均衡来实现国家公共资源的有效配置（虽然未必是最优配置）。

具言之，对于绝大多数优先级程度不是那么高的普通当事人来说（比如，常规民事案件当事人以及刑事轻罪案件被告人），要想争取陪审团审判的机会，那就必须付出时间成本进行等候。因为相应的程序装置在制度供给层面是有限的，而就算排队等待"叫号"的当事人按照程序要求做好必要的听审准备（这通常意味着各方的证人也都已经到庭可以随时听候召唤），如果使用陪审团的法庭因为被其他案件的审判程序所占用而腾不出空来（由于审判程序的进展本身在时间上具有不可控性，排序在前的案件一旦在庭审过程中发生了拖延，排序在后的案件就可能无法在当个工作日被"叫上号"），那么本案就需要另行择期，然后从头开始准备程序。这么折腾上一两次之后（这种情况并不罕见），就算当事人还有一腔执念，他的证人们恐怕早就耗不起了。在这样的制度预期之下，经验老到的律师通常会建议他的当事人接受各种具有替代性的司法妥协方案。这也是为什么大规模使用陪审团的普通法系国家往往会有异常发达的民事和解以及刑事辩诉交易制度的原因所在吧。

当然，也不乏固执的当事人不愿意接受这种"勾兑"的正义。比如，有一个名叫施瓦茨的刑事轻罪被告人就宁愿选择接受法官审判，也不愿意达成辩诉交易。并不让人感到意外的是，屁股决定脑袋的施瓦茨对法官的裁判结论依然感到愤愤不平，认为这个案子如果能再坚持一下，熬到接受陪审团审判，结果就会大不一样。但他的律师对此却心知肚明，这个案子就算交到陪审团手里，也未必会有更有利的结果。而这实际上恰恰就是整个制度赖以维系正常运作的自我合法化策略，它把选择权交到了当事人的手里，让他为自己的选择承担后果，同时又以当事人对某个偶在个案结果的合法性诘问换来其对制度整体合法性的认同想象。

按照布迪厄文化社会学的分析框架，普通法系国家"玩转"司法场域游戏所依靠的正是符号的合法化功能，以及场域参与者因为"误识"而产生的对符号暴力的认同。在布迪厄看来，"误识"的发生是因为"我们一降生在某个社会世界中，就有一整套假定和公理，无需喋喋不休地劝导和潜移默化的灌输，我们就接受了它们。"而在"误识"机制中深藏不露的则是符号暴力的深层逻辑。所谓符号暴力指的是，在社会行动者本身参与合谋的基础上所施加的强制。施用符号暴力之"魔法"的关键在于通过符号化、象征性的互动机制，让社会行动者受制于社会决定机制时，也可以通过形塑那些决定他们的社会机制，对这些机制的效力"尽"自己的一份力。

由上可知，在普通法系国家的司法场域游戏中，权力主导者驾驭符号暴力之"魔法"的关键即在于为场域参与者提供开放选择和参与的程序空间，使之"误识各项制度的中立与合法性"。就像在施瓦茨的例子中，通过法官裁判而形成"合法/非法"的结果区分是基于施瓦茨自身行使程序选择权而获得其程序划界之符号效力的。对于由国家垄断供给的司法公共产品，施瓦茨的选择从表面上看，体现的是其自身权衡利弊之后的自主意志，但这种选择困境的产生其实是国家有意为之的结果，其目的即在于烘托那个对可望而不可即的完美正义的社会想象。

有鉴于此，对于中国特色社会主义法治道路建设所面临的诸多挑战。一方面，我们完全可以借用布迪厄的相关概念和分析框架去尝试理解西方资本主义国家是如何利用符号和象征的想象力捕捉机制来完成合法性再生产的；另一方面，我们也应该深刻意识到，布迪厄作为当代批判的马克思主义和结构马克思主义的代表人物，其核心关切始终在于通过洞悉国家统治的无形机制，为撬动、改变社会不平等现实找到可能的意义支点。而这显然是那种试图通过抽象平等的形式理性化法律技术消弭差异，并为自上而下的等级化决策提供合法性支持的传统西方法权思想所不及的。

正如习近平总书记在关于"公正司法"的诸多重要论述中指出的："法律不应该是冷冰冰的，司法工作也是做群众工作。一纸判决，或许能够给当事人正义，却不一定能解开当事人的'心结'。'心结'没有解开，案件也就没有真正了结。"这就要求我们的司法实践不能仅仅是一种玩弄符号"魔法"的现代巫术，而是要通过知行合一的真诚沟通贯彻相互性原则，真正通过民主和法治的相互促进来建构具有最广泛社会基础的认同想象。

在互动环节，上海司法研究所张骏教授提问：应如何看待初民社会的血族复仇机制？陈洪杰教授转述了波斯纳教授的观点：报复之威胁实际上维系初民社会公共秩序的基本机制。复仇正义的观念想象可以被认为是初民社会实现震慑性暴力平衡的独特文明成就。另有同学提问，布迪厄对符号暴力的特质描述是：被支配者的自愿接受和配合。那这种符号暴力机制是否会导致一种社会的压迫？陈洪杰教授回应：布迪厄确实是以西方社会的教育体制为例来描述符号暴力机制的生成是如何为维护一种精英支配体制提供意识形态支持的。我们应当基于对这种社会机制的认识和反思而为促进包括教育公平在内的社会公平贡献中国方案。

讲座最后，孟飞教授认为本次讲座以法人类学材料为支持，尝试提炼出一个对社会冲突进行第三方干预的符号暴力机制，颇有理论启发性。孟飞教授同时表示，司法研究所的各位老师愿意在平时与各位同学以各种方式展开学术互动，在上政学子的求学之路中发挥桥梁作用。

公共数据开放利用的逻辑与规则[1]

时　间：2023 年 5 月 9 日

主持人：丁茂中（上海政法学院上海司法研究所常务副所长、教授）

主讲人：孟 飞（上海政法学院上海司法研究所副所长、教授）

5 月 9 日下午，上海政法学院"教授第壹讲"第十二期顺利举办。"教授第壹讲"系列学术讲座是在校领导关心下，人事处、科研处与各二级学院为我校新晋教授搭建的一个展示最新研究成果的学术交流平台。我校上海司法研究所孟飞教授应邀以"公共数据开放利用的逻辑与规则"为题开讲。我校上海司法研究所常务副所长丁茂中教授主持，一百余名师生参加了本次学术讲座。

主讲内容

各位下午好！

非常荣幸能够参加由上海政法学院科研处、人事处以及司法研究所举办的"教授第壹讲"。

今天的题目是"公共数据开放利用的逻辑与规则"。本次讲座主要从三个方面来汇报，第一个方面是公共数据开放利用的商业逻辑和法律逻辑，第二个方面是公共数据价值创造的法律规则，第三个方面是公共数据价值分配的

---

[1]　讲座内容已发表于《上海政法学院学报（法治论丛）》2023 年第 5 期。

法律规则。其中，第一个问题涉及公共数据开放利用的逻辑，后两个问题是有关公共数据开放利用的两类规则。

在探讨这三个问题之前，大家先来看一下本次讲座主题的研究背景。在我国数字经济发展中，数据的产出规模与其释放的经济价值形成了巨大的缺口，海量的数据处于沉睡状态，尚未转化为经济价值。尤其是，公共数据不仅数据规模海量，而且是高质量数据的供给源。因此，如何推动公共数据开放利用、释放公共数据价值成为国家立法的重大议题。在国家立法层面，《数据安全法》第 41 条和第 42 条仅仅对政务数据公开原则与开放利用提出了要求。中共中央、国务院于 2022 年 12 月公布的《关于构建数据基础制度更好发挥数据要素作用的意见》也对"推进实施公共数据确权授权机制"作出了具体规定。另外，我国已经颁布了 10 余部数字经济促进条例、近 20 部数据及大数据发展条例，以及 6 部公共数据开放条例。然而，这些法律法规和政策仅是对公共数据授权运营作出了原则性规定，尚未形成体系化的法律规则以保障公共数据的质量及其开放利用的效果。正因如此，国务院印发的《全面对接国际高标准经贸规则推进中国（上海）自由贸易试验区高水平制度型开放总体方案》（国发〔2023〕23 号）明确提出："扩大政府数据开放范围，明确获取和使用公开数据方式，发布开放数据集目录。探索开展公共数据开发利用，鼓励开发以数据集为基础的产品和服务。"因此，公共数据开放利用的逻辑与规则成为一个基础性问题。

那么，我们先看第一个问题，公共数据开放利用的逻辑如何确定？公共数据体现的经济价值具有特殊性，不能仅确定法律逻辑，而是应当实现会计逻辑和法律逻辑的契合。公共数据开放利用作为一个集合概念包括三项制度要素，即公共数据、公共数据开放、公共数据利用。这三项要素是紧密结合在一起。从公共数据的价值实现来看，应是会计逻辑和法律逻辑的契合。

其一，为什么要确立会计逻辑？公共数据应是作为一项资产来对待的，数据的价值不是取决于其本身，而是取决于如何利用。《关于构建数据基础制度更好发挥数据要素作用的意见》明确提出了"探索数据资产入表新模式"，作为更好发挥数据要素作用的保障措施。这表明，公共数据商业化利用必然要实施政府部门会计的确认、计量与报告，体现"有条件有偿"开放利用公共数据的内在要求，只有在此基础上才能解决商业利用主体通过市场外购方式获得的公共数据资产确认为企业资产问题。

在现行制度框架下，公共数据会计准则为公共数据确权授权提供了互补性的制度设计，通过公共数据经济价值的确认、计量、入表，以及商业利用阶段时作为企业数据资产的确认、计量、入表，为加速公共数据经济价值的释放提供了激励约束机制。对于公共数据开放部门而言，公共数据作为一项资产必然面临着保值增值的制度压力，亦会增强公共数据采集和归集的质量和效率。而通过外购公共数据而形成商业利用主体的企业数据资产，亦然会得到经济价值的最大化，因其面临着市场竞争压力。

会计学理论解决了公共数据财产权模糊前提下的经济价值实现问题。会计主体并不完全等同于法律主体。政府财务会计准则对政府资产的判定标准是，是否具有影响会计主体提供服务的能力，一方面政府的资源主要是无偿取得，另一方面又以无偿或者低于成本收费提供服务。确认为政府资产必须同时满足两个条件：一是与该经济资源相关的服务潜力很可能实现或者经济利益很可能流入政府会计主体；二是该经济资源的成本或者价值能够可靠地计量。从实践来看，公共数据资源是符合政府资产的判定标准。现实的问题是，政府数据资产甚至一般意义上的企业数据资产如何在会计报表中确认、计量、报告是一个重要而又棘手的问题。然而，公共数据资产甚至数据资产在现行会计准则中没有得到明确的规定，尚缺乏相应的数据会计准则，但会计准则组织和政府部门正在进行积极的探索。财政部印发《企业数据资源相关会计处理暂行规定》解决了对数据资源能否作为会计上的资产"入表"、作为哪种资产入表、如何列示和披露等问题，这为下一步的公共数据在会计处理适用准则的制定提供了经验参考。

但与其他数据资产不同的是，公共数据资产实现的经济价值是一种面向社会公众、具有公共属性的经济利益，是以社会公众福祉的提升为归属，这是公共数据的资产性质使然。

其二，会计逻辑如何与法律逻辑相契合？公共数据价值的实现必须通过一系列的工具及其组合，并在不同主体之间进行配置。公共数据开放利用实际上是一种商业模式创新，即作为一种商业生态系统，体现了一种系统性而非某个环节上的优势，通过精妙地将各种相关要素与关联方加以连接，使其彼此交互在一起，实现价值共创与参与方共赢。一个典型的案例是上海大数据普惠金融应用，从其经验来看，二者的契合体现在为价值保护型和价值创造型规则的结合。

从法律的经济功能来看，有关个人隐私和企业商业秘密的保护的法律规则是一种价值保护（value protection），即保障公共数据免受侵害或者不当使用，防止其资产价值减损。但是，有关公共数据商业化利用的法律规则是一种价值创造（value creation）。

公共数据价值保护主要依据《民法典》《个人信息保护法》《反不正当竞争法》等，保护个人信息和商业秘密，法律规则的适用比较简洁明确。而公共数据价值创造不仅适用《数据安全法》和地方性法规，而且适用于有关商业应用场景的法律规则，强调了多领域、多部门法律规则的搭配和组合。价值保护型和价值创造型规则综合运用的法律意义在于，为多元主体提供了完整的保护体系。公共数据的价值保护重在保护个人隐私、商业秘密，以及维护国家安全，在公共数据开放生命周期的每个阶段均应防止个人隐私、企业商业秘密被侵犯，或者危及国家安全。而公共数据的价值创造旨在利用商业应用场景将公共数据的静态价值转换为动态的社会经济价值。利用公共数据资产创造公共价值，才是公共数据开放的核心意旨。

此外，价值保护型和价值创造型规则的综合运用为权利主体提供了差异化的救济机制。在公共数据价值保护中，个人隐私、企业商业秘密受到侵犯的，数据主体根据《民法典》《个人信息保护法》《反不正当竞争法》等，要求行政机关、公共事业单位采取相应的补救措施，相关责任主体可能承担相应的行政法律责任。而在公共数据价值创造中，商业利用主体一般不能通过正式的法律程序寻求救济，即使是利用主体运用公共数据时遭受经济损失或者财务亏损的，行政机关和公共事业单位也不会承担法律责任。

对于第二个问题，公共数据价值创造的法律规则如何构建？公共数据价值创造是其经济价值释放的过程。从影响要素来看，公共数据的质量、开放利用方式、开放利用渠道成为公共数据价值创造的重要因素，进而形成了三项规则。

第一项是政府公共数据治理责任规则。公共数据开放利用的效果实质上取决于政府的数据治理能力，从法律规则设计的角度来看，作为开放主体承担的公共数据治理责任直接影响着公共数据的质量和开放的效率，这就需要相应的规则制约开放主体的管理服务行为。政府公共数据治理责任主要包括两项具体规则：一是开放主体之间实行公共数据互享的强制性义务规则。从公共数据的全生命周期来看，处于末端环节的公共数据资产价值创造受到前端公共数据采集，以及中端公共数据开放等因素的影响。解决不同政府部门和事业单位集体行动难题的途径，除了来自中央政策自上而下的数字政府转型之外，设定不同政府部门之间实行数据互享的强制性义务成为可行的制度选择。即使政府部门和事业单位承担向公共数据开放平台归集其采集和产生数据的义务，但特定政府部门在共享其他政府部门和公共事业单位采集的公共数据时，承担着向对方开放共享数据的义务。二是首席数据官的设置亦能推动公共数据治理能力的提升。政府部门和公共事业单位的首席数据官的设置及其职责的明确化在一定程度上保障了公共数据归集的速度和效率，这亦在地方性法规中得到了确认。但确定首席数据官的职责应当是统一的，由国务院或者省级政府制定并监督实施，而不是由产业行业主管部门自行确定。只有做到规则制定的独立性，才能督促多元的公共部门超越部门利益的拘束，确保公共数据的动态性。据此，政府部门在采集公共数据之后能够及时对外开放，从而保障公共数据的实时更新。

第二项是商业化利用的机会公平规则来看，从上海公共数据开放平台提供的 60 个典型应用来看，商业利用主体多是具有大数据开发及应用能力的金融机构、互联网公司、数据聚合商等。不仅如此，这些商业利用主体在开发、设计公共数据应用方案时，大多数是将公共数据集融入原有的商业模式中，只有少部分企业是提供新型的数据产品和服务。公共数据价值创造并不能脱离商业利用主体原先的商业经营活动，在很大程度上取决于商业利用主体的商业应用场景能力。值得注意的是，这种模式并不是上海公共数据开放平台所特有的，而是一个普遍性的事实特征。公共数据开放制度应当注重数据的公平开放和利用。首先，公共数据应对所有的市场主体开放，不应对企业规模、行业属性等作出特别的限制。因为公共数据开放利用既可是由利用主体自用，也可能是商业利用。在这种情形下，中小企业探索利用公共数据提升自己的创新能力和市场竞争能力亦不能受到歧视性对待。其次，有条件开放的公共数据不应采取排他性或者独家授权的方式向市场主体开放。基于公共数据的可复制性，同一公共数据集可以同时被多个市场主体所利用，排他性的特许经营的利用方式实际上限制了公共数据创造价值的能力。因此，传统上国有资源开发利用的机制，如招投标、拍卖等，并不能适用于公共数据开放领域。最后，公共数据向市场主体开放时是否收费不影响商业利用主体的权利，亦不降低政府部门的全生命周期管理责任。在实践中，绝大多数公共数据开放平台是免费或者收取极低的费用，但是费用的大小并不是政府部门在公共数据采集、维运、管理等方面的成本投入的对价，仅是为维护后续运行而收取的部分。商业利用主体享有的权益并不因是否收费及其大小而受到任何的影响。政府部门承担的公共数据的归集、管理等责任亦不受收费的影响。

第三项是政府与商业利用主体、授权运营机构之间的公私协力规则。在公共数据直接向商业利用主体开放模式中，政府部门与商业利用主体之间建立的是公私合作关系，并以行政协议的方式给予确认。在上海大数据普惠金融应用案例中，《上海市公共数据开放普惠金融应用数据利用协议》即是典型的行政协议，而非民事合同。在公共数据商业化利用的初期探索阶段，直接开放模式得到了广泛应用，并通过立法对数据产品和服务的保护而为商业利用主体提供经济激励。现行地方性法规对商业利用主体开发的数据产品和服务给予财产法上的保护，这里的数据利用主体实际上包括了公共数据利用主体。

值得关注的是，公共数据主管部门通过签订授权运营协议的方式与授权运营机构建立了公私合作伙伴关系，授权运营协议为作为行政协议应体现公共价值的实现。从地方实践来看，大多数授权运营机构为国有独资公司或者国有控股公司，并引入社会资本参与。公共数据授权运营的本质是运用市场力量提升公共数据资产价值化的能力。由于政府主管部门在商业场景上不具有市场优势和技术开发能力，因此须借助具有市场技术优势的企业来承担公共数据的开发设计和场景化应用，再向商业利用主体提供数据产品和服务。在这一过程中，授权运营机构有效解决了公共数据的供给与商业利用主体的需求之间不匹配问题。此外，授权运营协议可要求授权运营机构对前端的公共数据开放主体提供技术服务，解决不同政府部门之间数据共享的技术治理问题。为此，授权运营协议应设定授权运营主体的权利、义务与责任。

对于第三个问题，公共数据价值分配的法律规则如何构建？在公共数据商业化利用中，终端客户具有特殊的多重角色。在某种意义上，不特定的终端客户构成了一般意义上的社会公众，公共数据作为一种信息资源，在权属上应当为全民共同所有。因而，终端客户作为价值创造生态系统的重要参与主体，应与其他参与方共同分享公共数据释放的经济社会价值，从而形成了以保护客户为目的的法律规则。

第一项是商业利用主体的普遍服务义务规则。在商业利用主体获取公共数据之后，为客户提供产品和服务时承担着普遍服务义务。普遍服务义务是指特定商业利用主体为社会公众提供无差异化、价格公平合理、获取安全便利的产品和服务。商业利用主体承担普遍服务义务的理据在于，商业利用主体会通过对公共数据以及其他数据的大数据技术分析挑选客户，可能产生新的排斥问题，而这与公共数据的公共价值属性相悖。在通常情况下，商业利用主体和客户之间的关系是典型的市场交易关系，集中体现了合同法和侵权法规则的运用。从交易标的来看，商业利用主体有可能是提供原有的产品和服务，也有可能是提供新的数据产品和服务。

商业利用主体通过大数据技术的运用，能够揭示客户或者潜在客户的消费偏好特征，包括对产品和服务的购买意愿、支付能力等。在上海和北京金融公共数据应用案例中，用水、用电、纳税、工商登记等公共数据既能揭示中小企业金融服务需求的种类和数量、支付意愿、偿债能力等信息，亦能反映出其所处的企业生命周期、生产经营状况、市场战略与商业模式等信息。商业利用主体运用这些信息就可以较低的成本搜寻到客户或者潜在的客户，向他们提供相应的产品和服务，从而利用低搜寻成本实现与客户的有效匹配。另外，公共数据商业化利用的市场交易属于持续性交易或者高频次交易模式，因此公共数据商业化利用亦能体现出低追踪成本的优势。

另外，公共数据商业化利用产生的经济社会效应应当体现在客户获得产品和服务的便利条件和交易价格上，这也是普遍服务的内在本质要求。尽管对于便利条件和交易价格的判定因客户的差异化而不同，但仍可基于参照系而界定。这一参照系是商业利用主体未利用公共数据的先前阶段而为客户提供的交易条件和交易价格。这一参照系的界定，至少对于客户来说，是能够直接感知的。为此，公共数据开放利用应当采用数据标识制度，旨在通过客户及社会公众通过行使选择权来督促商业利用主体主动地履行普遍服务义务。

第二项是商业利用主体的自我数据开放义务规则。公共数据商业利用主体承担自有数据开放的强制性义务。法律关系网络理论强调具有实际意义的法律界权是依据公共数据多元主体之间法律关系网络进行搭建和调整。公共数据的价值在于开放，但不是公共部门向私人主体的单向流动，而应是公共部门与私人主体之间的双向流动，因而"数据换数据"成为公共数据开放的核心交易条件。公共数据内在的公共利益要求，公共数据的开放应当是双向的开放，即在公共数据对商业利用主体开放之后，商业利用主体应当将加工之后的数据产品回传至公共数据开放平台，从而为其他利用主体提供可能再次利用的数据集。这种回传义务的设定实际上是将公共数据开放平台作为一个开源平台来对待，成为一个公共价值迭代创造的平台，而非单纯的数据开放的技术接口。然而，现行法律和政策没有对此作出规定。

基于海量数据资产价值的实现，现行地方性法规鼓励作为客户的自然人、法人和非法人组织开放非公共数据或者自有数据，促进数据融合创新。当然，地方性法规是以倡导性规范鼓励或者支持自然人、法人和非法人组织，其效果如何仍取决于其面临的经济激励。但症结在于，现行法律缺乏经济激励的规定。如果自然人、法人和非法人组织不能从其主动开放非公共数据或自有数据得到净收益，就会缺乏内在的经济动力。

现行地方性法规仅是鼓励自然人、法人和非法人组织向公共数据开放平台开放自有数据或者非公共数据。这里的自然人、法人和非法人组织当然的包括商业利用主体，但对于商业利用主体而言，这种倡导性义务过轻。鼓励对于商业利用主体而言并非义务，没有强制性的约束。另外，商业利用主体相较于其他市场主体而言，已经或者可能从公共数据商业化利用中获益，并且获得公共数据多是免费或者很低的费用支付。因此，立法应设定商业利用主体承担将其自有数据及数据产品开放至公共数据平台的义务，并且这种义务是强制性的。这种义务的设定并不否定立法可以对商业利用主体的范围作出限制，以降低中小型商业利用主体的合规成本。

从公共数据价值实现的理论逻辑来看，公共数据资产体现了会计逻辑和法律逻辑的契合。在作为一项资产时，公共数据产生的治理效应和经济价值体现了公共数据治理能力的提升，不仅反映在政府单位资产的核算，而且在权属明确的前提下，公共数据能够被列入商业利用主体的企业资产，通过数据资产凭证进行数据入股、数据信贷、数据信托、数据资产证券化等创新，实现数据要素的资产价值。这一理论逻辑目前仅在个别的地方性法规得到了确认，更应在国家立法中得以充分地体现。从公共数据开放利用的法律规则设计来看，公共数据商业化利用是在多元主体共同构建的商业生态系统下进行的，因而整体上体现了公私合作治理机制的内在要求，通过私法规则和公法规则保障公共数据资产化。尤为重要的是，国家立法应当保障公共数据开放的普惠性和公平利用机会，为弱势群体提供倾斜法律保护。不仅如此，国家立法还应当设定商业利用主体的普遍服务义务和开放自有数据及数据产品的义务，这才是"有条件有偿使用"的本义，将其自身实现的商业价值外溢至其他社会公众，从而体现公共数据资产的公共属性要求。

互动交流环节，就如何解决公共数据立法问题进行了讨论。孟飞教授认为从公共数据经济价值释放的角度来看，加快国家立法具有紧迫性。地方性法规进行了探索，但数据权属界定等问题上需要国家立法来解决。

法经济学视域下转售价格维持修法的内在理路[1]

时　间：2023 年 5 月 16 日

主持人：孟飞（上海司法研究所副所长 教授）

主讲人：张骏（上海司法研究所 教授）

2023 年 5 月 16 日，孟飞教授开展了以"法经济学视域下转售价格维持修法的内在理路"为主题的讲座，在讲座中，孟教授讲授了我国法律与外国法律的内在理路，与学生展开积极研究讨论。

主讲内容

各位下午好!

非常荣幸能够参加由上海政法学院科研处、人事处以及司法研究所举办的"教授第壹讲"。今天我的报告题目是《法经济学视域下转售价格维持修法的内在理路》。我个人的学术生涯基本围绕着转售价格维持的规制问题而展开。这一问题向来是反垄断法领域中最富有争议性的问题之一。我国理论界与实务界都对其分析模式存在严重的意见分歧。从理论层面看，大多数学者支持合理原则，只有少数学者坚持违法推定规则；从实务层面看，法院倾向于以合理原则来分析转售价格维持，并认为经济学理论是这一分析方式的依据。而执法机构则坚持类似本身违法的理解。法院与执法机构在转售价格维

---

[1]　讲座内容已发表于《法学评论》2020 年第 4 期，文章原名《法经济学视阈下转售价格维持反垄断法实施的理想路径选择——兼论我国〈反垄断法〉的相关修订》。

持的分析模式上存在持续性冲突，并出现了"同案不同判"的现象。这显然不利于规制我国市场经济中广泛存在的转售价格维持。职是之故，现行《反垄断法》（以下简称"新法"）对原《反垄断法》（以下简称"旧法"）的转售价格维持的规定作了大幅修正，增加了抗辩条款，引入了安全港制度，以此来明确违法推定规则的适用。上述修订是否合理？其中所蕴含的内在的逻辑是什么？都是很值得思考的。

旧法第 13~15 条对转售价格维持的规定过于原则，缺乏可操作性，未能形成明确的分析模式。这些规定令人困惑的用语和结构无可避免地引发了理论界与实务界的不同理解，进而产生了激烈的争论。一方面，法院系统认为列举性垄断协议规定的适用要件并不自足自洽，更多是对协议形式的规定；第 13 条第 2 款的规定仍是垄断协议的组成要素，界定了垄断协议的内涵和外延。垄断协议的完整构成要素蕴含于两款规定之中。因此，法院系统对转售价格维持案件的处理大致遵循美国法院在结合现代经济分析的当代案件中对转售价格维持采取的合理原则。根据这种分析模式，转售价格维持并不会被推定违法；而是在相关产品市场的背景下对它的经济影响进行详细审查。另一方面，执法机构的官员虽然一再表示反垄断法对垄断协议的规制采用"禁止＋豁免"制度，而这里的"禁止"是指本身违法式禁止。根据这种思路，第 13 条第 2 款只是说明了垄断协议的概念，并未明确规定执法中的举证责任分配。结合第 14 条和第 15 条的规定来看，转售价格维持很有可能会损害竞争。执法机构只要证明行为存在，便可推定其具有损害竞争效果，而后再由涉案企业提出抗辩。但是实践中，执法机构对于转售价格维持案件的处罚决定书通常都比较简单，其中尚未出现有效抗辩的情况，也没有是否提出抗辩的说明，更没有对抗辩予以采纳或不采纳的说理。因此，执法机构的做法常常被理论界称为本身违法规则。可兹佐证的是，我国目前对于转售价格维持案件，提及豁免条款的占总数比重为 20%，但被豁免的比例为 0%。

法院系统近来对"裕泰案"判决的一波三折更是充分凸显了转售价格维持分析模式分歧的现实困境。在一审判决中，法院认为转售价格维持不能仅以经营者与交易相对人是否达成了相关协议为依据，需要综合考虑它是否具有排除、限制竞争的效果。在二审判决中，法院却运用了法律解释的规范技艺诠释了旧法的相关规定，首次适用了违法推定规则。在再审裁定中，法院认为当下执法机构仍然可以直接推定协议符合"排除、限制竞争"的构成要件，不需对此承担证明责任。但是这种推定可以被经营者举证推翻，反垄断行政执法机构应当对经营者提交的证据进行分析判断，确认其抗辩理由成立与否。并且，经营者除可以证明协议不符合"排除、限制竞争"的构成要件外，还可通过证明其行为属于旧法第15条规定的豁免情形，从而主张不适用第14条的规定。但在反垄断民事诉讼中还是应当适用合理原则，法院需要审查转售价格维持是否具有"排除、限制竞争"效果，并在此基础上判定是否支持原告的诉讼请求。最高院实际上认可了法院系统和执法机构可以就转售价格维持按照不同的分析模式处理。但就同一法律条文同时采用两种分析模式违背了依法治国的基本原则。

综上所述，由于旧法对于转售价格维持的规定不明确，法院系统与执法机构就此问题形成了分析模式的理解分歧，进而导致了具体案件中的实施冲突。新法对旧法的转售价格维持规定作了大幅修订势必可以缓解上述困境。返回转售价格维持规定的立法史考察，或将有助于进一步厘清这种修订的内在理路。

首先，谈一下我国转售价格维持规定的立法史。

由于我国并没有一部概括性的反垄断法的经验，因此在立法时没有什么选择，只能参考外国的经验和模式。反垄断法起草的智识基础主要包括美国和欧洲有关的经验信息。

2006年6月，国务院向全国人民代表大会提交了旧法草案。草案说明中指出，经营者达成垄断协议是经济生活中最常见、最典型的垄断行为，往往造成固定价格、划分市场以及阻碍、限制其他经营者进入市场等排除、限制竞争的后果，对市场竞争危害很大，为各国反垄断法所禁止。但同时，在实践中经营者达成的某些协议虽然具有限制竞争的后果，但整体上有利于技术进步、经济发展和社会公共利益。因此，各国反垄断法又大都规定在一定情况下，对经营者达成的这类协议予以豁免。据此，草案明确禁止经营者达成各类横向与纵向垄断协议，并明确被禁止的垄断协议自始无效，从法律上否定了垄断协议的效力。同时，草案又规定了豁免制度。此时，我国对转售价格维持采用的是违法推定规则。

然而，旧法第15条采用了类似德国1998年修订的《反对限制竞争法》对横向垄断协议豁免规定的典型列举式表述方式。该法第2~6条分别规定了标准和型号卡特尔、条件卡特尔、专门化卡特尔、中小企业卡特尔、合理化卡特尔以及结构危机卡特尔的效率抗辩。第 7 条则与《欧盟运行条约》（以下简称《条约》）第 101 条第 3 款大体一致，为豁免提供了一般性标准。旧法第 15 条的豁免条款存在以下两个明显的问题：一是，立法模式严重滞后。德国 1998 年修订的《反对限制竞争法》第 2~6 条如果不结合第 7 条的一般性豁免标准，其内容均不全面，该立法模式的价值不大。因此，德国在 2005 修订《反限制竞争法》时取消了上述列举，改采《条约》第 101 条第 3 款的规定。我国在制定豁免条款时未能及时跟进国外立法的新发展，采取了过时的立法模式。二是，立法内容失之偏颇。豁免条款针对的都是生产环节的效率，而转售价格维持能够提高的效率却源于销售环节。这就导致了转售价格维持在现实中根本无法得到豁免，违法推定规则异化成了实质上的本身违法规则。

2007 年 6 月 28 日，美国联邦最高法院在具有里程碑意义的丽晶案中以 5∶4 的结果推翻了对固定转售价格协议适用将近百年之久的本身违法规则，转而适用合理原则。鉴于我国旧法草案仍在等待最终投票，立法者想要做出任何实质性修改都为时晚矣，两个月后，旧法正式颁布。丽晶案的判决结果显然对转售价格维持的分析模式选择产生了影响。全国人大常委会法制工作委员会在旧法颁布的第二天就发布了评论性解释。它在第 14 条的立法理由中承认了丽晶案的判决和合理原则：近年来，采取合理原则的协议范围越来越宽，在美国已有对最低转售价格维持采取合理原则的案例。需要说明的是，它认为本身违法规则或者合理原则是执法实践中掌握的原则。本法对垄断协议的界定，是以其是否排除、限制竞争为标准。所以对本条列举的协议，如果其符合本法关于垄断协议定义的规定，即属于垄断协议。反之，则不属于。因而事实上，该释义对于转售价格维持似乎高度倾向于采用合理原则的态度。丽晶案判决和旧法颁布时间的巧合可能是一个有助于让人更好地理解为什么第 13~15 条仍以当前的语言存在，以及它们如何引发怎样规制转售价格维持的争论的重要因素。因此，美国和欧盟经验对于旧法的转售价格维持规定起到了双重影响和异向导引，由此造成了分析模式的严重意见分歧。

理论界与实务界对于转售价格维持分析模式的分歧显然引发了立法者的高度关注，转售价格维持的规定得到了大幅的修订。目前的公开资料显示，立法将修订说明的重点放在了"安全港"制度，对新增的正当理由条款没有做出任何解释，而旧法第 15 条的内容则被保留到了新法第 20 条。由于第 20 条对于转售价格维持而言实际上无法得到适用，第 18 条第 2 款的正当理由与第 3 款的安全港制度一同为转售价格维持提供了一份完整的豁免清单，明确了违法推定规则。这些修订的条款同样可以溯源到域外经验——第 18 条第 3 款在一定程度上借鉴了 2022 年新修订的《欧盟集体豁免条例》第 3 条的规定。

由于立法说明语焉不详，无法确证修订的内在理据，所以只能对此做出理论推断。第 18 条第 2 款既减轻了经营者的举证责任负担，又能让其抗辩落到实处，不至于沦为本身违法规则。这样规定的原因大致有以下两点。一是，我国市场中转售价格维持的损害竞争效果十分明显：市场覆盖率高，往往整个行业都把它视为销售的行规，累积损害效果非常明显；它与纵向非价格垄断协紧密结合，《反垄断法》对此又缺乏具体规定，这种结合造成的损害效果非常严重；经营者通常会要求经销商对价格、地域和渠道等问题互相监督，导致横向损害效果显著。二是，反垄断法之所以典型列举并禁止系列横向垄断协议和纵向垄断协议，就是因为这些行为具有产生排除、限制竞争效果的高度可能性。因此，新法第 18 条第 2 款规定不仅仅是对实践分歧的回应和不当做法的纠偏，更是对这一基本法理和立法态度的重申和强调，及时有效地维护了纵向垄断协议认定规则的统一性和权威性。另外，第 18 条第 3 款之所以规定安全港制度，大致有以下两方面的原因。一是，从理论上看，转售价格维持只有在满足一些条件时才会产生损害竞争效果：实施该行为的生产商必须形成对销售市场的垄断；实施该行为的生产商比例较大。二是，在具体案件中，不管是反垄断执法机构还是法院，都发现转售价格维持协议是一方加于另一方，而非两者合意之产物。市场中上下游企业间的市场势力往往并不对等，可能还存在非常大的差距，这导致一方所提出来的协议另一方只能接受。

除了上述这些微观理据之外，还可以从一种更为宏观的视角出发来认识新法对转售价格维持所做的修订，从而更好地把握这种修订的内在理路，法经济学正好可以在这方面提供充分的智力支持。

其次，谈一下反垄断法中经典的错误成本分析框架。

在法经济学理论看来，错误成本分析框架是探讨最优竞争规则的适宜理论工具，它的基本理念是使决策成本与管理成本之和最小化。决策成本包括了假阳性错误的成本和假阴性错误的成本。法律是一种管理体制，它的作用只有在规则被法官适用、被律师用作向客户提供建议时方可显现。那种寻求体现各种经济学复杂性和限定性的规则被证明会产生负面效果，反而会使其试图寻求的经济学目的大打折扣。管理成本是制定和执行竞争规则而形成的各种直接和间接成本。它包括了制定规则的成本、个案中的信息和评估成本、普遍的监督和守法成本以及法律不确定性的成本。错误成本分析框架认为，竞争规则越复杂，实施机关在个案中进行的调查越深入，就越有可能减少决策成本，同时相应地增加管理成本。竞争规则的执行通常是有缺陷的：首先，竞争规则存在某些潜在缺陷。竞争规则并不总是与经济分析相一致。因而，有些有害行为会逃脱处罚，有些有益行为则会被禁止。其次，在个别案件中，执行竞争规则时要面对充斥着不完整信息和不确定性的情况，这是企业战略性披露信息的结果。最后，在个别案件中，寻租行为可能会扭曲竞争规则的执行。

图1模型可以表明竞争规则的最优差异化程度是如何形成的。坐标纵轴描绘的是社会成本，它是由错误成本与管理成本之和构成的。坐标横轴描绘的是竞争规则的差异化程度，在此坐标轴上，竞争规则从左至右的差异化程度越来越高。某种商业行为是否会被允许的成本可以假定是随着竞争规则差异化程度的增加而增加的。因为竞争规则额外差异化的边际成本可能会上升，所以社会成本曲线也会随之上升。通过更加差异化的竞争规则所形成的额外评估标准能够更好地识别促进竞争和损害竞争的行为。差异化程度更高的竞争规则通常意味着错误成本的减少。可是边际成本的减少，也会降低竞争规则的差异化程度。因此，竞争规则的最优差异化程度可以在社会成本曲线的最小值处找到，社会成本曲线本身则是由错误成本和管理成本这两条成本曲线的纵向交汇而得来的。

错误成本分析框架的关键含义是，最优竞争规则并不是要在每个案件中都能做出正确裁决，而是要尽量减少所有案件的平均决策成本与管理成本的总和。检验竞争规则好坏的主要标准也不是在个案中都能做出正确裁决，而是在考虑到所有相关成本、利益和不确定性因素的情况下，能否通过正确的裁决和救济来阻止经济运行中的损害竞争行为。

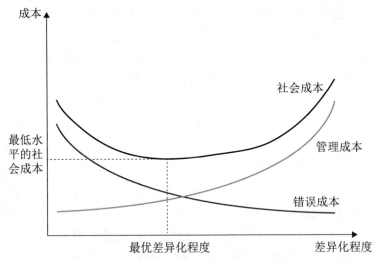

图1　基于效果路径的竞争规则的最优差异化程度

最后，谈一下错误成本分析框架对转售价格维持规制模式的指导。

第一点是两种反垄断法实施路径产生的错误成本对比。违法推定规则会产生假阳性错误，合理原则会产生假阴性错误。由于现实中大量的不确定性因素和成本限制，能够完全消除两种错误的完美制度并不存在，所以就会产生制度选择和改善问题。执法机构和法院要在违法推定规则和合理原则之间做出选择，无可避免地要权衡错误决定有罪和错误决定无罪的风险哪个更大，而这恰恰取决于对规则前提判断的选择与接受。特定的市场状况构成了转售价格维持下是假阳性居多还是假阴性居多的约束条件。我国的图书、杂志、报纸以及食品、日用品、家用电器等行业中普遍存在着转售价格维持，许多生产商尤其是电器行业都规定经销商的最低销售价格，甚至执行所谓的统一零售价，否则停止向其供货。在行业内广泛使用转售价格维持会弱化市场竞争、损害消费者福利，最终造成危害后果。面对不完善的市场，两害相权取其轻，执法机构适用违法推定规则所犯的假阳性错误会少于法院适用合理原则所犯的假阴性错误。

第二点是两种反垄断法实施路径产生的管理成本对比。实施机关若对转售价格维持案件适用合理原则，就要分析涉案行为的福利效果。由于现行反垄断法律规范并未明确规定转售价格维持的规制路径，所以势必要修改一系列法律条文，这些变化将直接与额外成本相联系。规则差异化程度越高，越是复杂、精细，制定成本也就越高。通过修改反垄断法律规范来确立合理原则所付出的立法成本要多于违法推定规则。

执法机构若对转售价格维持案件适用合理原则，处理涉案行为就会更加基于经济效果，这将大幅增加企业的守法成本及其自身的监督成本。一是，企业与反垄断法打交道时要承担守法成本。在面对合理原则时，为了避免处罚，企业不仅要进行内部的合规审查，还要高价购买外部的法律服务。二是，执法机构要承担包括市场监督成本在内的、与其运作相关的各项成本。转售价格维持可能具有双重福利效果，但是对消费者产生净的正面或负面福利效果并不确定。执法机构为了获得清晰、完整的市场状况以确定转售价格维持的净福利效果，不仅要考察个案中的具体行为方式，还要权衡品牌内与品牌间竞争、制造商与经销商之间的纵向竞争以及消费者对涉案产品的看法，这无疑会增加监督成本。相形之下，违法推定规则基于行为形式来判定违法性，避免了复杂的经济分析，降低了企业的守法成本和执法机构的监督成本。

实施机关若对转售价格维持案件适用合理原则，易于造成法律不确定性。法治原则尽管有不同的表述，但核心要素都包括法律实施机构对于特定行为适用法律予以禁止，法律的实施要足够透明、统一以及可预测，这样私主体能够合理地预计何种行为不被允许。合理原则意味着实施机关在判断转售价格维持是否会损害经济效率时，不存在一种可容许错误范围内的一体适用标准，必须就个案的特殊状况自行斟酌认定。这将会导致行为只有被详细分析之后才会确定是否违法，这是与法治原则相冲突的。违法推定规则是一种明确的竞争规则，它会将行为界限清楚地告知企业，让其知晓行为是否会被允许，从而有利于产生稳定的预期。因此，从法律确定性的角度来看，违法推定规则这一基于法律形式主义的路径也是较为可取的。

执法机构若对转售价格维持案件适用合理原则，会增强案件的技术性要求，提高法院的司法审查成本。如果实施转售价格维持的企业不服执法机构的行政处罚，向法院提起诉讼，那么它在审查执法机构是否错误地解释和适用法律时，将会面临相当复杂的情况。法院不仅要证实案件中依赖的证据是否准确、可靠，是否与事实相符，还要证实证据中是否已包含了评估案件中复杂情况所需考虑的所有信息以及是否能从中推断出结论。合理原则将会迫使法院处理复杂的经济分析。目前在我国法院审理的转售价维持案件中，经济学家并未拿出具体的经济学证据，而仅仅提供了经济理论就被视为完成了证明，即经济理论本身被当作案件的直接证据。这种大而化之的做法很成问题。合理原则这种差异化程度较高的竞争规则会大幅提高司法审查成本，而违法推定规则相对简单，司法审查成本较低。

第三点是两种反垄断法实施路径产生的社会成本对比。增加竞争规则的差异化程度既会减少错误成本，也会增加管理成本。实施机关适用合理原则固然会减少犯错的可能，但是可以想象，规则差异化的初始程度越高，这种积极效果就越少。更何况，实施机关适用合理原则还会大幅增加管理成本。因为在有些情况下，它进行彻底的市场分析和决定实际福利效果的成本是非常高的。错误成本和管理成本之和决定了竞争规则的社会成本。当竞争规则额外差异化的边际成本等于错误成本的边际减少时，它就处于最优状态。实践中，当实施机关适用合理原则减少的假阳性错误多于增加的假阴性错误与管理成本之和时，合理原则便是可取的。反之则不然。实施机关适用合理原则肯定会增加管理成本，虽然确切数额普遍难以测量。与之类似，合理原则减少的假阳性错误也难以量化具体收益。但这并不意味着该问题就此无解。有学者指出，可以直截了当地假设这一数据的关键取决于转售价格维持正面和负面福利效果的分布状态。两种福利效果的分布频率越不稳定，更为差异化的规则产生的收益就越少。也就是说，转售价格维持促进福利效果的例子占比越少，就越不可取。

虽然经济理论对转售价格维持的双重福利效果具有一定的共识，但是企业使用转售价格维持究竟是为了促进福利还是损害福利归根结底还是一个实证问题。学界的主流意见认为，现有关于转售价格维持的实证调查比较薄弱，数量和质量都很有限。它的竞争效果在不同产业、不同市场条件下的结果并不确定，无法证明正面和负面效果，何者更有可能发生以及发生的频率更高。然而，已有学者在总结现有实证调查的基础上指出，唯有自然实验才能很好地指导转售价格维持的反垄断执法策略。有学者通过对美国20世纪70年代的牛仔裤行业所做的调查发现，即使只有一个制造商，如果其属于领导品牌的话，在行业中使用转售价格维持也会产生负面福利效果。李维斯是美国知名的牛仔裤品牌，它在1977年联邦贸易委员会收到针对性投诉之后，就停止了使用转售价格维持。这不仅导致自身的零售价格下降，也使得整个美国牛仔裤市场的零售价格下降，同时增加了消费者福利。在李维斯宣布放弃转售价格维持之后的18个月内，消费者剩余增加了大约2亿美元。爱途与丸山通过对日本零售业所做的转售价格维持影响产品毛利率的调查发现，1986年美国已经废除了允许转售价格维持的《米勒–泰丁斯法案》和《麦奎尔法案》，但是日本仍然允许对指定产品维持转售价格，这使日本的经销体系利润率明显高于美国。日本公平交易委员会通过对化妆品和一般医药产品行业所做的转售价格维持影响产品价格的调查发现，随着允许转售价格维持的产品范围缩小，这些产品降价比例增加，与一般产品之间的价格差距缩小。有学者提出了经验证据来证明美国有些州在"丽晶案"之后适用了合理原则，对消费者福利、价格和产量产生了负面效果，却未发现对公认的促进和损害福利理论的广泛支持。他们使用尼尔森固定样本数据，分析了2007年"丽晶案"判决之后适用合理原则的州与继续适用本身违法规则的州的1000类以上品牌消费产品的价格及质量，在比较了这些数据之后发现转售价格维持很可能对价格和产量产生负面效果。在适用合理原则的州，估计产品整体价格上涨了0.33%，产量下降了3.8%。这使得消费者的总体福利下降了3.1%。可见，转售价格维持更有可能产生负面福利效果。

从错误成本分析框架的理论视野出发，一方面，法院适用合理原则无法像违法推定规则那样威慑到转售价格维持的损害竞争用途。它适用合理原则只有在减少的假阳性错误少于增加的假阴性错误与管理成本之和时才可取。从自然实验的结果来看，这是难以成立的。另一方面，执法机构对转售价格维持案件适用违法推定规则虽然严格，却是可行的。即使它现实或潜在地禁止了具有正面福利效果的转售价格维持，所犯的假阳性错误也会少于法院适用合理原则所产生的假阴性错误。况且，违法推定规则较之合理原则，明显降低了包括监督成本、法律不确定性成本和司法审查成本在内的一系列管理成本。综上所述，本次修法所明确确立的违法推定规则是较为妥当的。

再次感谢上海政法学院科研处、人事处以及司法研究所的安排，让我有机会和同学们交流我多年研习转售价格维持规制问题的心得体会，也欢迎同学们就此问题和我交流。

互动交流环节，同学们就法经济学视域下转售价格维持修法的内在理路向孟教授提出了一系列问题，孟教授一一进行解答并指出本次修法的合理性。

民事证明责任的文义解释原则

——以《民法典》第 311 条规范的适用为例[1]

时　　间：2023 年 5 月 23 日

主持人：魏治勋（上海政法学院法律学院院长、教授）

主讲人：郑金玉（上海政法学院法律学院教授）

与谈人：季平平（上海政法学院法律学院博士）

2023 年 5 月 23 日下午，上海政法学院人事处、科研处和法律学院联合主办的教授第壹讲（第十四期）在法学楼 110 会议室开讲。"教授第壹讲"系列学术讲座是在校领导关心下，人事处、科研处与各二级学院为我校新晋教授搭建的一个展示最新研究成果的学术交流平台。法律学院郑金玉教授应邀以"民事证明责任的文义解释原则"为题开讲。法律学院院长魏治勋教授主持，法律学院教师季平平博士参加与谈，百余名师生线下、线上参加了本次学术讲座。

主讲内容

各位老师、同学下午好！

能够参加"教授第壹讲"与大家交流，我感到非常荣幸，感谢主持人魏治勋院长周到的安排！感谢各位出席交流！

我今天向大家报告的题目是"民事证明责任的文义解释原则"，该题目内

---

〔1〕 讲座内容已发表于《法学评论》2022 年第 6 期，原文章名为《论民事证明责任的定义解释原则——以〈民法典〉第 311 条及其司法解释的适用为例》。

容以《民法典》第311条及其司法解释的适用为例予以展开。讲稿的详细内容发表在《法学评论》2022年第6期，欢迎大家提出批评意见。

《民法典》第311条的内容是关于善意取得的规定。与2007年通过的《物权法》第106条相比，我国善意取得制度并没有发生实质性变化。在该项制度实施的十多年里，学者对其"善意"要件的证明责任负担问题一直争论不休。多数学者认为，"由受让人承担善意要件的证明责任"是《物权法》第106条（《民法典》第311条）在规范文义层面清楚表达的内容。但也有学者指出，从文义层面解释善意要件证明责任的结论与善意取得保护交易安全的制度目的相悖，与比较法中常见情形也不相一致，这说明我国善意取得制度或证明责任解释理论存在问题。《民法典》颁布之后，最高人民法院于2020年12月公布了《关于适用〈中华人民共和国民法典〉物权编的解释（一）》，该司法解释对善意取得制度中的善意要件举证证明责任作出了解释，其第14条第2款规定，"真实权利人主张受让人不构成善意的，应当承担举证证明责任。"按照通常的理解，该项规定要求真实权利人（原所有举证权人）举证证明受让人"不构成善意"，如果相关事实的最终证明陷入真伪不明，其还要承担败诉风险。与《民法典》相比，该司法解释倒置了善意要件的证明责任。值得注意的是，最高人民法院于2016年2月公布的《关于适用〈中华人民共和国物权法〉若干问题的解释（一）》已经作出了这样的规定。既然司法解释以此纠正了部分学者认为的立法"错误"，相关争议也就可以休止了。然而，至关重要的善意要件证明责任倒置问题在《民法典》中并没有得到任何反映。如果说《物权法》要求受让人承担善意要件证明责任的规定是错误的，且错误严重到等不及法律修订、必须由司法解释预先纠正的程度，那么，《民法典》对这样的错误不予纠正就不好理解了。

证明责任一直是民事诉讼实践的重点问题，也是难点问题。长期以来，我国民事诉讼法学者对该问题的研究热情不减。证明责任是横跨实体法和诉讼法的重要问题，需要我国实体法学者和诉讼法学者共同研究。一个可喜的局面是，我国民商法学界有不少学者也投入了时间和精力研究该问题，近十多年有不少出自实体法学者的高水平论文发表，关于证明责任分配的理论有了不少创新，一些具体制度中的证明责任分配规则也有颇具新意的建议。

证明责任的研究中，有一个颇具争议的具体问题，就是善意取得制度。

我国《民法典》包括先前的《物权法》均规定，无处分权人将不动产或者动产转让给受让人的，受让人受让时为善意、支付了合理的对价，并取得了不动产的登记或占有，满足这三项要件要求的，买受人取得标的物。按照证明责任分配的通说理论——"规范说"予以解释，买受人应当就自己的善意、支付合理对价和取得登记或占有这三个要件承担证明责任，其中任何一个要件事实的最终证明陷入真伪不明的，买受人承担败诉风险。这种解释结论符合法律规范的基本逻辑，符合"当事人对有利于其的法律规范要求的要件事实"承担证明责任的基本规则。在《物权法》颁布时，我曾发文研究该问题，得出以上结论。之后不久，民事诉讼法学界有学者发文支持这样的研究结论，并从多个角度深化了该问题的研究。我国民法学界有学者同时发文就该法善意取得制度的证明责任展开研究，该学者从比较法的角度认为应当由原所有权人承担买受人（不构成）善意的证明责任，并认为我国的善意取得制度与其他立法比较成熟的国家的善意取得制度不同，买受人承担善意要件证明责任加大了买受人取得标的物的风险，显然背离了善意取得制度的初衷。由此形成了立场鲜明和观点对立的实体法学界与民事诉讼法学界的争议。这种争议一直延续至今。2016年，该学者在《法学研究》再次发文论证原所有权人承担善意要件证明责任的正当性。更为重要的是，发表在《法学研究》的这篇文章指出，不是我国善意取得制度存在问题，而是传统的证明责任分配规则的解释理论出现了问题。该学者明确指出，证明责任负担一般被视为实体法的适用、实体法的解释问题，在法教义学上既有文义、体系、历史、目的等民法解释的方法，也有事实分类理论、规范说、修正规范说、修正法律要件分类说等与证明责任相关的学说理论。此例说明证明责任分配理论通说——规范说也存在问题，应把规范目的作为证明责任分配规则解释的基准，并以目的论为证明责任解释的方法论。只有这样，证明责任的解释论才能与主流法学方法论合流。

讲到这个地方，我们可以发现，该学术问题的争议已经不再局限于具体制度证明责任的解释，而是延及证明责任解释理论这个"世纪难题"本身了。如此重要的问题，我认为，民事诉讼法学界必须予以回应。否则，证明责任基本理论要变天了，被认为是通说的"规范说"可能必须让位于"目的解释论"。

我并不认为证明责任通说理论"规范说"存在问题，相反，证明责任

"目的解释论"的观点是存在问题的。反驳"目的解释论",我们就先从该观点论证起点——善意取得善意要件的证明责任入手。之后,我再用一部分时间来讲解证明责任"规范说"中文义解释基本规则的正当性。

第一部分,"目的解释论"解释善意要件证明责任的不同结论。

在我看来,部分学者对善意取得制度目的的认识存在一定问题,所谓证明责任目的解释路径及其解释结论需要反思。

我国善意取得制度立法目的的恰当解释。善意取得是应保护交易安全的需要而产生的制度,这一观点在学界几乎没有争议。可以说,没有保护交易安全的需要,就不会有善意取得制度。从这个角度看,把保护交易安全作为解释善意要件证明责任的出发点是没有问题的。然而,仅仅看到问题的这个层面是肤浅的。善意取得制度应对的是动产或不动产所有权在非正常流转中的归属问题,是应协调财产所有权保护和交易安全的矛盾而产生的。在两种权益、两种"安全"的博弈中,所有权安全向交易安全适度让步,但并没有完全淡出善意取得制度。

善意取得制度的产生、演变过程也说明了这一点。所有权作为其他诸多权利的根源,其法律效力最为强劲。罗马法信奉绝对主义所有权观念,承认所有权绝对性、排他性和永继性,承认其追及力的无限性。但过于强劲的所有权效力很容易导致正当的交易安全得不到保障。在广泛的市场交易活动中,要求受让人一定要调查核实交易标的物的权利及其变动情况,查清交易对方有无处分权,带来的后果就是交易成本过高,交易过程漫长,市场交易的规模和发展速度都会受到抑制。而在标的物是由所有权人自愿让与无权处分人占有的情况下,所有权人比受让人更能够恰当评估处分人的可靠性,其完全可以采取可行措施防止无权处分。由此,要求所有权人承担无权处分带来的实体风险的正当性似乎更充分。基于这样的考虑,源于日耳曼法的"以手护手""前手交易瑕疵不及于后手"交易规则在历史上逐步得到承认。但是,此类规则对所有权人又有失公允,存在着矫枉过正的问题。随着社会的发展,人们深刻认识到所有权保护(静态安全)和交易便捷(动态安全)必须妥协,很有必要把二者摆到同等重要的位置,而有条件地承认受让人在无权处分情况下取得所有权。由此发展而来的给予第三人以附加善意条件的即时取得的特殊保护成为近代以来大陆法系与英美法系民法上一项至为重要的制度。法律经济学分析也进一步证明,善意取得制度并不是所有权保护和交易安全之间的简单取舍，更重要的是在所有权人和善意受让人之间分配无权处分行为引起的交易风险，为双方同时提供有效的行为激励，以尽可能减少市场交易的社会成本。善意取得制度能够充分表现法律上的利益衡量与价值判断，其涉及的所有权保护、交易安全都是民法上的基本利益或价值，无一可以偏废。所以，在善意取得中，仅看到交易安全而无端忽视所有权安全，把保护交易安全作为制度设计、规范解释的唯一目的是片面的。

当然，在具体的制度设计中并不存在保持所有权安全与交易安全关系绝对平衡的情况，二者之间仍有一个孰轻孰重的问题，立法者可以根据社会现实和发展需求决定二者的保护空间。罗森贝克曾以时效取得制度为例指出，德国法规定，"自主占有动产10年取得其所有权，但非善意的除外"（《德国民法典》第937条），该规范也可以表述为"善意（自主）占有动产10年取得其所有权"。虽然这两种表述的实质要求相同，但其中的证明责任负担截然相反。其实，这并不仅仅是一个证明责任问题，而主要是一个实体法问题，其背后就是实体法立法者的价值判断和选择。《德国民法典》第937条的实际选择，是其倾向于优先保护占有以及交易安全的表现。同样，善意取得中也存在类似的所有权安全和交易安全何者优先的倾向性保护问题。在我国，善意取得只是无权处分不产生所有权移转法律效果的例外而已，《民法典》第311条首先规定所有权人原则性地享有"追回权"，彰显了我国立法优先保护所有权的倾向。而德国善意取得制度的规范逻辑及其背后的政策选择与我国不同，其善意取得制度的"原则-例外"与我国完全相反。

优先保护所有权安全还是交易安全的政策性选择，就是具体立法例中善意取得规范目的的重要内容。从规范目的和制度价值的取向看，在所有权保护和交易安全发生矛盾时，我国《民法典》认可了交易安全，承认了善意取得制度，但同时也表达了优先保护所有权安全的倾向。由此看来，要求受让人承担善意要件的证明责任，无非加大了对所有权保护的力度，提高了对受让人的要求，提高了善意取得的制度门槛，而绝非背离了善意取得的立法目的或制度目的。

第二部分，证明责任分配的文义解释原则及其根据。

与善意取得善意要件的证明责任解释一样，没有公认的"立法错误"之类充足的理由，法律规范中的证明责任分配规则均应采用文义解释方法予以解释，文义解释才是证明责任解释的基本原则。

文义解释是法律解释的基本方法。法律解释的方法有十余种之多，文义解释只是其中的一种。文义解释就是基于法律规范的条文用语、规范逻辑、形式结构展开的解释，即按照条文字面的通常含义解释法律规范。文义解释的特点就是忠实于立法，解释结论也相对简单、清晰、确定。忠实于法律条文是公认的法律解释的基本原则，不超出法律规范文义范围的解释，始能称得上合法的解释。如果文义层面的法律规范都不能得到恰当的解释和遵循，法律的统一适用就会成为问题。

其他解释方法中，目的解释较为常见。目的解释就是从立法目的角度对法律规范进行的解释。目的解释可以脱离法律文本，解释结论也有可能与法律规范的文义完全不同。目的解释背离规范文义的正当性根据就在于弥补法律漏洞，即在确信法律规范存在漏洞时，可以动用目的解释的方法予以弥补。

司法动用目的解释等方法作出背离规范文义的解释应当异常慎重。如果不能确信法律规范存在漏洞，应认为法律文义恰当地表达了立法目的，根据文义解释法律规范，就能够体现立法意图和目的。把文义解释与目的解释对立起来是没有道理的。在规范文义之外重新确认制度目的，实际上背离了司法忠实于法律的基本准则。

证明责任的文义解释和"规范说"理论。证明责任是实体法规范本已内含的重要内容，所以，证明责任解释就是法律规范具体内容的解释，其当然应该遵循法律解释的一般规则。证明责任的文义解释，就是以法律规范的文本为对象，按照通说理论提供的方法，根据规范的文义解释其中蕴含的证明责任配置规则。将文义解释作为证明责任解释的原则和基本方法，是指在没有法律规定的例外或高度认可的理由（法律漏洞）情况下，只能根据法律规范的文义进行直观解释，而不能适用其他方法对证明责任作出有悖于法律文义的解释。

在德国等国家和地区长期稳居通说地位的证明责任"规范说"认为，证明责任的分配（解释）应当遵循一个基本规则，而这个基本规则又是与实体法规范的内容和文义捆绑在一起的。不可能存在不包含证明责任分配的法律规范，只要有法律文义存在的地方，就必定包含有证明责任的分配，只要法律文义中没有"除非"之类的词句，基本规则就会自动地对证明责任进行分配，因此没有必要按照立法目的对证明责任分配进行解释，法律规范的文义就是分配证明责任的标准。"规范说"理论就是立足于实体法规范的相互关系，分析规范的构造、用语与内容的关系，强调从文义角度对法律规范进行分类，以法律文本为依据对各个构成要件中的证明责任归属进行解释。"规范说"适用文义解释方法，给出的规则指引也简单、明了：法律规范规定的法律效果对何方当事人有利，该方当事人就应当承担法律规范明确规定的前提条件（构成要件）的证明责任，一旦这些前提性事实（要件事实）在诉讼中的最终证明为真伪不明，该方当事人就要承担败诉风险。

文义解释是解决证明责任本质问题的最佳途径。将证明责任分配规则的解释严格限制在实体法的文义之内，是"规范说"方法论的根源，"规范说"的实质就是文义解释。

文义解释的结论高度确定，与证明责任规则适用的要求相适应。证明责任的本质是相关要件事实的最终证明陷入真伪不明时法官判决何方当事人败诉的问题，而何方当事人负担败诉风险问题的答案暗含于构成要件的文义之中。证明责任需要解释，而相关的解释依据给法官裁判案件的规则指引，不容许有任何的模糊性和争议性，否则，案件裁判结果的定纷止争效果万难达到。可以说，证明责任稳定、始终如一的分配，是法安全性的先决条件，证明责任的解释必须以结果的高度确定性、可预见性为目标，其必须产生一个固定的、与具体诉讼的偶然性因素无关的结果。对于法官来说，这个结果是一个安全指路牌，对于当事人来说，在他们决意参与诉讼之前就一定可以预见到这一结果。很显然，证明责任解释，只有以法律规范文义为依据才能产生这样确定的结果。"规范说"解释证明责任的目标就是，将对证明责任分配的争论，从具体诉讼的主观主义的考察方法上转移到实体法的客观领域，从诉讼这种充满争斗的竞技场所转移到法秩序的纯洁的天地。可以说，严格遵循文义解释证明责任才符合人们对法律规范的信赖，当事人也无从争议文义解释的权威结论。"规范说"尊重法条文义，紧跟实体法的发展，引导法官严格遵循规范文义解释证明责任，将证明责任确定地分配给相关当事人，满足了证明责任规则适用的要求，也很好地维护了法律尊严及其安定性价值。

"规范说"以具体规范的内容为解释证明责任分配规则的依据，更具有实体公正性。立法者在制定规范时的各种考量已经蕴含于最终决定下来的规范文义中，文本层面的规范就是法律宣言，其中自然也包含需要向世人传达的规范目的，严守规范文义解释法律就是遵循立法目的。具体规范中的构成要件是确定证明责任配置规则的可靠依据，根据法律文义解释，引导法官从具体规范中寻找分配败诉风险的规则，是最忠实地解释法律规范及其目的的证明责任解释方法。"规范说"并不是一般的分配证明责任的标准和依据，而只是一种高度形式化的解释证明责任的理论工具。然而，"规范说"理论是在分析立法者的意图基础之上提出的，其以具体规范的构成要件为分配证明责任的依据，千万条具体的实体规范自身内容才是其中证明责任的分配依据，即每一条规范都是根据各自具体情况确立分配证明责任依据的。所以，这种看上去高度形式化的规则，其分配证明责任的依据并不是程序法形式化的构造，相反，它的依据和标准是具体的、实体性的。可以说，"规范说"强调从规范文义出发解释证明责任，严格遵循立法考虑的具体情境和规范的实质内容，充分认可了不同规范的差别性评价，完全顺应了实体规范对不同利益的权衡，其实际上是与法共生的证明责任分配原则。采用文义解释方法的"规范说"所确立的证明责任解释规则真正遵循了立法目的，满足了诉讼对当事人诉讼武器均等、阻止诉累等项程序公平性的要求，同时也满足了机会均等、风险均分等项实体公正性的要求。

采用规范文义解释方法的"规范说"，适应了立法发达时代对司法提出的严守三段论逻辑的要求。现当代发达的立法通常会考虑证明责任，并通过文义予以暗示，司法者严格遵循法律适用的三段论逻辑即可准确地解释证明责任。三段论中，法律规范居于核心，裁判案件所要适用的法律规范决定了法律效果，规范的构成要件决定了当事人可以主张的有法律意义的事实范围。法律规范及其构成要件就是确定证明责任的实质依据和最终标准。

遵循法律适用的三段论逻辑，根据法律规范及其构成要件推导证明责任，是无争议地解释证明责任的最佳方法和路径。对此，创立"规范说"理论的罗森贝克非常自信地指出，"我可以肯定地说，在杂乱无章的现象和观点中，没有也不可能有其他比我们的原则更好地解决证明责任问题的方法。"普维庭通过对大陆法系、英美法系诸多国家（甚至包括苏联）立法的比较研究和历史回顾，发现这些国家立法关于证明责任的规定存在惊人的一致性，这些国家都承认"当事人对有利于其法律规范要求的前提条件承担证明责任"的基本规则，他进而认为这条基本规则内容看上去是天经地义的，在世界范围内是有效的。"规范说"理论及其采用的文义解释方法所具有的优势，与我国当下法治社会对司法的要求相适应。《民法典》的施行将会对我国法治建设产生重大影响，法典施行之初，更应当强调司法遵守三段论的逻辑，而不应倡导背离规范文义裁判案件。同理，我们也应当严格按照规范文义解释证明责任，防止法官自由裁量分配败诉风险。

退一步讲，如果与法律文义保持一致的证明责任解释结论确实出现了背离立法目的的情况，与其说是证明责任或其解释方法出了问题，倒不如说是法律规范本身出了问题。出现这种情况，问题的根源在于法律规范的文义背离了立法目的，人们应当回过头来解决法律规范自身问题。也就是说，矫正证明责任的问题也应从修改法律规范的文字表达入手，跳过法律规范文义而仅改变证明责任的归属，会带来无尽的争议。把法律规范的问题归咎于证明责任及其解释方法也是不恰当的。

证明责任目的解释论看上去正当性十足，其实并不符合法律适用的基本逻辑。目的解释首先由解释者（法官）确立自己对规范目的的解读，然后再把相应的解读作为分配证明责任的依据。然而，理论和实践认识问题的角度不同，给出的制度目的解释结论也各不相同。实际的立法目的可能比较宽泛，法律规范文义之外的目的解读不能代表立法者在制定法律规范时考虑的所有因素，五花八门的观点致使争论在所难免。制度目的不确定，或以多种结论指引证明责任解释，带来的最根本问题就是证明责任分配结果的不确定性。在法律适用过程中探讨分配证明责任所应考虑的因素，是错误地把作为立法问题的证明责任理解为司法问题。目的论更适合在立法时探讨证明责任的归属，而不应在规范内容确定的情况下倡导在法律适用过程中通过目的解释改变规范文义层面的证明责任。可以说，泛化的目的解释违反了法律适用的基本原则，损害了法的确定性和安定性，有可能把本来依附于法律规范文义而显得清晰、明了的证明责任带入混乱的深渊。

"目的论"属于典型的证明责任实质论。证明责任实质论就是把立法之外各种带有显著实质性的因素作为解释证明责任分配规则的依据，要求法官代替立法者平衡多种利害关系，权衡具体利弊给出证明责任的分配规则。常见的实质性原则有探究立法者考量的概然性原则、危险领域、保护原则、保证原则、信任原则、责任固定原则、惩罚原则、社会风险分配原则，甚至诉讼法上的证明接近原则、证明困难原则、避免消极证明原则等不一而足。在以单个实质性原则分配证明责任无法通行的情况下，部分学者倡导按照数个原则分配证明责任。当实质性依据多得连倡导者也理不出头绪的时候，有些人干脆直接主张由法官自由裁量分配证明责任。以实质论指导司法实践，最终带来的结果就是证明责任判决经常背离法律文义，法官可以自由裁量分配证明责任。其实，实质规则考量的因素无论多么重要，也不论考虑得多么周全，都不可能代替成千上万条规范中各不相同的分配证明责任的具体依据。以一个或数个原则应对纷繁复杂的民事领域败诉风险负担都存在让人们无法接受的分配证明责任规则僵化和败诉风险固化的问题。

实质性原则在理论依据、逻辑以及方法论等方面都存在问题，特别是原则太多，彼此关系不清楚，法官的立场摇摆不定，会导致败诉风险分配带有极大的不确定性，以及证明责任分配结果的混乱。按照实质论的思路，人们会发现更多可以要求分配证明责任遵循的原则。证明责任目的解释论在学术史上并没有什么新意，倡导这种解释方法和原则，实际是没有弄明白"规范说"理论精髓情况下的陈词滥调。

谢谢！

在与谈环节，魏治勋教授指出，法学方法论支持文义解释作为法律解释的基本方法，同样强调目的解释的谨慎性，人们应当警惕目的解释得出的背离法律文义的解释结论。目的解释的方法有其适用的具体场景，持目的解释论者，应当充分论证适用这种解释方法的正当性。要求普遍适用目的解释的方法显然不当。

与谈人季平平博士指出，文义解释得到普遍认可和适用的主要原因，还在于其解释结论与法律规范内容的一致性。但是，我们不能否定目的解释方法的重要性，在可能构成漏洞的法律规范的解释中，需要动用目的解释方法。而不分场景地要求普遍适用目的解释方法，轻易允许解释结论背离法律文义，显然也是荒唐的。

足球合同解除问题及其国际体育仲裁裁判法理[1]

时　间：2023 年 5 月 30 日

主持人：谭小勇（体育法治研究院院长、教授）

主讲人：向会英（体育法治研究院副院长、教授）

2023 年 5 月 30 日下午，上海政法学院"教授第壹讲"第十五期在主教学楼 104A 举行。上海政法学院体育法治研究院副院长向会英教授以"足球合同解除问题及其国际仲裁裁判法理"为题展开讲座。讲座由谭小勇教授主持，近 50 名师生聆听并参与互动。

主讲内容

各位老师、各位同学：

大家下午好！

很荣幸能够参加由上海政法学院科研处、人事处及体育法治研究院举办的"教授第壹讲"。

我今天主讲的题目是"足球合同解除问题及其国际体育仲裁裁判法理"。

合同解除争议是十分常见的争议类型，那么，足球合同解除与一般合同解除有什么不同呢？足球合同解除争议的国际体育仲裁裁判法理有哪些特殊

---

〔1〕　讲座主要内容已发表于《武汉体育学院学报》2021 年第 12 期（《职业足球无正当理由终止合同赔偿的 CAS 法理》）、《上海体育学院学报》2022 年第 2 期（《职业足球正当理由终止合同的 CAS 法理》）。

性呢？

针对这些问题我们先来做个比较。通常来说，合同解除是指合同当事人一方或者双方依照法律规定或者当事人的约定，依法解除合同效力的行为，包括合意解除和法定解除。合意解除是指俱乐部与球员在完全自愿的情况下，互相协商，彼此达成一致意见提前终止劳动合同的效力。法定解除是指合同解除的条件由法律直接加以规定。根据《民法典》第 563 条的规定，当事人可以解除合同的情形包括：第一，因不可抗力致使不能实现合同目的；第二，在履行期限届满前，当事人一方明确表示或者以自己的行为表明不履行主要债务；第三，当事人一方迟延履行主要债务，经催告后在合理期限内仍未履行；第四，当事人一方迟延履行债务或者有其他违约行为致使不能实现合同目的；第五，法律规定的其他情形。此外，以持续履行的债务为内容的不定期合同，当事人可以随时解除合同，但是应当在合理期限之前通知对方。

足球合同解除有哪些特殊性呢？一般认为，球员和俱乐部间的工作合同符合劳动合同的特征，但是，球员与一般劳动者不同，不能像普通劳动者那样自由行使合同解除权，只有在特殊的情况下，才能解除合同，单方面解除合同的后果也区别于一般意义上和合同违约。国际足球联合会（英文简称 FI-FA）《球员身份与转会规则》（英文简称 RSTP）第 13 条规定：球员与俱乐部之间的合同应当得到尊重，只能在合同届满或经双方同意解除。对于单方面解除合同，RSTP 规定了正当理由解除合同、体育正当理由解除合同、无正当理由的赔偿后果和体育制裁。我们今天主要讲讲正当理由解除合同、无正当理由解除合同的赔偿问题。

首先，什么叫足球合同解除的正当理由呢？RSTP 并没有界定什么是"正当理由"。那么，到底什么是"正当理由"呢？国际体育仲裁院（英文简称 CAS）是国际体育争议解决的权威机构。通过对 CAS 涉及足球合同解除的 360 个判例进行分析归纳，得出以下事项属于足球合同解除的正当理由。

第一，俱乐部欠薪可以构成球员解除合同的正当理由。一般来说，雇主的支付义务是其对雇员的主要义务，如果俱乐部不能履行其义务，会使球员丧失履行合同义务的信心而不愿再受合同的约束。因此，俱乐部不支付或延迟支付报酬可构成终止雇佣合同的正当理由。

对于俱乐部欠薪问题，CAS 又是怎样裁判的呢？CAS 仲裁庭在实践中确立了裁定俱乐部欠薪构成"正当理由"的三个要素。

一是合同违约持续的时间。在相当长的一段时间内不支付球员工资或不按时支付球员工资，可构成俱乐部对球员支付义务的重大违约。在 2018 年之前的 CAS 判例中，仲裁庭认为，超过 3 个月不支付球员工资或超过 6 个月未按时支付球员工资，可构成对俱乐部支付球员主要义务的重大违约。2018 年版 RSTP 规则将欠薪持续时长的标准由连续 3 个月减为连续 2 个月。因此，俱乐部超过 2 个月不支付球员工资，就可构成球员终止合同的正当理由。

二是逾期的金额。俱乐部逾期支付的金额也是评判构成"正当理由"的重要方面。CAS 判例认为，欠薪超过 2 个月月薪符合构成"正当理由"逾期金额的要求，也即逾期金额相当于球员月薪的两倍以上可能构成违约。

三是违约警告。因为逾期付款是终止合同的一个先决条件，出于诚信原则（good faith），上诉人应当发出警告。

第二，侵犯运动员人格权的行为可构成球员解除合同的正当理由。这里的人格权是瑞士法下的人格权，与我国《民法典》规定的人格权是不同的。《瑞士民法典》第 27 条规定：任何人不得全部或部分放弃其权利能力或行为能力。任何人不得让与其自由，或限制其自由的行使达到违法或悖俗的程度。第 28 条规定了任何造成侵犯他人人格权（personality rights）的行为都是非法的并将受到处罚，除非有正当理由推翻这一推定。对运动员而言，人格权是一项基本权利，包括通过体育活动、职业自由和经济自由来发展和实现人格。因此，有关选拔、资格和停赛以及拒绝发牌的决定可能构成对运动员人格权的侵犯。根据 CAS 判例法，侵犯球员人格权的行为主要包括：安排球员单独训练、注销登记、不给球员提供工作许可、没有提供适当的医疗和物质保障等。

一是安排球员单独训练。为什么安排球员单独训练构成一种人格权的侵犯呢？我们都知道足球是一项团队运动，大部分训练都需要作为团队一起进行。俱乐部出于某种考虑也会安排球员单独训练，但是，这可能构成球员提前终止合同的正当理由。因为作为一名球员，如果不积极参加比赛，会导致其在市场上贬值并减少其未来的职业机会，因此，球员有权积极参加比赛。单独训练实质上是阻止了球员积极从事职业的权利。

二是注销登记。根据国际足联 RSTP 的规定，球员必须在一个协会注册，通过注册，球员同意遵守国际足联、联合会和协会的章程和规则，以职业或业余身份为俱乐部效力，只有注册球员才有资格参加官方足球比赛。对职业球员而言，不仅享有及时得到报酬的权利，还应享有跟队友一起参赛的权利。不注册或注销登记，妨碍了球员为俱乐部效力的资格，侵害了球员的基本权利，原则上可以构成俱乐部违约。

三是不提供工作许可。根据 RSTP 第 18.4 条的规定，合同的有效性不受工作许可证授予的限制，雇主有义务采取必要措施为其雇员提供签证和/或工作许可证，这也是所有劳动法的基本原则。雇主没有向雇员提供签证或工作许可证，即使在被提醒之后，俱乐部仍不采取必要的行动为球员提供签证或工作许可证，实际上是禁止球员参加比赛，侵犯了该球员的基本权利，可被视为俱乐部无理违约。

四是没有提供适当的医疗和物质保障。俱乐部向职业球员提供适当的训练和医疗设施是让球员保持身体健康和体能处于最佳状态的物质基础。这些必要的物质基础，一方面使球员能够履行其合同义务，另一方面是要求球员必须在比赛中处于巅峰状态来维护其市场价值，是俱乐部和职业球员雇佣关系的重要组成部分。

针对这些可能侵犯运动员人格权的行为，CAS 又是如何裁定的呢？

一是球员为什么被注销？球员被注销的原因是仲裁庭裁判的重要因素，需要根据案情具体判断。但是，如果一名球员在注销期间仍在俱乐部的职业队训练，仍然领取足够的薪水，球员也没有及时投诉，那么，这种临时注销不构成终止合同的正当理由。

二是球员是否获得全额工资？球员是否正常领取工资是判断的关键因素。球员正常领取工资，往往说明俱乐部或教练对球员的安排是一种暂时性的策略。

三是一项永久性还是临时性措施？俱乐部对球员的安排是暂时性的还是永久性的是确定是否构成正当理由的重要因素。仅仅是策略上的临时安排，并不能构成终止合同的正当理由。

四是预备队是否有足够的训练设施？如果球员被安排到预备队训练，预备队也配备了足够的训练设施，并没有使球员对俱乐部未来的合同履行失去信心，那么，也不能构成终止合同的正当理由。但是，如果俱乐部持续地且实质性地未履行合同，那么，可证明提前终止合同是合理的。

五是合同是否明确规定俱乐部有权把球员降到预备队？如果合同中明确规定了俱乐部有权根据球员的情况把球员安排到预备队，那么，俱乐部的对球员的调整具有合法依据。因此，也不能作为球员终止合同的正当理由。

六是球员是单独训练还是团队训练？俱乐部安排球员单独训练也要有合理的理由，例如，球员的体能下降到队友的水平以下，球员的体重指数过高或正在从伤病中恢复等。因此，判断单独训练是否构成违约的正当理由，还须根据其他要素和具体的案情进行分析。

综上所述，对于这些可能侵犯球员人格权的行为是否构成终止合同的正当理由，仲裁庭主要是评判一方的行为是否已构成另一方对其未来履行合同失去信心。如果这些行为证明一方已不打算继续履行合同，那么另一方有正当理由终止合同。

第三，球员违约或不当行为可构成俱乐部解除合同的正当理由。也就是说，俱乐部可以有哪些正当理由解除与球员的合同。根据 FIFA RSTP 规定的"合同稳定"原则，球员有履行合同的义务，也有遵守相应行为规范的义务，一旦球员出现重大违约或严重违反行为规范，俱乐部有权终止合同。那么什么样的行为，在什么程度可以构成俱乐部解除合同的正当理由呢？

一是球员严重不当行为。只有球员的严重不当行为如兴奋剂检测呈阳性、吸食可卡因或在球场内外严重违规甚至违法等，可构成俱乐部终止合同的正当理由。

二是球员重大违约。根据有约必守原则，一旦签订合同，对双方均具有约束力，只有"重大违约"，才可能被视为终止合同的正当理由。

三是球员有发出提醒或警告的义务。根据诚信原则，一方当事人有效终止雇佣合同必须事先提醒或警告另一方当事人，以便后者在其认为投诉合法的情况下有机会履行其义务。

通常来说，俱乐部在与球员签订雇佣合同之后，球员表现不佳或伤病等情况是比较常见的。在理论上，这些情况具有作为正当理由终止合同的可能性，但 CAS 判例法表明，这些理由难以作为终止合同的正当理由。总体而言，我国《民法典》第 563 条规定的劳动者可以终止合同的六种情形与国际足球规则、CAS 判例法存在较大差异。

其次，关于无正当理由足球合同解除的赔偿。国际足球合同解除纠纷一般是通过 FIFA 内部纠纷解决机制解决，继而将反对 FIFA 决定上诉至 CAS，不是通过法院或劳动仲裁解决的其中一大理由是：违约赔偿金计算的巨大差异。接下来，我们来看看，CAS 是如何计算足球合同违约赔偿金的。

根据 RSTP 第 17 条第 1 款规定：在任何情况下，违约方均应支付赔偿金；除合同另有规定外，违约赔偿金的计算应充分考虑有关国家的法律、体育的特殊性和任何其他客观标准。此外，还规定了球员应得补偿的计算标准。

通常来说，足球合同中会约定赔偿特殊条款如"买断条款"（Buy-out Clauses）、"赔偿条款"（Liquidated Damages）或"惩罚条款"（Penalty Clauses）。"买断条款"是基于当事人双方的合意。在实践中，对于是否构成"买断条款"，CAS 仲裁庭的要求是措辞清晰明确。如果该条款的措词含糊不清，使仲裁庭无法确定当事人的真实意图，那么仲裁庭也可以决定不适用该条款。违约赔偿条款是指双方当事人通过一项规定量化违约造成的损害赔偿金，通常作为用于计算损害赔偿金监管制度的例外情况。在法律上，只要双方在该条款中预见违约方的单方面提前终止雇佣合同时应支付金额的真实意愿是成立的，就符合违约赔偿金规定。

CAS 是如何计算足球合同违约赔偿金呢？

对于赔偿金的计算，RSTP 第 17 条并没有确立一个单一的标准，甚至没有制定一套严格的规则，而是规定了适用的准则，以确定公正和公平的赔偿数额。因此，在确定单方面终止合同的赔偿数额时，必须考虑案件的所有具体情况。

其一，需要确定违约赔偿计算的原则。CAS 判例法主要采用两种不同的原则评估违约方应付赔偿，其一为剩余价值原则，其二为积极利益或预期利益原则。剩余价值原则是合同法的一般原则，违反合同的一方应当对因其违约给对方造成的损害承担赔偿责任。这种赔偿是根据索赔人的实际资产与未发生违约的假设资产之间的差额计算的。积极利益原则是通过"积极利益"或"预期利益"确定一个赔偿数额，使受害方基本上处于合同得到适当履行的情况。这一原则并不完全平等，但类似于法律制度的"恢复完整"的概念，其目的在于将受损害方置于没有违约行为发生时的初始状态。

其二，确定赔偿计算的标准。根据 RSTP 第 17 条第 1 款的规定，单方面无正当理由终止合同的赔偿金计算主要依据相关国家法律、体育特殊性和其他标准。

一是有关国家的法律。RSTP 第 17 条规定的"有关国家的法律"并非法律选择条款，该条款的援引也不损害根据《国际足联章程》所规定的"其规则和决定的解释及有效性受瑞士法律管辖"。"有关国家的法律"是关于球员与其前俱乐部之间雇佣关系的法律，包括所有可能影响赔偿数额的强制性法律规定或集体谈判协议。

二是体育的特殊性。体育特殊性是指体育与其他经济社会活动相区别的内在特征。《欧盟体育白皮书》规定，"体育的特殊性"可以包括体育活动和规则的特殊性，例如男女分开比赛、对参赛人数的限制或者需要确保比赛结果的不确定性并保持各俱乐部之间的竞争平衡，以及体育结构和治理的特殊性。RSTP 第 17 条所规定体育特殊性，一方面是指，为维持合同稳定，适用该规定能够达成合理、平衡的特殊解决办法；另一方面是指球员的自由流动。

三是现有合同和/或新合同的球员薪酬。薪酬是 RSTP 第 17 条第 1 款所载的非排他性标准之一。RSTP 规定了根据现有合同和新合同应支付给球员的报酬和其他福利。现有合同下的薪酬说明了球员为该俱乐部提供的服务的价值，而新合同的薪酬不仅可以说明新俱乐部给予球员的价值，也可能是关于球员服务的市场价值以及球员决定违反或提前终止协议的动机。

四是合同剩余时间。根据 RSTP 的规定，职业球员合同的最长期限为 5 年，合同的剩余时间也即提前终止的时间到合同有效截止日的时间。在剩余时间比较多的情况下，仲裁庭可能给予更多的额外赔偿。

五是前俱乐部产生的费用和开支。根据 RSTP 第 17 条的规定，前俱乐部支付或发生的费用和开支的数额，特别是为获得球员服务而支付的费用，是一个必须考虑的额外客观因素，这些费用在整个合同期限内摊销。根据这一标准，俱乐部可以要求支付转会费、代理费和球员的经济权利等。

六是合同违约是否发生在保护期内。如果该合同是在职业球员 28 岁生日之前签订的，合同生效后的三个完整赛季或三年，以先到者为准；如果该合同是在职业球员 28 岁生日之后签订的，合同生效后两个赛季或两年，以先到者为准。原则上，"保护期"内的单方面终止构成在评估赔偿时应考虑的加重处罚因素，可增加对施害方的惩罚，实践中应根据案件的具体情况进行判断。

七是转会费损失。CAS 判例对于转会费损失是否作为赔偿评估因素存在不同的观点。转会费是否作为赔偿的评估因素须根据案件的情况逐案分析，如果球员的合同终止与失去机会之间存在"必要的逻辑联系"，则可以赔偿转会损失费，但超出球员服务价值外的转会费损失，将不予赔偿。

接下来我们看看关于违约赔偿的案例——辽宁俱乐部案。

首先，简单介绍一下案情。这一案件涉及辽宁俱乐部与罗马尼亚足球运动员埃里克·科斯明·比法尔维。该球员与俱乐部在 2015 年 7 月签订了有效期为 2015 年 7 月 1 日至 2016 年 12 月 31 日的雇佣合同。2015 年 12 月 30 日，俱乐部向球员发出了终止信："非常感谢球员埃里克在 2015 年赛季的辛勤工作，你的出色表现帮助我们俱乐部完成了 2015 年的目标……根据协议第 18 条规定：2015 年赛季结束后，根据下赛季的投资和目标，如果甲方在下赛季追求更好的排名，则甲方需要书面通知乙方继续合同……否则，甲方需要在 2015 年 12 月 31 日前通知不再执行合同，乙方作为自由球员可转会到任何俱乐部……"球员于 2016 年 2 月 26 日向 FIFA 争议解决委员会（也称为 DRC）提起违约索赔。国际足联 DRC 裁定辽宁俱乐部无正当理由终止合同，须支付 1 389 992 美元的赔偿及利息。2016 年 12 月 8 日辽宁俱乐部向 CAS 提起上诉，反对国际足联的决定。CAS 仲裁庭最终确认了国际足联的赔偿决定。

其次，案件的一个焦点问题是关于单方面条款。在本案中，俱乐部和球员合同第 18 条规定，上诉人有权根据其主观决定"不追求更好的等级"在 2015 年底自行终止合同而无需向球员支付任何赔偿，也无需遵守"2015 年 12 月 31 日之前"以外的任何通知。合同第 19 条规定，如果球员提前终止合同，须向俱乐部支付 2 000 000 美元赔偿金。仲裁庭在审查合同内容后认为：首先，终止合同不可由双方强制执行，仅凭一方的主观意愿决定了另一方的意愿，终止条款无效；其次，该合同不相称地有利于俱乐部，构成俱乐部在六个月后终止合同而不产生任何后果，球员则没有这种平等的可能性；最后，俱乐部未能证明单方面终止条款在中国法律下是有效的。因此，该条款构成单方面条款。尽管俱乐部辩称球员接受合同内容并获得了高额报酬，仲裁庭认为，这些条款赋予了俱乐部对球员不适当的控制权，显然违反了合同稳定性和劳动法的一般原则，从而导致合同第 18 条无效。

再其次，违约金的计算。本案的俱乐部虽提出了适用我国《劳动合同法》计算的论点，但由于双方当事人并未事先在合同中约定赔偿金的规定，遭到了驳回。根据俱乐部提前终止之日至合同正常到期之日止，包括 2016 年的剩余工资 109 992 美元和 2016 年 7 月到期的签字费（sign-on fee），合同的剩余价值为 159 992 美元。球员在合同剩余时间内签署了两份新的雇佣合同，根据合同，他有权在剩余时间内获得 210 000 美元的总薪酬。基于此，俱乐部必须向球员支付 138 992 美元的违约赔偿金以及自索赔之日至有效付款之日每年 5% 的利息。

最后，关于赔偿金额的计算。理论上，基于中国法律签订的足球雇佣合同应适用中国法律，但是，仲裁庭最终却适用国际足球规则和瑞士法律。本案的俱乐部虽提出了适用中国《劳动合同法》计算的论点，遭到了驳回。根据俱乐部提前终止之日至合同正常到期之日止，包括 2016 年的剩余工资 109 992 美元和 2016 年 7 月到期的签字费，合同的剩余价值为 159 992 美元。球员在合同剩余时间内签署了两份新的雇佣合同，根据合同，他有权在剩余时间内获得 210 000 美元的总薪酬。基于此，俱乐部必须向球员支付 138 992 美元的违约赔偿金以及自索赔之日至有效付款之日每年 5% 的利息。这个赔偿金额的计算与我国的《劳动合同法》规定的赔偿标准存在巨大差别。当然，按照普通劳动者索赔时在用人单位的工作年限每满一年支付一个月的工资计算，且超过月最高工资不能超过所在地区月平均工资的 3 倍，这种赔偿标准相对于具有高风险、职业生涯短暂等特点的球员和限于固定期限的球员合同显然是不合理的。

在互动环节，就学生提出的"退役是否也是体育正当理由的一种"的问题，向会英教授从体育正当理由的认定标准、真实案例解决等方面进行解惑；通过对足球合同解除的特殊性、解除合同的正当理由，不正当理由解除及后果的讲解进一步阐述足球合同解除问题及国际体育仲裁法理。

越平权越分裂?
——从"哈佛歧视亚裔案"透视美国种族平权话语演变[1]

讲座时间：2023 年 9 月 18 日（周一）18：15
讲座地点：A4-蓝教室
主 讲 人：程金福（上海纪录片学院 教授）
主 持 人：孙　健（上海纪录片学院副院长 副教授）

2023 年 9 月 18 日，程金福教授于 A4-蓝教室开展了以"越平权越分裂?——从'哈佛歧视亚裔案'透视美国种族平权话语演变"为主题的讲座，数十名同学参与本次讲座，获益匪浅。

主讲内容

大家好！非常荣幸能有机会和大家讨论有关美国种族平权的话题。大家现在在国内攻读学位，如果你将来有意赴美国留学的话，你肯定会关心一个问题：中国人到美国留学的未来机会更多吗？过去华人在美备受歧视的状况未来会有明显改善吗？告诉大家的一个好消息就是，这两个问题的答案都是肯定的，因为有美国联邦最高法院在"哈佛歧视亚裔案"中的裁决。那么，"哈佛歧视亚裔案"到底是怎么回事呢？我们是否能从美国种族歧视的历史和种族平权的努力中看到华人作为美国的少数族裔的未来地位与发展空间呢？

首先，"哈佛歧视亚裔案"裁决引发了怎样的争议？2023 年 6 月 29 日美

〔1〕 本文之选题与成稿幸获复旦大学美国研究中心汪晓风先生与复旦大学出版社宋友谊先生鼎力相助，谨此致谢。

国联邦最高法院在"哈佛歧视亚裔案"（"学生公平录取组织诉哈佛"Students for Fair Admissions v. Harvard）中裁定哈佛大学考虑种族因素的招生政策违反了美国宪法第十四修正案的平等保护条款，从而事实上禁止美国高校在招生过程中将种族作为考量因素。这桩耗时八年、被认为是美国高等教育领域近几十年来的第一大案、被民间通俗指称为"哈佛歧视亚裔案"的漫长诉讼终于画上句号。保守派首席大法官约翰·罗伯茨（John Roberts）在其撰写的多数意见书中表示，将种族纳入大学考量缺乏足够明确和可衡量的目标来证明使用种族是必要的，因此学生"必须根据他或她作为个人的经历受到对待，而不是基于种族"。

这一裁决完全颠覆了 1978 年"巴基案"中确立的"肯定性行动"（Affirmative Action）精神，并再次引发了激烈的争议。美国前总统特朗普当即发声明表示："我们将回到纯粹的择优录取方式，这才是应该的!"美国现任总统拜登当天对最高法院的裁决表示"强烈反对"，认为最高法院的裁决"放弃了数十年的先例"且违背了美国的价值观。最高法院首位自由派黑人女性大法官凯坦吉·布朗·杰克逊称该裁决"对我们所有人来说是一个悲剧"，它意味着"种族主义离开我们需要更长的时间"。哈佛大学在官网公布的一封公开信中称，哈佛大学仍然坚定不移地致力于反映广泛背景和经验的校园。

上述争议的背后无疑是美国社会长久积累的种族平权问题在高等教育领域中的反应。美国的种族歧视由来已久，基于白人至上主义的种族歧视行为与基于"人人生而平等"的建国理念之下对于弱势族群少数族裔的权利争取相伴相随，持续至今。旨在维护少数族裔权利的美国的平权运动涉及的领域众多，但高等教育领域不同派别和团体围绕种族平等问题的斗争以及话语权争夺十分突出，长期以来都是种族平权争议的关键战场。美国的种族平权争议在其核心上涉及的是平等问题，那么究竟什么是平等？又如何实现平等？是机会平等？还是结果平等？美国高等学校是否应该基于平权的理念将种族列为招生录取因素？平权运动中形成的大学招生"种族配额"制度究竟是保护少数族裔的武器还是平等原则的破坏者？这一制度是否带来了对于其他族群的"逆向歧视"？亚裔作为美国的少数族裔究竟是平权运动的受益者还是受害者？

美国种族歧视和种族平权的争议，有自由派与保守派的不同主张，也有不同历史时期司法上的不同判决以及联邦政府和州政府不同历史时期不断变化的政策取向，其背后不难看出各派对种族平权话语的争夺以及不同时期主流话语随着政治、经济和社会变化的演变。从话语角度看，"学生公平录取组织诉哈佛"案的判决在当前美国政治社会背景下并非一个孤立事件，而是愈演愈烈的种族歧视、种族平权"话语争夺"的缩影。美国的亚裔歧视话语争议实际上是美国种族歧视话语争议的一部分。有鉴于此，我们就将重点讨论美国种族平权历史上的经典司法判例及相应的联邦政府与州政府放任政策取向背后的话语主张，梳理从"斯科特案"裁决中的"奴隶不平等话语"到"普莱西案"裁决中的"隔离但平等"话语，再到"布朗案"裁决中的"隔离即不平等"话语、"巴基案"裁决中的"平权纠偏"话语、"哈佛亚裔歧视案"裁决中的"无视肤色"话语，全面深入地分析美国种族平权的话语演变，并进而透视美国种族平权争议中的话语独特性及其未来趋势，以更系统性地认清当前美国社会种族话语冲突的根由，理解当前和未来美国政治社会的发展方向。我们的观点认为，美国的种族平权争议实际上从美国建国至今一直就表现出的一种深层的理想与现实之间的张力性冲突，不同的话语在种族演变过程中共存共生，此消彼长。美国自独立始即确立之"人人平等"的立国原则，但历经二百年的探索，"人人平等"的原则一再违背，作为一种立国理想至今难以实现。美国自英国殖民之始，基于白人种族优越论话语的奴隶制白人社会对于黑人种族的不平等对待是全方位的，黑奴身份无法与白人拥有平等权利，这一局面经立宪妥协而得以延续，"斯科特案"的裁决直接否定黑人的公民权利，更是白人至上种族主义话语的直白暴露。南北战争废除奴隶之后，对摆脱奴隶身份的黑人在联邦宪法层面的"重建"建构起了黑人不再被奴役的自由身，但是在白人至上的种族主义强势话语之下，各州以旨在继续白人强势的"黑人法典"以及旨在种族隔离的"吉姆·克劳法"的制度安排使得黑人在政治、经济和社会生活领域持续弱势，"普莱西案"的裁决确立之"隔离但平等"话语使得种族隔离司空见惯，黑人所能获得的仅仅是"可见的"与白人相同的设施的平等使用权利，但相同设施隔离使用所造成的"不可见"的社会心理层面的歧视和不平等直到1954年"布朗案"裁决才得以正视。20世纪60年代在黑人民权运动推动下美国政府推行的"肯定性行动"建构起对于非裔弱势族群的补偿纠偏话语，以针对非裔族群提供就业、教育等优惠政策来补偿奴隶制历史带来的伤害，并追求通过平权和优惠政策来改变非裔族群在社会竞争中的弱势地位，响应"肯定性行动"的高等院校以入学录取的"种族配额"制或种族加分制等手段为少数族裔提供补偿优惠。随着"肯定性行动"的成效累积、非裔美国人政治权利的充分保障、非裔中产阶层的兴起以及亚裔族群的成长，原先旨在补偿纠偏的"肯定性行动"又引发针对白人族群及亚裔族群不平等的"逆向歧视"话语兴起，"巴基案"的裁决确认了对"肯定性行动"改正但不推翻的原则，而"哈佛大学亚裔歧视案"的裁决则直接禁止"肯定性行动"中大学基于种族因素的招生行为。未来，美国社会如何走出"越平权越分裂"的困局？这既取决于平权目标定位的共识达成，也取决于平权手段的正当性的共识达成。然而，在当前美国不断变化的政治权力结构中，随着美国人口结构的不断变化，新媒体技术影响之下的话语与舆论日趋极化，各种显性的或隐性的种族歧视时隐时现，政治、经济和社会领域种族平权的争议不断。美国政治文化的结构性困境不可能因为"学生公平组织诉哈佛大学案"的判决而得以根本化解。"哈佛大学亚裔歧视案"的裁决给新媒体环境下日益极化的美国社会带来的影响还有待进一步追踪和观察，但这一裁决绝不会成为美国亚裔争取平权的终点，也绝不会是美国根除种族歧视马拉松的终点，这一点应是确定无疑的。

其次，"白人优越"不平等话语分析。"英国殖民者给美国殖民地带来了清教徒、《圣经》和亚里士多德对奴隶制和人类等级的合理化论证。"美国的种族主义话语正是由英国殖民者带入北美大陆的。基于从宗教文化到体征、智识上的种族优越论，美国殖民地时期的白人奴隶主对从非洲贩卖来的黑人进行奴役，并将非洲黑人视为奴隶主的私有财产。从1640年起，弗吉尼亚和马萨诸塞等殖民地议会相继颁布《奴隶法典》和《仆人法典》等法律确立白人与黑人在法律上优劣不同的身份以及黑人"私有财产"的身份地位，并将黑人奴隶制度法制化，使黑人成为白人种植园主的私有财产，从而"将美国经济体系置于围绕黑皮肤分布而来的奴隶制基础上"。到1690年，黑奴制度基本形成。美国革命前夕，在白人至上的种族主义话语主导之下，并没有明显的关于奴隶制的反思与争议。美国革命使得黑人奴隶制在北美第一次成为公共辩论的话题和话语争夺的空间。

废奴平权话语初兴。1776年7月4日通过的《独立宣言》（The Declaration of Independence）宣称：

> 我们认为这些真理是不言而喻的：人人生而平等，造物者赋予他们若干不可剥夺的权利，其中包括生命权、自由权和追求幸福的权利。

《独立宣言》中"人人生而平等"的主张在现实中是基于美国人反对英国殖民者奴役要求平等的反抗诉求，但是现存的奴隶制则明显地剥夺了黑人的平等权利，革命反抗的诉求使得黑人奴隶制成了一个无法回避的问题，人们逐渐地发现了美国革命所宣称的自由原则和美国实际的生活现实之间的矛盾。"这是美国历史的一个新起点……那些捍卫奴隶制的人，不管是绝对拥护奴隶制，还是仅仅从种族共存的务实背景出发而拥护奴隶制，都不得不就他们的立场加以说明并找出其正当性的理由。这种辩论在报刊杂志、州议会和美国国会持续进行。每当讨论奴隶贸易时，每当提出影响黑人的立法时，这种辩论就会激烈起来。"

激烈的辩论催生出废奴（废除奴隶制）话语的兴起。1774年10月大陆会议在决定抵制英货时呼吁"彻底禁止这种邪恶的、残酷的、违背人道的贸易"。杰斐逊、华盛顿和麦迪逊等许多奴隶主也都公开主张废除黑奴制，南方的许多人士也表达了相同的观点。美国革命实际上制造了一个赞成解放奴隶的社会氛围。乐观者认为："黑奴制已日暮途穷。几乎每个人都把它视为邪恶，必须以有效的方式废除。"

然而，面对美国革命纲领和黑人奴隶制现实之间显而易见的矛盾，以及废奴主义者的道德的谴责，那些在种族主义话语主导下的拥奴（拥护奴隶制）主义者也在辩论中提出了自己的话语主张，为他们坚持实行奴隶制寻找证据，提出自己的话语主张。1785年11月8日，弗吉尼亚州梅克伦堡县向州议会递交了一份有223人签名的陈情书，11月10日，不伦瑞克县向州议会递交了一份有226人签名的陈情书，呼吁禁止解放奴隶。其话语主张主要表现在：

1	基督教义中上帝允许奴隶制，耶稣基督和他的使徒没有禁止奴隶制。
2	私人财产神圣不可侵犯。奴隶是奴隶主的私人财产。
3	存在即合理。古代希腊、罗马等其他国家都认可奴隶制。

4	黑人是劣等种族。黑奴不能解放。

由于拥奴主义者和废奴主义者话语主张的不同，在美国建国初期联邦政府权力薄弱的情况下，各州各行其是，逐渐形成了北方自由州和南方蓄奴州的不同区域对待黑人的不同制度。拥奴主义者还基于私人财产神圣不可侵犯的自然权利的话语主张，认为奴隶属于奴隶主的私有财产，奴役黑人是奴隶主的一种自由。"革命时期制定的州宪法毫无例外地将自由、财产和幸福这三个词联系在一起，就像其中的一项就意含着其他二项一样。"解放奴隶实际上就是剥夺了一部分至关重要的财产。1774 年 7 月 30 日大陆会议在讨论政府框架时，马里兰的代表塞缪尔·蔡斯宣称："黑人是一种特殊财产，是动产。"1776 年，南部诸州的强硬立场迫使大陆会议将黑人作为财产写入《联邦条例》。

除了以其他国家也有奴隶制的存在即合理辩护理由外，拥奴主义者还依据既有的白人至上论的种族主义话语提出"黑人劣等说"来主张奴隶制的正当性。一些拥奴主义者认为："众所周知，他们那些人懒惰成性，不考虑将来，厌恶劳动。一旦将他们解放，他们将要么忍饥受饿，要么抢劫。"

由于拥奴主义者和废奴主义者话语主张的不同，美国建国初期联邦政府权力薄弱的情况下，各州各行其是，逐渐形成了北方自由州和南方蓄奴州的不同区域对待黑人的不同制度。

"斯科特案"确认白人优越话语。1846 年，黑人奴隶德雷德·斯科特于主人死后在废奴团体的帮助下，提起诉讼，以其曾随主人旅居伊利诺伊自由州和威斯康星自由领地的经历，据密苏里州的"一旦自由，永远自由"的州法，要求获得人身自由。几经周折，最后上诉至最高法院。就"主人把他的奴隶带到自由州和自由准州，是否标志着奴隶的绝对解放？"的问题，经过一年多的辩论，1875 年 3 月 6 日，美国最高法院第一次就奴隶制问题审理裁决：斯科特不能获得自由并成为美国公民。首席大法官坦尼（Roger B. Taney）在多数意见书中认为：

一个多世纪以来，黑人一直被当做劣种人，完全不适宜同白种人交往，无论是在社会关系中，还是在政治关系中。由于他们是劣种人，因而没有白种人必须予以尊重的权利。黑人可以被公正合法地贬为奴隶，为白人的利益服务。独立宣言中所宣示的生而平等的"所有人"并不包括被文明世界视为"极为低贱"的非洲人。《独立宣言》并没有打算把当奴隶的非洲人包括在内，制定并通过该宣言的人民中没有他们的份，这一点是清楚得没有争论余地的。联邦立宪以来国会通过的一系列有关公民资格的法律从来都是将公民资格限制在"自由白人"（free white），根本没有打算将黑人（尤其是奴隶）包括在公民范围内。

坦尼在判决书的话语主张中明确界定《独立宣言》中宣示的"人人生而平等"并不包括黑人奴隶，宪法中的公民资格也不包括黑人奴隶，并公然以白人至上的种族优越论作为其依据，在此基础上将黑人奴隶的解放视为对私有财产权利的侵犯。由此，法院认为，如果斯科特在自由州的短暂居住使他自动获得自由人身份，那将是对蓄奴州人民利益的剥夺和损害，所以，斯科特在自由州和自由领地的短暂居住不能使他自动获得人身自由。即使是自由的黑人也不是而且不能成为宪法所说的合众国的公民。所有生活在美国领土上的非洲人后裔，无论是自由人还是奴隶，永远没有资格成为美国公民，不能享有白人享有的公民权利。

"斯科特案"（"斯科特诉桑福德案"Dred Scott v. Sandford）的裁决对黑人作为私有财产的认同无疑背离了《独立宣言》中"平等"的根本性原则，而其凸显的黑人劣等的种族主义话语则是当时的话语主流。

实际上，即使是反对奴隶制的废奴主义者也并不认同黑人可以和白人一样地自由共存，而是希望将解放的奴隶送回非洲。美国《独立宣言》的起草人、第三任美国总统托马斯·杰斐逊就直接声称黑人在文明发展程度上落后于白人，黑人在许多方面都是一个比白人低劣的种族，他认为：

"不知是因黑人是一个完全不同的人种，抑或是时间和环境使得他们与我们迥然不同，黑人的身心能力都低白人一个层次。据经验判断，无论是同源人类的不同种群，或同一种群的不同分支，黑、白人群之间存在着巨大差距。"

除了杰斐逊的经验判断之外，作为科学种族主义的鼻祖的美国著名的人类学家塞缪尔·乔治·莫顿（Samuel George Morton）从世界各地搜集了900

多块不同种族人的头盖骨，然后在实验室展开大量研究，并测算出白人的颅容量为 87 立方英寸，黑人为 78 立方英寸。籍此科学测算论证各种族之间存在本质差别，种族属性与生俱有。并认为白种人的头盖骨容量最大，因此也是最聪明的种族。以此来证明白人在智力水平上高于其他人种。

"斯科特案"（"斯科特诉桑福德案" Dred Scott v. Sandford）的裁决对黑人作为私有财产的认同无疑背离了《独立宣言》中"平等"的根本性原则，而其凸显的黑人劣等的种族主义话语则是当时的话语主流。民主党人斯蒂芬·阿诺德·道格拉斯（Stephen Arnold Douglas）在 1852 年独立日发表了一场重要演讲，对六百多名白人听众说，"你们对自由与平等的呼喊、你们在感恩节餐桌上的祝词，不过是赤裸裸的虚伪"。正是对这一"虚伪"的洞察激励着无数的废奴主义者前赴后继。

接下来，是"隔离但平等"的种族平权话语分析。美国联邦政府新建之初权力弱势，致使自由州和蓄奴州在奴隶制问题上各行其是，黑人奴隶无法获得平等的权利。联邦政府对黑人奴隶制中种族歧视的系统干预仅始于南北战争（1861–1865）之后。

关于"重建修正案"中平权话语新建。南北战争之后，奴隶制被废。但是黑人在不被奴役之后应该拥有哪些政治、经济和社会的自由权利？这些权利如何获得足够的保障而不被侵犯？黑人是否可以在就业、教育及公共服务上享受和白人一样的待遇而不被歧视？在经历了一个多世纪的奴役之后即使获得自由身，黑人又何从获得与白人平等竞争的能力？如何保护好奴隶制废除后来之不易的自由，成了重建时期（1863–1877）的首要任务。

林肯 1862 年公布的《解放黑人奴隶宣言》（Emancipation Proclamation）只宣布叛乱州的奴隶获得自由，但没有涉及留在联邦内各州奴隶的地位。为了解决所有奴隶的法律地位问题，国会在 1865 至 1870 年的五年间通过了三条宪法修正案（即第十三、十四、十五宪法修正案）确立了非裔美国人的自由公民身份、投票选举权利以及平等法律保护的权利。这在历史上被统称为内战后修正案（Post-Civil War Amendments），也称"重建修正案"（Reconstruction Amendments）。三条修正案的通过被一些学者称为美国历史上的"第二次制宪"。联邦宪法的制约，再加上联邦政府的高压，南部各州纷纷制定新的州宪，几乎无一例外地赋予黑人与白人同等的公民权；与此同时，重新选举的南部各州议会也制定相关反歧视法，为黑人行使公民权提供便利。

联邦政府在消除种族歧视建立种族平等上的种种干预看似成效卓著，特别是在联邦宪法和各州宪法的立法层面。但是，依然盛行的白人至上的种族主义话语和美国政治制度本身的漏洞，为南部各州施行种族歧视打开了方便之门。接任林肯的美国总统安德鲁·约翰逊也直言黑人是一个比欧洲裔低劣的种族。美国宪法建立起的政治制度也为各州在宪法原则的落实上留下了种族歧视的空间。以宪法第十修正案为宪法基础而建立起的"二元联邦制"（Dual Federalism）一直将联邦权力限制于州际的经济、外交、国防等政治事务，州内事务则由州政府全权管辖。联邦公民资格的"空洞化"在实际上使得公民资格的认定权归属州权范围。虽然第十四修正案规定年满21周岁的合众国男性公民（Male Inhabitants）都有其选举权，但是南部各州纷纷增设人头税（Poll Tax）、识字测试（Literacy Test）等公民资格的限定条件，经历长久奴役初获自由的黑人实际上无法符合这些限制条件。这样，公民资格限定条件的增设实际上等于变相剥夺了黑人选举权，解放后的黑人空有公民之名而无公民之实。此外，宪法修正案在制度上限制的是政府对黑人的不平等歧视行为，其本身并不能限制私人歧视性行为。

"重建后修正案"在实施过程中实际上并没有能够对保护黑人的权利发挥应有的作用。

"普莱西案"确认之"隔离但平等"话语。后重建时代（post Reconstruction era），白人至上主义话语在整个南方重新抬头，要求有色人种分开居住、接受教育和其他服务的种族隔离行为日渐流行。从19世纪80~90年代开始，美国很多州针对非裔美国人在公共场合实行种族隔离，南部各州先后制定了一系列旨在在公共场所实行种族隔离的法律（Legal Segregation），统称为"吉姆·克劳法"（Jim Crows Law）。

1892年6月7日，具有八分之一黑人血统的荷马·普莱西（Homer A. Plessy）故意登上东路易斯安那铁路的一辆专为白人服务的列车。根据《隔离车厢法》（the Separate Car Law），普莱西被认定为"有色种族"，违反了白人和有色种族必须乘坐平等但隔离的车厢的规定，遭到逮捕和关押。于是他在"检验隔离车厢法案合宪性公民委员会"的帮助下将路易斯安那州政府告上法庭，指责路易斯安那州《隔离车厢法》侵犯了自己根据美国宪法第十三、十四两条修正案而享有的权利。1896年5月18日，最高法院以7:1的多数裁决驳回普莱西的上诉。大法官亨利·布朗（Henry Brown）起草的判决书中的话语逻辑如下：

1	《隔离车厢法》并不存在与宪法第十三修正案相抵触的奴隶身份和强制奴役情形。
2	宪法第十四修正案保障美国人不论肤色都享有平等的公民权利和政治权利，但它不能理所当然地导致废除基于肤色不同而产生的区别界限，或强制实施有别于政治平等的社会平等，或按照双方均不满意的条件将两个种族混合在一起。
3	隔离并非意味着一个种族一定比另一个种族低劣。如果是这样的话，那也不是因为法案中的任何规定，而完全是因为有色人种选择了这样的解释。
4	立法无法消除社会偏见。社会的平等往来应来自自然亲近的结果，来自对彼此长处的相互赏识，以及个人的自愿同意。因此，只要为黑人提供了平等的设施，州政府就有权为了"公共和平与良好秩序"而在州内实施种族隔离的法律。

由此，法院判定路易斯安那州的《隔离车厢法》并不违反宪法。

"普莱西案"（"普莱西诉弗格森案"Plessy v. Ferguson）的判决标志着法律上"隔离但平等"原则的确立。它维护了"隔离但平等"原则下种族隔离的合宪性。此案的裁决使得"种族隔离并不意味着种族不平等"话语占据了明显优势。此后，限制性的"吉姆·克劳法"和基于种族的隔离措施司空见惯，"白人专用"（White Only）、"有色人种使用"（Colored）的标志在剧院、饭店、火车车厢甚至饮水池上随处可见。南卡罗来纳州禁止黑人和白人在一个工厂的同一车间工作；密西西比州对医院实施隔离，白人护士不得照顾黑人患者。

总的来说，南北战争之后，联邦政府的系统干预艰难地实现了美国全境不平等奴隶制的废除，但是，黑人低劣的种族主义话语在"二元联邦制"的政治制度下的州权范围内持续盛行。选举权在州权范围内的附加条件的增设等于变相剥夺了黑人的政治权利。在社会生活领域，黑人虽然在公共交通等领域获得了与白人一样的平等设施，但是平等设施的隔离使用到底是一种新的种族不平等和种族歧视？还是基于平等权利的区别使用？基于种族的隔离政策是否会在无形的精神层面造成种族不平等的负面影响？这些问题的悬而未决使得"重建修正案"保障黑人公民权利的尝试被规避了几十年，却也激发了日后种族平权的持续努力。

关于"逆向歧视"种族平权话语分析。20世纪60年代的民权运动（African-American Civil Rights Movement）通常被认为是美国种族政治和种族话语的分水岭。

1954 年 "布朗案"（"布朗诉托皮卡教育局案" Brown v. Board of Education of Topeka）判决各州在中小学实行的 "平等隔离" 政策是 "内在不平等"（inherently unequal）的，侵犯了宪法的 "平等保护" 原则，从而推翻了半个世纪前 "普莱西案" 确立的 "隔离但平等" 原则。这一判决意义重大，它不仅为废除 "种族隔离" 制度拉开了序幕，也为 20 世纪 60 年代轰轰烈烈的民权运动奠定了宪法基础。民权运动领袖马丁·路德·金博士于 1955 年发起 "蒙哥马利运动"，最终迫使蒙哥马利市的巴士取消种族隔离措施。此后，黑人与白人在就业、教育、公共服务等领域持续近一个世纪公然存在的实施种族隔离的吉姆·克劳法隔离被弃，美国进入了追求种族融合的新时代。在轰轰烈烈的民权运动的道德挑战和教育感召之下，超越种族限制的政治风气在 20 世纪 60 年代中叶的三年时间里达到顶峰。美国国会终于在 1964 年通过《民权法案》，宣布种族隔离和歧视政策为非法。美国政府推出了一系列 "肯定性行动"（Affirmative Action）的法令和政策以推动法案的落实。

"肯定性行动" 中对少数族裔补偿纠偏话语。1965 年 6 月 4 日，美国总统林登·约翰逊（Lyndon B. Johnson）在霍华德大学毕业典礼上发表《发现这些权利》（To Fulfill These Rights）的演讲，提出：

> "对于一个多年戴着脚镣的人，你不会仅仅解开他的脚镣，将他领到起跑线上并对他说 '你自由了，可以与别人比赛了'，所以你怎么会相信你所做的是完全公正的呢？所以，仅仅开启机会之门还不够。我们所有的公民都须具有穿越机会之门的能力。这是为民权而战的下一场更加激烈的战斗。我们追求的不仅是自由，而且是机会，不仅是法律上的平等，而且是人的能力，不仅是权利和理论的平等，而且是事实和结果的公平。"

对于历史原因造成的黑人弱势，约翰逊明确指出不能仅仅提供机会平等，还需要事实和结果平等。这是美国总统对肯定性行动的第一次话语建构，平等不仅意味着机会平等更意味着结果平等。这不仅是美国民权话语的一个关键转折，也开启了美国民权政策的新方向。

1965 年，约翰逊总统发布 11246 号行政命令，即《平等的雇佣机会》，该行政命令明确禁止联邦机构在雇佣时的歧视行为，要求一视同仁，还为政府签约机构引入了更为严格和具体的反歧视标准，这也被视为美国广泛开展平权运动的开端。为进一步推动平权，约翰逊还推出了一揽子"伟大计划"，以积极补偿因历史原因造成的黑人弱势地位而带来的黑人贫困，实现就业、教育等领域的平等，消除种族歧视。

为推动教育平权，约翰逊总统召集了包括哈佛和耶鲁大学在内的 5 所大学负责人，希望大学作出改变以在教育领域落实平权法案。在联邦政府肯定性行动的推动之下，大学也承诺招收更多的少数族裔学生。此后，越来越多的精英大学将种族多元化作为重要考虑因素。传统精英大学中白人男性居于绝对主导的学生群体也日渐多元，越来越多的少数族裔进入大学。

"巴基案"：针对白人的"逆向歧视"话语。20 世纪 60 至 80 年代也被视为美国"肯定性行动"的全盛时期，这一时期的政策核心是优待受歧视的少数族群，以群体补偿的方式推动其融入美国主流社会。但是，这种基于肤色的以强行融合为目标的"肯定性行动"对少数族裔的特殊优惠是否会成为对美国宪法平等原则的另一种伤害？到底会促进种族平等还是会制造少数族群的种族特权及针对白人族群的"逆向歧视"（reverse discrimination）的新的不平等？到底会有助于超越种族界限还是会加深种族裂痕？"巴基案"（也称"加州大学录取案"Regents of the University of California v. Bakke）的裁决无疑凸显了这一争议问题。

1974 年，一名本来符合录取标准但因"配额制度"的录取政策而未获录取的白人申请者艾伦·巴基（Allan P. Bakke）宣称加州大学戴维斯分校医学院录取政策违反了 1964 年《民权法案》第 6 条："不得基于种族或族裔群体而给予任何其他种族没有的特权和辖免权"。1978 年 6 月 28 日，最高法院以 5 : 4 的一票之差对巴基案做出了一个在美国历史上非常罕见的双重判决。由鲍威尔大法官主持宣读的判决书中的话语主张如下：

1	由于公共教育的重要目的和言论及思想的广泛自由，大学在美国的历史传统中占有特殊地位。国家的前途取决于领导人通过广泛接触多民族国家的学生之观念和道德而受到的教育。通过选择对观念的有效交换最有贡献的学生，大学实现了对于履行其使命而言极为重要的目标，因而种族多元化具有显著的社会贡献。

2	仅仅目标合宪还是不够的，大学还必须证明其手段适合于促进合宪目标。采用机械的定额制度并非合适的手段。大学的录取决定必须根据每个申请人的特殊能力考虑多元化的所有相关因素。多元化因素并不限于种族一项，而是范围广泛的素质和经验，包括在国外生活的经历、通晓多种语言的能力、战胜个人困境和家庭困难的能力、出类拔萃的社区服务记录以及其他职业的成功经历等。

基于上述的话语逻辑，最高法院的最终裁决认为：

第一，公立大学考虑录取少数族裔以促进学生群体的多元化是合法的政府目标，多样性对学习环境和社会发展都有积极影响，它有助于培养学生的全球意识、跨文化交流和批判性思维能力，培养全面发展的学生。通过在学习和社交环境中接触到来自不同背景和经历的人，学生们能更好地相互理解。加州大学有权实行一些使学生来源和校园学术环境多元化的特殊政策，在录取新生时可以把种族作为一个因素来考虑。

第二，大学采用机械配额制度并非追求多元化合宪目标的合法手段。由于加州大学承认他们无法证明巴基在不存在特别招生政策的情况下仍然不会得到录取，加州大学医学院必须录取艾伦·巴基。

"巴基案"的裁决一方面基于多元文化的政府目标追求确认了大学基于种族因素的招生录取政策的合宪性，大学可以使用种族作为录取学生的一个因素。另一方面又反对机械"种族配额"制，反对简单地基于肤色的录取做法，要求以"个性化考虑"取代机械"种族配额"制。这一裁决实际上并没有推翻美国大学的"肯定性行动"做法和手段，但是却以多元文化的政府目标取代了此前"肯定性行动"中基于对于少数族裔补偿优惠的政府目标。在此新的多元文化的目标之下，原先的补偿优惠手段也就不再合适，这也在一定程度上否定了此前大学"肯定性行动"的种族配额制度。

在巴基案之后，面对很多涉及大学招生的知名案件，最高法院基本延续了巴基案的话语主张，一方面并不推翻"肯定性行动"的基本原则，肯定使用种族因素作为大学招生综合评估指标的合法性，认同大学招生中的种族因素的考虑是族群文化多元化目标追求所需要的手段；另一方面在具体手段的使用上反对机械"种族配额"制。对于"肯定性行动"中的缺陷采取"改进但不结束"的态度。

2003 年的"密西根本科录取案"（也称格拉茨诉博林杰案 Gratz v. Bollinger）中，密西根州的白人居民代表处境类似的申请者提出集团诉讼，宣称密西根大学对本科生录取制定的"分数系统"（point system）中将非裔、西裔和美洲土著人作为"代表不足的少数族群"（underrepresented minorities）的申请者自动加 20 分而白人和其他族裔则不加分的做法违反了宪法第十四条修正案平等保护的原则，要求法院禁止并对其以往所造成的损失给予补偿。最高法院 6：3 的多数意见否决了原告的违宪指控，但判决被告的本科录取政策并不严格适合于种族多元化目标之实现。首席大法官伦奎斯特的多数意见指出：

> 任何单一的特征并不能肯定会对大学的多元化做出具体的贡献，应该强调对每个特定申请人的个性化考虑，在权衡了个人素质的方方面面之后再评价个人对高等教育的多元化做出特别贡献的能力。

在这里，法院裁决明确以"个性化考虑"取代机械性种族配额制度作为大学族群多元化目标的主要手段的合法性。而密西根大学的录取方案中没有规定这样的个性化考虑，其唯一的考虑是申请人是否属于某一少数族群，从而使得种族成为录取标准的决定性因素。被告的申请人数太多无法在加分前给予个案考虑的行政管理上的困难不能成为违宪措施的借口。

"哈佛歧视亚裔案"：针对亚裔美国人的"逆向歧视"话语。肯定性行动中大学的种族配额制度或者种族因素的考虑不仅让白人群体深感"逆向歧视"，日益增长的亚裔群体也越来越感受到"逆向歧视"的利益损害。为追求实质平等而给予非裔美国人等特定群体特定保护的制度安排逐渐凸显出对于亚裔族群的不合理差别对待。

历史上，美国白人社会将来自亚洲的人士作为有色人种加以歧视，19 世纪中后期，美国白人社会针对中国和日本等东亚民族具有歧视性的种族主义"黄祸论"（Yellow Peril）话语甚嚣尘上，美国国会甚至在 1882 年通过了其历史上第一次专门针对某一种族（华裔）的《移民排外法案》（the Chinese Exclusion Act 1882），禁止华人劳工进入美国，也不允许华人入籍成为美国公民。与黑人一样，在美亚洲移民长期被禁止进入白人为主的公共学校。1965 年《移民和国籍法修正案》废除了 1921 年美国国会确立的带有歧视色彩的种族来源限额制度，为种族主义的移民政策画上了句号。此后，亚裔移民日渐增多。在 1980 年的美国人口统计中，亚裔人口约有 350 万，与 1970 年的 140 万相比，翻了一番。1990 年又比 1980 年增长了一倍，占美国人口总数的 2.9%。据有关机构预测，到 2050 年亚裔人口将占到 6%。

从 1970 年代起，得益于一些亚裔学者的提倡，美国学术界、官方和社会开始广泛使用"亚裔美国人"这一不带种族歧视的称呼。亚裔美国人在美国作为一个种族类别也正式被统计机构确立，到 1980 年，美国才正式将亚裔人口单独统计，显示出亚裔作为一个种族的正式形成。

在大学录取方面，从 20 世纪 60 年代晚期"肯定性行动"起，美国的精英大学也开始向亚裔学生敞开大门。最初，哈佛大学并不认可亚裔是历史上被歧视的少数族裔，认为其并不适用于平权措施。但在亚裔组织的抗议下，哈佛最终将亚裔纳入录取的平权措施体系之中。1978 年，哈佛的亚裔新生比例从 3.6% 上升至 6.5%，1985 年又达到 10.8%。但亚裔群体很快发现，从 1982 之后，哈佛等名校录取亚裔学生的比例不再增加，始终稳定在 10% 至 12% 之间。这导致亚裔学生的录取率越来越低，不仅远低于黑人和拉丁裔等其他少数族裔，也低于平均录取率。致使很多成绩优异的亚裔学生不能被录取。

2014 年 11 月，保守派法律活动家爱德华·布鲁姆（Edward Blum）在弗吉尼亚州阿灵顿创立非营利保守派组织"学生公平录取组织"（Students for Fair Admissions，简称 SFFA），并在波士顿的美国联邦地方法院以"学生公平录取组织"为原告对哈佛大学提起诉讼，称哈佛大学在本科生录取过程中歧视亚裔学生，哈佛大学给亚裔学生设置超高的录取分数线，而黑人学生和拉丁裔学生的录取分数却格外的低，这是明显的"种族惩罚"行为。因此，"学生公平录取组织"诉求结束基于种族的大学录取。案件历经 8 年，2023 年 6 月 29 日，最高法院在学生公平录取组织诉哈佛案（Students for Fair Admissions v. Harvard）中裁定，美国高校不得将种族身份视为是否录取学生的依据。哈佛大学"平权行动"招生计划违宪。首席大法官小约翰·G·罗伯茨代表的多数意见话语认为：

首先，哈佛大学声称的多元化培养目标难以衡量。哈佛大学提出其基于种族的录取制度可以培养公共和私营部门未来的领导者，促进思想的积极交流，增进跨种族理解并打破成见，培养学生适应日益多元的社会，产生源于多元化观点的知识。但是，这些目标的实现如何评估？何时可以达到这些目标？以及何时可以停止基于种族的录取制度？这些都无法衡量。如果没有种族偏好，那么哈佛大学会少培养多少领导者，或者教育质量会降低多少，这些也无法衡量。大学多元化的追求目标虽然明显有价值，但是却不可避免地令人费解。

其次，哈佛大学为追求多元化培养目标而选择的基于种族的招生手段缺乏合理性。为了追求多元化的教育目标，将学生归入不同的种族类别并据此做出录取决定，这又如何促进大学声称追求的教育目标？将所有亚裔学生归为一类显然不够精确且过于宽泛，现有种族分类的包容性也明显不足，中东国家（约旦、伊朗、伊拉克和埃及）的申请者实际上无法归类。一个建立在上述明显种族分类缺陷基础上的招生措施如何能被视为可促进多元化的培养目标？基于种族的招生手段与大学所追求的多元化目标之间显然缺少有意义的联系。

再其次，基于种族的录取制度也明显侵犯了宪法第十四修正案确立的平等保护条款的要求。平等保护条款的全部要点在于不得因某人的肤色而区别对待，必须将公民视为个人，而不仅仅是种族、宗教、性别或阶级的组成部分。在入学录取中，个人的种族不应被用于"负面因素"，不能成为不利于他的因素。哈佛大学考虑申请人种族的政策总体上导致了亚裔美国人和白人学生被录取人数减少。大学录取是零和游戏，打开这扇门就会关闭另一扇门，为某些申请者提供的好处必然以牺牲另一些申请者的利益为代价。以种族而非其个人自身的优点和基本素质来评判一个人也会贬低其尊严和价值。一所大学以种族为由的招生政策实际上是基于一种冒犯性和贬低性的假设，即某一特定种族的学生因其种族而具有相同的思维。大学的基于种族的招生手段也助长了将个人视为种族产物的陈腐观念。这种观念只会造成持续的伤害，与平等保护条款的核心价值背道而驰。因此，必须依据学生的个人经历而不是种族来对待，以免种族偏好的政策得出错误的结论，即个人身份的试金石不是战胜的挑战、掌握的技能或学到的经验，而是他们的种族肤色。

最后，法院裁定认为：大学自主的学术决定理应获得尊重，但是尊重并不意味着放弃司法审查。大学可以根据自己的实际情况确定自己的使命，但是如果没有极具说服力的、可衡量的、具体的、足以允许司法审查的理由，法院不会许可以种族为由将学生区别对待。鉴于哈佛大学的招生计划与宪法修正案平等保护条款要求相悖，基于种族的招生制度缺乏足够的、可衡量的标准来证明种族使用的合理性，不可避免地会以负面的方式使用种族并带来刻板成见，也缺乏有意义的终点来结束偏离平等的种族待遇。

"哈佛大学亚裔歧视案"的裁决颠覆了此前"巴基案"所确立的大学可以使用种族作为录取学生的其中一个因素的合法性。这一裁决意味着全美的公立和私立大学在招生过程中都不能以种族因素来评判学生，且很大可能会影响今后美国高校和职场中的族裔分布。它给新媒体环境下日益极化的美国社会带来的影响还有待进一步追踪和观察，但这一裁决绝不会成为美国亚裔争取平权的终点，也绝不会是美国根除种族歧视马拉松的终点，这一点应是确定无疑的。

一点总结。有人戏言，美国《独立宣言》建构的"人人生而平等"话语是前人画了一张大饼，给后人们挖了一个大坑。到底什么是平等？如何落实平等？这不仅涉及目标定位问题，也关乎手段正当问题。从美国的平权话语的演变历史看，不仅有平等目标定位的话语探索，也有对实现目标的手段正当性的话语争议。美国的种族平权问题实际上从美国建国至今一直就表现出一种深层的张力性冲突，不同的话语在种族演变过程中共存共生，此消彼长。

美国自英国殖民之始，基于白人种族优越论话语的奴隶制白人社会对于黑人种族的不平等对待是全方位的，黑奴身份无法与白人拥有平等权利，"斯科特案"的裁决直接否定黑人的公民权利，更是白人至上种族主义话语的直白暴露。南北战争废除奴隶之后，对摆脱奴隶身份的黑人在联邦宪法层面的"重建"建构起了黑人不再被奴役的自由身，但是在白人至上的种族主义强势话语之下，各州以旨在继续白人强势的"黑人法典"以及旨在种族隔离的"吉姆·克劳法"的制度安排使得黑人在政治、经济和社会生活领域持续弱势，"普莱西案"的裁决确立之"隔离但平等"话语使得种族隔离司空见惯，黑人所能获得的仅仅是"可见的"与白人相同的设施的平等使用权利，但相同设施隔离使用所造成的"不可见"的社会心理层面的歧视和不平等直到1954年"布朗案"裁决才得以正视。20世纪60年代黑人民权运动推动下美国政府推行的"肯定性行动"建构起对非裔弱势族群的补偿纠偏话语，以针对非裔族群的照顾优惠政策来补偿奴隶制历史带来的伤害，并追求通过平权和优惠政策来改变非裔族群在社会竞争中的弱势地位，响应"肯定性行动"的高等院校以入学录取的"种族配额"制或种族加分制等手段为少数族裔提供补偿优惠。随着"肯定性行动"的成效累积、非裔美国人政治权利的充分保障、非裔中产阶层的兴起以及亚裔族群的成长，原先旨在补偿纠偏的"肯定性行动"又引发针对白人族群及亚裔族群不平等的"逆向歧视"话语兴起，"巴基案"的裁决力求对"肯定性行动"进行改正但不抛弃，而"哈佛大学亚裔歧视案"的裁决则直接禁止"肯定性行动"中大学基于种族因素的招生行为。

"人人生而平等"中的"平等"到底是什么意义上的平等？是推翻种族隔离制度的"布朗案"所强调的既包括"可见因素"平等也包括"不可见因素"平等？是"肯定性行动"中所凸显的不仅要追求"机会平等"还要追求"结果平等"？在实现平等目标的手段正当性上，种族隔离的手段被抛弃之后种族融合的手段就一定是正当的吗？即使种族融合是大势所趋，那么实现种族融合的正当手段又是什么呢？高等学校"肯定性行动"中的补偿纠偏手段不仅可能会造成种族特权的危害，也会带来对白人族群和亚裔族群的"逆向歧视"的不平等。机械性的"种族配额"手段及"种族分"手段被抛弃后"规避种族"（retreat from race）的"种族中立"手段就一定是正当的吗？"哈佛大学亚裔歧视案"的裁决无疑正是"规避种族"的趋势反映，但它会造就一个没有种族偏好、偏见和歧视、人人平等对待、拥有相同的机会并且不以肤色判断彼此的美国未来吗？还是说"种族中立"手段只会纵容政府部门对"隐性歧视"（convert racial discrimination）、"体制性歧视"（institutional racial discrimination）等新不平等现象的不作为？也会带来传统的种族主义的回潮？

未来，美国社会如何走出"越平权越分裂"的困局？在当前美国不断变化的政治权力结构中，随着美国人口结构的不断变化，新媒体技术影响之下的话语与舆论日趋极化，各种显性的或隐性的种族歧视时隐时现，政治、经济和社会领域种族平权的话语争议难消。美国政治文化的结构性困境与历史积弊不可能因为"学生公平组织诉哈佛大学案"的判决而得以根本化解。这一判决所引发的极端化评论与话语冲突也预示着未来美国种族平权之路依旧坎坷，实现种族融合与种族平权的梦想依旧遥遥无期。

论金融刑法中的金融抑制模式

时　　间：2023 年 10 月 10 日

主持人：孟飞（上海司法研究所副所长 教授）

主讲人：张小宁（上海司法研究所副所长 教授）

10 月 10 日下午，上海政法学院"教授第壹讲"第十九期顺利举办。"教授第壹讲"系列学术讲座是在校领导关心下，人事处、科研处与各二级学院为我校新晋教授搭建的一个展示最新研究成果的学术交流平台。我校上海司法研究所张小宁教授应邀以"论金融刑法中的金融抑制模式"为题开讲。我校司法研究所副所长孟飞教授主持，三十余名师生现场参加了本次学术讲座。

主讲内容

张小宁教授：

各位老师、各位同学，下午好！

非常荣幸能够参加由上海政法学院科研处、人事处以及司法研究所举办的"教授第壹讲"活动。

我的讲座题目是"论金融刑法中的金融抑制模式"，其主体内容是我于 2022 年发表在《法学》期刊上的论文。自从博士时代选择了研究金融犯罪以来，我一直在思考我国金融刑法究竟在多大程度上能够（或者说不能）预防和惩处金融犯罪的问题。这篇论文可以说是我这十几年来的一个阶段性的思考结论，今天在这里做一个简略的阐释，希望能够和各位共同讨论，共同进步。

2018 年，最高人民检察院发布的第十批指导性案例中有"朱炜明操纵证券市场案"。判决要旨在于：证券公司、证券咨询机构、专业中介机构及其工作人员违背从业禁止规定，买卖或者持有证券，并在对相关证券作出公开评价、预测或者投资建议后，通过预期的市场波动反向操作，谋取利益，情节严重的，以操纵证券市场罪追究其刑事责任。

该指导性案例的发布填补了"抢帽子交易"操纵构成操纵证券市场罪的空白，具有相当的积极意义。关于该交易行为能否构成"以其他方法操纵证券市场"的问题，研究界曾经爆发过激烈的争论。争论背景在于，该案发生于2008 年，当时《刑法》第 182 条并未对"抢帽子交易"这一行为方式作出明确规定。此后便有了前述"朱炜明案"的指导性案例，司法部门试图以亡羊补牢的方式来为"抢帽子交易"操纵行为适用兜底条款这一问题提供标准答案。

金融交易业界已经认定的操纵证券市场方式并非只有《刑法》第 182 条规定的几种类型。有鉴于此，《最高人民法院、最高人民检察院关于办理操纵证券、期货市场刑事案件适用法律若干问题的解释》第 1 条将蛊惑交易、"抢帽子交易"、重大事件操纵、利用信息优势操纵、虚假申报等五种操纵方式明文纳入了《刑法》第 182 条规定的"以其他方法操纵证券市场"之中。而《刑法修正案（十一）》第 13 条又增加了虚假申报、蛊惑交易、"抢帽子交易"三种操纵方式。至此，我国刑法规定的操纵证券市场的行为方式已经包含了联合交易、连续交易、串通交易、洗售、虚假申报、蛊惑交易、"抢帽子交易"、重大事件操纵、利用信息优势操纵等共计九种。

从操纵证券市场的行为方式上而言，主要的便是联合交易等直接的证券交易行为。但从实务案例来看，其他方式例如职务操纵等也能导致交易的异常波动。尽管此前关于"抢帽子交易"能否构成操纵证券市场行为这一争议已经尘埃落定，但是，立法与司法解释都保留了"以其他方法操纵证券市场的"表述，这就出现了关于操纵方式的认定具有刑法、证券法以及司法解释"三重兜底条款"的局面。兜底条款兜不住底的司法适用尴尬必将随着新操纵方式的出现而不断被揭示。

一直以来，关于金融违法犯罪行为的规制，我国采用的都是刑事立法引导商事立法的格局，这一立法惯例造成了刑法规定内容对非刑事立法规定内容的束缚。这说明了我国金融犯罪规制机制在如下两个方面存在着隐患：一是交易规则不清；二是立法格局颠倒。

总之，近十年来我国金融市场领域问题重重，而相关立法以及司法解释一直在试图扭转这一局面，但却始终收效甚微。深层次的原因在于我国自建立金融商品交易市场以来一直采用的是"重管控、轻自律"的金融抑制模式。由此导致的问题是：我国金融刑事立法与司法领域仅注重粗犷型的制度与框架构建，但却忽视了精细化的规则设定，并为日后我国金融市场的良性运行与发展埋下了严重的隐患，而这一隐患直至今日也未能得到真正的消除。

"金融抑制（financial repression）"最早是在 20 世纪 70 年代由斯坦福大学的爱德华·肖教授与罗纳德·I·麦金农教授提出的。两位学者的研究发现，发展中国家普遍存在政府对金融市场中的价格机制、资金配置、金融机构以及跨境资本流动等实施各种形式的过度干预与介入的现象。其典型特点在于，政府对金融活动的强行干预造成了对金融价格与金融交易的人为管控，各类金融机构不同程度地承担着政策性负担，导致其不良资产比率高，经营能力差，其根本原因在于政府对国有银行的隐性担保以及对金融市场的管制。由于过度强调政府在金融体系中的主导作用，为了满足政府对金融市场施加行政干预与管制的需求，维护金融秩序、保持金融稳定也就顺理成章地成了我国金融法制建设中的首要目标。面对当今日益加剧的金融市场风险，确保金融市场的平稳运行便成了政府"维稳"工作的重要指标，致使金融市场的自律机制难以形成。

金融抑制模式有以下表现：第一，金融市场自律机制的不完备。政府的长期管控导致金融市场自律机制的发育和成熟受到了限制。从规制机制的视角来看，原因主要在于以下两点：（1）在发行方面，监管机关的恣意管控侵占了市场自律调整的空间；（2）在交易方面，监管机关忙于处罚与制裁而忽视了制定规则的意义。具体到金融刑事规制问题，规制工作的落实往往只能依赖于严刑峻法附带的威慑力，刑法工具主义得以空前强化，进一步弱化了市场信用机制的健全。

第二，我国金融抑制问题是造成企业融资难的重要原因。金融抑制具有"所有制歧视"与"规模歧视"的特征，导致正规金融的融资成本上升，迫使各类企业尤其是中小企业更多地选择非正规融资渠道进行融资。这也是近些年非法吸收公众存款罪、集资诈骗罪、欺诈发行证券罪以及擅自发行股票、公司、企业债券罪等非法集资类犯罪案件数量急剧攀升的根源所在。司法实践中，由于立法将非法吸收公众存款罪定性为行为犯，导致其构成要件严重异化，致使该罪已经沦为了非法集资类犯罪的口袋罪，这严重挫伤了民营企业进行金融创新的积极性，造成大量民间资本外流。除非法集资类犯罪之外，骗取贷款罪、高利转贷罪等贷款类犯罪在实务中也面临着同样的问题。从金融法制的角度来看，产生上述问题的根本原因在于金融抑制模式下形成的僵化金融监管体制。具体而言，我国金融刑法制定与修订的根本目的便在于维系这种体制所构建的金融秩序，而这一金融秩序的维护必然是以加强政府行政干预为手段，这就造成了我国金融刑法带有"压制型法"的特征，其弊端自然也是显而易见的。

金融抑制模式的弊端有哪些呢？第一，刑法与金融法的不匹配。金融法律法规与金融刑法通常是由不同立法部门起草的，不同法域之间考虑问题的角度自然也有所不同，而金融刑法在描述构成要件时往往又习惯采用"违反……法律法规"的援引模式，故而，金融法律法规中有关金融违法的规定内容往往直接影响到定罪量刑。由于金融商事交易规则的纷杂多变远远超出粗枝大叶的刑事立法的反应速度，因此，刑法与金融法之间的不匹配也就成为了金融刑事规制中难以克服的弊端。第二，犯罪化标准的单一设定。受到金融抑制模式的影响，以国家金融秩序维护作为金融刑事立法建构及保护法益选择的基本立场，这是典型的秩序法益观，违反金融管理秩序成为了犯罪化的主要根据，并由此构建起了"管制型"的金融刑法体系。在这种单一犯罪化标准的指导下，一方面，金融管理秩序成了金融刑法的重点甚至是唯一的保护对象，并由此设立了妨害信用卡管理罪、违法发放贷款罪、吸收客户资金不入账罪、违规出具金融票据罪等一系列单纯违反特定金融管理秩序的犯罪。然而，针对特定金融秩序的侵害，唯一能确定的只有行为是否违反了相应金融管理法律法规的规定，至于金融秩序究竟受到了何种程度的侵害，行为是否达到了扰乱具体金融管理秩序的程度，则只能通过交易金额或其他情节进行评价，而这明显是缺乏入罪的实质依据的。第三，罪名适用范围的扩张化。金融刑法片面强调对金融秩序的保护，造成具体罪名的适用范围不当扩张。以骗取贷款罪为例，在众多案例中，贷款人都提供了足额担保或者能够按时还本付息，而不过是在申请贷款的证明文件中存在造假内容，但判决却依然将其认定为骗取贷款罪。在我国金融体制的转轨过程中，金融刑法依然保持着浓厚的管制主义色彩，骗取贷款罪正是诞生于这一时代背景下。在立法之际，由于未能准确界定骗取贷款罪的涵盖范围，导致该罪自设立以来就与贷款诈骗罪之间存在适用上的争议。前者规定在我国《刑法》分则第三章第四节的破坏金融管理秩序罪中，而后者则规定在第三章第五节的金融诈骗罪中。从犯罪构造上来看，两者存在显著的不同，但由于对二者之间的逻辑关系缺乏清晰的认识，前者一直被视为后者的包裹罪名，形成"非贷款诈骗罪即骗取贷款罪"的思维定式，从而造成了骗取贷款罪在适用范围上的扩张化。但正是由于实务中往往错误地将两罪视为特别法条与普通法条的关系，才产生了司法认定中的"唯数额论"、片面注重骗贷行为、不分析贷款的风险源等一系列的问题。《刑法修正案（十一）》将该罪中的"或者有其他严重情节的"予以删除，这或多或少地减轻了该罪被滥用的风险，但如果不能明晰该罪的体系定位与行为构造的话，依然摆脱不了口袋罪的命运。第四，兜底条款适用的泛滥化。兜底条款的滥用可能有妨害金融市场健全的危险，理应慎之又慎。除了本文开篇处提到的关于操纵证券市场行为方式的兜底条款之外，我国金融刑法中还存在着大量的兜底条款。以规制"老鼠仓"案件的司法解释为例，其中所规定的两项兜底条款也同样存在被滥用的风险。2019 年公布的《关于办理利用未公开信息交易刑事案件适用法律若干问题的解释》，在关于"未公开的信息"的认定以及定罪标准规定中均采用了兜底条款的立法技术，具体包括：第 1 条第 3 项的"其他可能影响证券、期货交易活动的信息"与第 6 条第 4 项的"造成恶劣社会影响或者其他严重后果的"。

如何克服金融抑制模式弊端？面对资本市场的涨跌盛衰，为了推动金融等产业领域的自由化发展，发达国家逐步缓和政府针对金融等产业的规制，其目标是建立市场主导型的产业结构，促进市场自由竞争，实现经济活性化。其背景在于，以往政府对金融市场的广泛行政干预和直接介入，以及国有大企业的行政垄断，压制了企业作为市场主体、技术创新主体的主动性和创造性。这使得市场难以发挥其两大基本功能：有效配置资源与激励兼容机制的形成。对于政府层面，规制缓和是为了减缓其对于金融体系和金融活动的过度干预。与之相对，从完善金融市场机制的角度来看，为了构建更加自律的金融市场机制，在规制中会更加要求与强调交易规则的明确化，而这也正是规制缓和的要义所在，所以实际上也可以称之为规制的"强化"。随着规制缓和的推行，市场主体的行动自由度不断提高，其犯罪可能性也被实质扩大，导致在事前的规制被缓和的前提下，相应的事后规制（包括刑事规制与非刑事）也需要予以进一步强化与扩张。实际上，规制缓和在金融刑法领域中更多地表现为"规制强化"。针对金融违法犯罪的规制，围绕着规制的"缓和"与"强化"两个侧面，"规制缓和"理念所强调的主要是以下两个方面的内容：一是在刑罚的适用广度上，表现为刑罚与非刑制裁措施的此消彼长。二是在刑罚的适用力度上，表现为以一般预防为目的诉求的严刑峻罚。我认为我国有必要考虑运用"规制缓和"理念来对金融刑法的规制立场作出相应的调整。日本政府是由于国内面临的泡沫经济危机，加上与美国之间贸易摩擦的不断升级所形成的合力，才最终促成了规制缓和改革在日本的全面推行。在当前中美贸易摩擦的问题尚未得到有效解决的情形下，我国应当积极将挑战化为机遇，将压力转为动力，结合自身经济发展实际，不断深化推进金融领域各项改革。

在最新修订的证券法中，最引人注目的便是证券发行注册制度的全面推行，信息披露制度关乎我国注册制改革的成败。作为注册制改革的重要保障与制度基础，本次修订增设了第五章"信息披露"，在第 78 条至第 87 条中针对信息披露制度作出了专章规定。为了与以信息披露为核心的注册制改革以及新证券法的规定相适应，我国刑法中关于信息披露制度保护的第 161 条违规披露、不披露重要信息罪也应当及时进行调整，以加强对证券市场违规披露信息或不披露重要信息行为的刑事规制。

随着以信息披露为核心的股票发行注册制改革的不断深入推进，我国股票发行制度开始逐步实现从以政府为主导的审核制到以市场自律为主导的注册制的蜕变，股票发行的规制机制也将逐渐摆脱金融抑制模式下的过度管控。在上述立法背景下，我国关于证券发行、上市的监管与规制的重心转向了信息披露，因此，信息披露是否真实、信息披露制度是否得到有效遵守，则成了刑法规制违规披露、不披露重要信息罪的关键所在，同时也意味着对市场交易主体的合规性与自律性提出了更高的要求。

制裁机制的变化首先是制裁力度的提升。在放宽政府对于证券发行过程的金融监管的同时，此次新证券法也大幅提高了对证券市场违法违规行为的制裁力度，加重了上市公司信息披露违法的行政责任。为了配合新证券法针对上述行为的制裁力度的大幅提升，确保以信息披露为核心的股票发行注册制改革的有序推进，《刑法修正案（十一）》针对证券法的最新修订作出了积极回应，提升了违规披露、不披露重要信息罪的刑罚力度。

为了配合注册制改革的全面落实，《刑法修正案（十一）》在犯罪行为对象、犯罪主体等方面也进一步作出调整与完善。例如，在犯罪主体方面，《刑法修正案（十一）》在欺诈发行证券罪与违规披露、不披露重要信息罪中均新增了"控股股东、实际控制人组织、指使实施前款行为的"等的刑事责任作为第二款，为上市公司在其发行阶段与公司经营过程中依法依规遵守信息披露制度提供重要的刑法保障。

新证券法中除了信息披露制度的增设和证券发行注册制度的确立以外，另外一个修订亮点便在于将投资者权益保护的规定正式写入其中，增设了第六章"投资者保护"，包括第88条至第95条共计8条内容，构建以投资者权利为本位的规范结构，并区分了专业投资者与普通投资者，从而有针对性地予以保护。明确规定在投资者因上市公司的欺诈发行、虚假陈述等违法违规行为而导致自身合法权益受损的情形下，既可以提起民事赔偿诉讼，也可委托投资者保护机构提起证券民事赔偿诉讼。

总之，上述以股票发行注册制改革为契机而在我国金融法制领域所展开的一系列修订立法活动实际上已经在逐步扭转刑事立法引领商事立法的格局，而这应当归功于政府行政干预的逐步减退及其所伴随的金融市场自律机制的日渐成熟。尽管我国始终并未在名义上正式引入"规制缓和"理念，但该理念背后所蕴含的市场规制原理在我国金融监管体制中的实际运用已然是无可争议的事实，亦是难以阻挡的发展趋势与潮流。

"规制缓和"的具体途径是什么？第一，金融刑法机能观的调整。国民经济权益能否得到有效的保护，是衡量一国金融体制是否成熟、金融法制是否健全的重要标准。填补损失行为等严重损害国民经济权益的金融违法行为之所以在我国一直未被规定为犯罪，归根到底还是由于受到了金融抑制模式的弊端——重秩序而轻权益导致的在规制范围的确定上具有明显的单一性与倾向性。为了扭转这一局面，我国金融刑法机能观即保护法益的重心观应当作出调整。根据保护法益重心的不同，应当将金融刑法分为"制度依存型经济刑法"与"权益保障型经济刑法"。前者保护法益的特点在于通过保护秩序（制度）法益来保护具体法益，以秩序法益为直接目标，以具体法益作为终极追求。从规制对象上来看，《刑法》分则第三章第四节破坏金融管理秩序罪针对的是特定的金融管理秩序，因而应当归类为制度依存型经济刑法的规制对象。而在保护法益方面，制度依存型经济刑法需要克服秩序中心主义的理念，转而坚持经济秩序与国民权益并重的理念。并在此基础之上，逐步实现金融刑法机能观的重心由传统金融秩序的维持转向对市场主体金融权益的保护，亦即，从"秩序法益观"向"权益法益观"迈进。将对投资者、消费者具体金融权益的侵害或者威胁纳入犯罪化的设定标准之内。保护法益是判断行为是否入罪的实质标准，行为只是单纯违反了一定的经济、管理秩序，没有发生最终具体法益侵害的场合，要慎重犯罪化。笔者认为，对于单纯用于维护特定金融管理秩序的妨害信用卡管理罪、违法发放贷款罪、吸收客户资金不入账罪、违规出具金融票据罪等犯罪，应当逐步予以非犯罪化，交由金融法进行规制即足矣。

第二，金融刑事立法模式的转变。造成我国金融交易规则设定不明确的主要原因在于一元化金融刑事立法模式，即将所有金融犯罪的构成要件与法定刑均规定在刑法典之中。这种一元化的立法模式选择显然难以适应现代复杂社会的治理需要，并间接催生了刑法先行、行政法滞后甚至完全阙如等立法、执法与司法怪相，由此所引起的适用不便已无需赘言，而纠正方式则极为容易。简言之，便是采用附属刑法的立法模式。与将金融犯罪全部规定在刑法典当中相比，在金融法中直接规定相关犯罪的构成要件及其罚则，更有利于实现金融刑法交易规则的明确化。原因在于：（1）保护刑法价值；（2）协调行刑责任；（3）顺应金融情势；（4）维系刑法权威。

第三，司法适用的理性化。一是具体罪名的合理解释。以金融监管秩序为重心的金融刑法机能观导致了金融犯罪中部分具体罪名适用范围的模糊性，并引发了过度扩张的趋势，造就了以非法吸收公众存款罪、骗取贷款罪等为代表的新"口袋罪名"。随着金融刑法保护法益重心的转变，在具体罪名的解释与适用中，也应当从实质上把握个罪的构成要件。以骗取贷款罪为例，本罪的保护法益并非只有国家对于贷款的管理秩序，而是应当包含多重法益，既包括金融信用安全，也包括信贷资金安全。在行为人采用的欺骗手段形成了贷款风险并且危及贷款安全的情形下，才具备骗取贷款罪的实质侵害。如果实施骗贷达到了追诉标准的行为人按期且足额偿还了贷款，其行为虽然侵害了金融信用安全但尚不构成对于信贷资金安全的侵害，故不应当认定为犯罪，仅依据民商法或者经济法予以处理即可。二是兜底条款的慎重适用。令人担忧的是，从办案利益驱动的角度来看，兜底条款在具体的司法适用中很可能会出现肥大化甚至异化现象，最终沦为新的"口袋"条款。切不应忘记的是，兜底条款设置的初衷在于以防万一，因而不应频繁地适用。尤其是对于金融犯罪中的"双重兜底条款"，必须要采用严格解释立场，以此维护基本的刑法安全与市场主体的经济自由。

第四，预防性措施的整备。在一个以信用为基础的金融市场，市场参与者的声誉状况、市场准入等才是更为关键的取胜之道。特别是考虑到金融违法犯罪行为的查处概率低，造成损失的可量化难度大等因素，市场禁入制度等有助于加强惩戒的力度与准确性。从业禁止并非刑罚措施，而是用于防止相关从业人员再实施犯罪的禁止性措施。2020 年 5 月 26 日，上海市第二中级人民法院对证券内幕交易罪案件的被告人宁某判处有期徒刑 1 年，同时禁止其自刑罚执行完毕之日起三年内从事与证券相关的职业。该案作为我国首例针对涉证券领域犯罪的从业人员适用从业禁止的案件，对于证券犯罪的预防与惩治无疑具有标杆性的意义。以国内首例适用从业禁止的证券犯罪案件为开端，可以逐步探索将刑法与金融法的从业禁止规定进行常态化结合，发挥行政制裁与刑事制裁手段的各自优势，更好地防范化解各类金融风险，从源头上遏制各类金融犯罪的发生。

"十三五"时期，我国经济发展进入了新常态。在新常态下，我国经济正处于增长速度换挡期、结构调整阵痛期和前期刺激政策消化期，即，"三期叠加"阶段。2020 年中央经济工作会议强调：在国内金融体系总体恢复健康的背景下，应当将重点放在完善资本市场基础制度、深化金融供给侧结构性改革等方面。伴随"十四五"规划的开局，国内金融犯罪仍呈现持续高发态势，这表明目前我国市场化约束与违约风险承担机制尚待健全。为进一步完善社会主义市场经济体制，破除深层次体制机制障碍，金融体制的深化改革已刻不容缓。

互动交流环节就如何解决金融刑法中的抑制模式问题进行了讨论。张小宁教授认为：随着我国市场经济体制进入改革深化期，金融刑事规制立场也理应随之作出相应调整。但现有的金融刑事规制机制仍然笼罩在金融抑制的阴霾之下。无论是在立法领域还是司法领域，我国的金融刑事规制都亟待寻求一种运行机制上的转向。从规制缓和的角度出发，我国金融刑法的规制立场应当并且也正在实现由"压制型金融刑法"向"自治型金融刑法"的应然转向，而实现这一转向的关键则在于刑事规制机制及具体规则的日臻完善。通过刑事立法与司法活动，在金融刑法机能观、金融刑事立法模式、司法适用规则及刑事预防措施等方面及时作出调整与转变，针对金融市场交易规则予以进一步确认与细化，明确市场主体的行为规范，对国民经济权益加以充分的保护，克服金融抑制的弊端，才能提升市场信用度，从而提振国民投资信心，激发金融市场活力，推动我国社会主义市场经济的健康发展。

国际投资争端预防机制：
动因与展望[1]

时　间： 2023 年 11 月 3 日

主持人： 盛红生（国际法学院 教授）

主讲人： 张正怡（国际交流处副处长、港澳台办公室副主任 教授）

2023 年 11 月 3 日下午，上海政法学院"教授第壹讲"第二十二期——"国际投资争端预防机制：动因与展望"在汇知楼 107 举办。讲座由我校国际交流处副处长、港澳台办公室副主任张正怡教授主讲，国际法学院盛红生教授主持讲座。张正怡教授首先介绍了国际投资争端解决机制的问题，提出由争端预防替代争端解决的可能性。接着，聚焦联合国贸易法委员会第三工作组的建议与参与讨论国的国别建议，总结了投资争端预防机制的可行方案。最后，张正怡教授梳理了国际投资争端预防机制的形成动因，并提出了国际投资争端预防机制在我国的实现路径。本次讲座帮助我校师生对国际投资争端预防机制形成了初步认识，深化了对国际投资法的理解，激发了听众对国际投资领域进一步开展研究的热情。

主讲内容

各位下午好！

非常荣幸能够参加由上海政法学院科研处、人事处以及国际交流处举办

---

〔1〕　讲座内容已发表于《国际经贸探索》2023 年第 10 期，原文名为《是否作为争端解决机制的替代：投资者-国家争端预防机制及其实现路径》。

的"教授第壹讲"。

今天的题目是"国际投资争端预防机制：动因与展望"。

一直以来，国际经贸规则尤其是国际投资争端的解决与预防问题备受关注。自2017年起，联合国国际贸易法委员会（United Commission on International and Trade Law，以下简称UNCITRAL）第三工作组正式启动投资者-国家争端解决机制的改革讨论。随着时间的推移，当现有的国际投资争端解决制度没有产生预期的政策效果时，各国就开始为国际投资争端解决机制改革而提出制度设想，形成了部分具有代表性质的建议方案。投资争端预防机制作为工作组及部分国家的建议方案，引发了较为广泛的关注。在当前投资者-国家争端解决机制改革呼声日益高涨的背景下，我们积极关注国际投资争端解决机制改革进展，探索国际投资争端预防机制建设方案的意蕴、发展动因与实现路径具有实践意义。

首先，我们来看当前国际投资多边改革方案的提出。在多边改革的"十字路口"，国际投资仲裁合法性危机的探讨依然延续。国际投资争端解决机制是否需要替代性方案得以修正，是当前国际投资法制面临的重要挑战之一。从争端解决走向争端预防主要源自以下因素：

一是国际投资仲裁合法性危机持续多年。国际投资仲裁案件快速增长的代价是产生了合法性危机，由当事方指定的仲裁员通常需要平衡外国投资者的私人利益和东道国的公共利益。1994年《北美自由贸易协定》的早期案例引发了对该问题的关注，尤其是投资者权利的扩张性解释、国家调解环境政策所产生的影响和在经济危机时采取行动的自由，从而影响仲裁裁决的一致性。随着南美国家相继退约以及澳大利亚明确排除国际投资争端解决条款等事件陆续发生，有关国际投资仲裁合法性的争议更加激烈。对于国际投资仲裁合法性的批判包括但不限于：偏向于投资者、对发展中国家存在偏见、阻碍东道国监管、缺乏上诉机制监督、裁决不一致不连贯、没有充分平衡投资者权利与环境保护等。鉴于国际投资协定投资者-国家争端解决机制（Investor-State Dipute Settlement，以下简称ISDS）引发的国际投资仲裁合法性危机已持续多年，事实上ISDS当下正在经历从危机时期到改革时期的过渡。

二是国际投资争端解决规则修订仍存在缺陷。2022年7月，国际投资争端解决中心（International Center for Settlement of Investment Disputes，以下简称ICSID）公布最新规则和条例体系，包括ICSID公约、附加便利规则、调解规则和事实认定规则。这是自 2006 年以来 ICSID 对规则体系的首次修订，也是历史上 ICSID 对其程序进行的最广泛的现代化改革。本次规则修订的创新之处在于采取了提高争端效率、优化仲裁程序的措施，如提升裁决透明度、增加披露第三方资助、界定分摊仲裁费用的情形、引入快速仲裁程序等，以促进 ISDS 朝向更加合理的方向前进。然而，本次 ICSID 修订的中心局限在争端后程序，虽然引入了当前仲裁管理的先进经验，但是并没有充分考察国际投资争端的完整处理流程，尤其忽视了争端形成初期的化解。就国际投资争端发展的全过程而言，对于形成中的争端采取预防，进行"防微杜渐"不失为一项选择。自 21 世纪第 2 个 10 年以来，包括联合国贸易和发展会议（UNCTAD）倡导的争端预防政策（DDPs）被认为是全面降低争端数量，补充 ISDS 改革的有效途径。DDPs 也逐渐为部分国家、地区在制定投资协定范本或对外协商协定中采纳，并正式成为有关 ISDS 多边改革的一项建议措施。

其次，我们来分析国际投资争端预防机制改革的建议方案。目前，多数投资协定的缔约者赋予了投资者与东道国在争端解决过程中进行磋商的权利。但就阶段性而言，现有协定文本并没有在真正意义上实践投资争端的预防机制，不利于投资争端与相应风险的化解。而联合国贸易法委员会早在 20 世纪 70 年代就开始关注国家与投资者之间的投资争端解决机制，近年来更加关注机制改革，并专门成立了第三工作组，聚焦具体问题，探讨可行的改革方案和建议措施。自启动国际投资争端预防议题以来，工作组先后于 2020 年 1 月、2023 年 1 月分别发布《关于争端预防与缓解以及其他替代性解决方案》《投资争端预防与缓解的立法指导草案》，为国际投资争端预防提供了相应建议措施。

具体而言，《关于争端预防与缓解以及其他替代性解决方案》认为需要建立防止和减少投资者与国家之间争端发生的机制。防止纠纷是改善营商环境、留住投资和迅速解决投资者申诉的一种方式，并且侧重于"预防"争端，而不是"争端后"的管制，被认为是国际投资争端解决机制改革的一项具有成本效益的方法。方案重点从国家层面、投资条约、国际层面提出了防止和减轻投资者与国家之间的争端制定了若干倡议。《投资争端预防与缓解的立法指南草案》则由第三工作组与世界银行集团联合编写，旨在协助各国建立和实施协调一致的争端预防和缓解制度。围绕预防与缓解投资者-国家争端，指南共提出了 20 条建议，包含目的与范围、定义、与投资者的有效沟通、内部协调机制、领导机构及其任务权限和运作架构、对投资采取协调一致的做法、执行的一致性、投资者投诉机制、争端的缓解、有效管理争端、财务资源和费用、免除政府官员的责任、保密性、技术工具、投资者参与政策讨论、公共政策空间、能力建设、政府间协调等内容。

在国际贸易法委员会第三工作组进展的过程中，巴西、南非、泰国、韩国四个国家也表达了对于投资争端预防机制的观点。巴西认为提供一项以防止争端为基础的替代制度是政府和投资者的共同要求，预防争端机制包括通过联络点监察员和联合委员会进行双边对话。南非认为需要为投资争端找到一项平衡、可接受与可行的解决办法。其中，投资预防机制被认为是在投资者与国家之间的争端甚至冲突存在之前制定的解决模式，有助于预防或有效处理潜在的投资争端，降低投资争端升级为国际仲裁的可能性。泰国提出了预防争端的指引、成立国际投资法咨询中心两项建议方案。对于前者，泰国认为工作组可以起草各国如何管理投资争端的指导方针，作为各国分享其经验、良好做法和专门知识的平台，涵盖谈判阶段、鼓励对话、国内机制以及仲裁前阶段。对于后者，泰国认为可以借鉴世贸组织法律咨询中心在世贸组织法律方面的类似职能，在争端发生前就投资法向各国提供法律意见，并在争端发生时担任法律顾问。韩国提出了投资争端预防与应对国际合作的建议，认为比起"争端后"的规制，注重争端的预防更具有成本效益。韩国建议第三工作组探讨制定一项"防止争端准则"并设立一个"国际投资法咨询中心"，该咨询中心可以成为收集和传播最佳做法和机构资料的中心，并协助发展中国家出台政策准则、提供预防争端的教育、建立仲裁裁决和裁决数据库，就如何管理潜在争端提供法律咨询意见。同时，韩国认为区域咨询中心特别是现有的贸易法委员会亚太区域中心是一项可行的选择方案。

在分析上述改革方案的背景之后，我们进一步探讨国际投资争端预防机制的形成动因。

一是国际投资法制的改革方向。国际投资法制面临的问题不仅仅是解决投资争端或实现可持续发展，而是要更进一步处理投资者、东道国与其他主体之间的不平衡，投资决策过程中的程序及其影响对于改革而言至关重要。从投资争端案件的发展流程来看，自投资做出到争端实际发生，事实上该程序为潜在的争端主体预留了大量可协商的空间。东道国可以在产生分歧、形成问题以及申诉阶段和投资者进行协商，采取相应的争端预防措施，从而避免走向最终的国际投资争端解决机制。

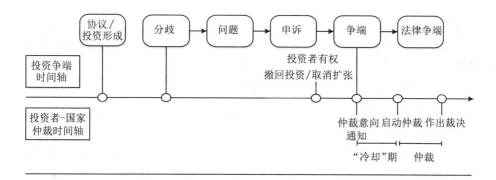

可协商／调解

现代国际条约体制自身仍然相对"年轻"，20世纪80年代才出现了ISDS条款，并自21世纪初起开始产生大量投资仲裁案件。改革国际投资条约，需要明确保障国家的监管自主权，不仅尊重投资保护，而且尊重其他公共利益。长期以来，国际投资条约由发达国家主导，其模板大多来源于双边投资协定范本。如今，国际投资条约的设计更加多样化并富有创造性。部分国家和地区打破了原有的路径依赖，并进行创新，例如巴西制定的《合作与便利化协定》（Cooperation and Faciliation Investment Agreement，简称CFIA）、欧盟推广的ICS制度等。这些创新在一定程度上增加了程序设计的开放与沟通，增加了投资者参与度和程序透明度，在一定程度上为国际投资法制改革注入了新的活力。各国正在实施关于国际投资法的新理念，并以新颖的方式结合制度选择，这一事实应该在多边投资法改革的持续努力中发挥关键作用。

众所周知，联合国贸易法委员会第三工作组汇集了来自不同地理位置的发达国家和发展中国家的政府代表，其任务是首先确定与国际投资争端解决有关的问题，然后考虑是否需要改革，最后制定改革建议。国际投资争端预防机制的引入将更加丰富国际投资法改革的多元化和灵活性。一方面，国际投资争端预防机制已经被部分新型国际投资协定所采纳，其未来的适用与发展能够为国际投资法制的改革积累经验。另一方面，国际投资争端预防机制事实上拓展了国际投资法制的运用空间，适当增加了东道国对于可能的争端进展的控制权。当然，预防机制本身并没有排除传统的争端解决，仅作为一项替代方案，为投资者和东道国提供更多的选择。国际投资争端预防机制通过政府间对话机制为互惠投资创造激励措施，旨在为投资者和东道国之间进一步明确权利和义务，并为预防和解决争端提供另一种制度模式。展望未来，任何建立在共识基础上的多边投资框架的进程都必须由政府推动和政府所有。通过鼓励多方参与，包括引入投资争端预防机制以促进投资者和政府之间的对话，各参与方可以增进对有关国际投资法制的基本问题进行开放和包容的讨论，从而使各方能够全面看待改革，促进投资者与东道国关系的改善，使得全球国际投资流动更加具有持续性。

二是国际投资实践的效用提升。与市场一样，法律也用等同机会成本的代价来引导人们促成效率最大化。程序规则可以降低法律制度的信息成本并提高法律制度适用的准确性，以市场里正常、典型的交易为基准点，而不以发生纠纷、例外的交易为基准点，是希望发挥类似市场的指标性作用。投资争端预防机制的引入将进一步提升国际投资实践中投资者、东道国之间的效用，促进双方追求双赢效果。

对于投资者而言，相比直接诉诸东道国司法机构或国际仲裁，争端预防机制显然提供了更多的可选择空间，尤其节约了潜在的争端解决成本。投资者可以通过东道国政府公布的负责机构进行直接协商或进行投诉。相比投资母国介入国际投资仲裁，投资者与东道国之间的直接协商更有利于控制并管理争端发展的进程，并为双方创造可能解决各自特有需求和利益的方案。在此背景下，投资者与东道国之间仍有可能维持相对良好的合作关系，并在最大程度上降低冲突可能产生的时间和费用成本。通过固定的协商或投诉机制，投资冲突管理效率将进一步得到提升，投资者后续可能产生的时间、费用以及机会成本投入可能被降低。尽管争端预防的最终效果有待于协商的结果确认，但是预防机制本身促进了投资者与东道国之间的信息交换，也为后续的进展包括进入争端解决机制提供了预期。

对于东道国而言，通过成本效益原则分析，国际投资争端预防优势更加明显。东道国与投资条约争端有关的成本通常包括社会成本、政治成本和经济成本。社会成本包括因有时涉及国际投资仲裁的敏感问题而引起的动乱；政治成本包括牺牲某些主权方面的价值，例如提高国内税收的需要，或购买国际援助；经济成本则指将资源投入国际投资仲裁的机会成本，可能影响主权债务信用评级的声誉成本，以及与支付律师、仲裁员、机构及其相关费用相关的交易成本。上述各类成本的叠加对东道国可能造成相对敏感的负担，尤其是在 ISDS 机制下，东道国作为被申请方往往面临更多的无形压力与外部评价。近年来 ISDS 和解结案案件数量的提升也间接证明了东道国对于投资仲裁事实上并不具有偏向性。除了风险控制，设立投资争端预防机制在国内层面可以有助于东道国评估外国直接投资的潜在影响、提高公共行政管理质量；在国际层面上可以有助于增加国家之间的对话协调机制、提高对于争端预防倡议方案的影响力。部分国家和地区转向争端预防的倡议与实践表明，东道国期待鼓励与投资者之间开展对话，以防止冲突升级为全面的争端，并有意探索处理国际投资冲突的最佳实践方案。

在以上分析的基础上，我们结合我国实际来看国际投资争端预防机制在我国的实现路径。目前，我国已经加入联合国贸易法委员会第三工作组的讨论进程。对于形成中的国际投资争端预防机制，我国应考虑选择借鉴其中的有益经验运用于国内投资法制完善、国际条约义务的遵循，并在投资协定谈判的推广中适当运用。

一是，限缩外商投资企业投诉工作机制范围。2020 年 1 月 1 日，《外商投资法》及其实施条例、司法解释正式施行，其中首次规定了外商投资企业投诉制度。当年 10 月，商务部出台规章《外商投资企业投诉工作办法》（以下简称《工作办法》），初步形成了我国外商投资企业投诉的工作机制。投诉机制承担着投资争端预防和投资争端解决的双重功能，该机制的有效运用也是对我国外商投资管理国内法执行的完善。一方面，外商投资企业投诉机制的适用范围应进行必要限缩。根据《工作办法》，外商投资企业投诉限于行政机关及其工作人员的行政行为侵犯其合法权益、投资环境方面存在问题两类，相比《外商投资法》增加了第二类情形。外商投资企业投诉机制设立的初衷是保护外国投资者合法权益，也是我国立法中进行投资争端预防的有效方式，有助于持续优化外商投资法治化营商环境。然而，《工作办法》中对于投资环境方面存在问题的表述过于宽泛，在一定程度上可能会造成投诉机制的滥用，应当将其限定在法治环境的范畴以防止过度扩张。此外，存在问题与投资者权益保护之间的逻辑关系不够充分，容易造成投诉措施的泛化。鉴于此，我国外商投资企业投诉机制的适用范围应就投资环境方面采取一定的限缩，即由于政策措施导致投资法治环境变化致使投资者及其投资合法权益受到损失时，方可启动外商投资企业投诉机制。适用范围的限缩将促进外商投资企业投诉机制的适用更加精准，满足外国投资者的需求目标，同时也为处理机构厘清了工作边界，也将《工作办法》的两类情形有机整合，以外商投资者的合法权益作为投诉机制的保护对象，可以提升投诉机制的适用效率，符合我国保护外商投资企业合法权益、积极促进投资发展的立法和政策目标。另一方面，外商投资企业投诉机制在省级层面的执行应保持相对统一，其运行情况也应当适时评估。投诉机构内部管理制度的健全以及制度长期运行监管对于维护外商投资企业投诉机制的运行至关重要，需要及时梳理外商投资企业投诉的典型案例、工作方案以及政策建议。外商企业投诉机制本身也应当在合理范围内进一步增加透明度与机制完善，充分发挥其对于潜在的国际投资争端的预防功能。

二是，强化国际投资条约缔约方的磋商义务。"条约必须遵守"是缔约国的一项基本义务。一旦国家成为条约当事国，在充分履行条约方面就不应该存在任何国内法律障碍。事实上，我国对外签订的双边投资协定（Bilateral Investment Treaties，以下简称 BIT）中几乎无一例外地提出"投资者和相关缔约方应当尽可能通过善意的磋商和谈判解决争端"。这意味着国际投资争端预防在条约中存在规范依据，东道国政府与投资者之间完全可以通过仲裁之前的交流试图化解冲突。然而，在部分我国作为被申请方的仲裁案件中，裁决内容显示部分地方政府对于投资者提出的相关要求可能并没有提供充分磋商的机会或双方没有尽力化解争端，但在仲裁案件登记之后甚至开庭裁决至最终裁决前，往往倾向于同外国投资者以达成和解的方式结案。这一现象表明，我国地方政府尤其是外商投资主管部门没有对国际条约义务形成准确深刻的认识，对于外商投资管理可能产生的责任没有明确的认知，特别没有意识到相关行为最终可能导致形成国家对条约义务的违反。关于可能通过协商等方式实现化解潜在投资争端的目标，东道国需要认识到其条约义务，即只有一国充分认识到其条约义务和对争端更敏感的行业时，才有可能预测争端。从这个意义上说，国际投资条约义务的普及还需要通过系统培训、案例分享等能力建设在政府层面进行全面提升，可考虑将我国已经参与形成的国际投资案例特别是作为被申请方的案例中的争议焦点与案件程序进行逐一分析，探索作为东道国进行外商投资管理与处理投资者冲突的途径，为未来行政管理提供投资争端预防的有效参考。此外，近年来我国在对外签订的 BIT 中，国家之间的磋商范围有所扩大。例如，中国-刚果 BIT（2011 年）、中国-加拿大 BIT（2012 年）、中国-坦桑尼亚 BIT（2014 年）在缔约双方的磋商会谈目的涵盖审查协议的执行情况、交流法律信息和投资机会、解决因投资产生的争议、提出促进投资的建议以及研究与投资有关的其他事宜。无论是 BIT 自身对东道国提出的投资保护与促进的条约义务，还是晚近 BIT 中磋商条款所涉范围的扩大化，均需要东道国各级政府机构对国际投资条约的磋商义务保持高度遵循，并及时有效地化解同外国投资者之间可能存在的潜在冲突。

三是，实现投诉机制向联络机制的转变。作为国际投资体制改革的一项建议方案，两种类型的机构作为管理机构，即联合委员会和联络点值得关注。其作用主要是促进定期交换信息和防止争端，如果出现争端，则在协商、谈判和调解的基础上解决争端。部分域外经验表明，国家设立一个负责协调与解决投资者诉求的独立政府机构，是优化投资争端预防机制的根本保障。在国内层面，我国已经建立外商投资企业投诉工作机制，但争端预防功能的发挥不够明显。事实上，联络点作为投资争端预防机制重要的国内组成部分，体现出平等参与的治理理念。参与原则所规定的平等自由包括意义、范围和提高其价值的手段。

我国应以现有的投诉工作机制为基础，根据争端预防功能发展的需要，适当补充省级层面商务主管部门现有机制的职能，包括为外国投资者提供更为广泛的投资咨询与服务、为投资冲突的化解提供协商平台、就商业机会和投资要求进行广泛的信息交换等。此外，为了提升机制效率，我国可考虑增强各级联络点的专业性和独立性，设计形成外商投资投诉协调专家组，聘请通晓国际投资法律规则、熟悉地方外商投资管理的研究者与实务人员作为咨询专家库成员，通过技术援助与咨询解答提升现有机制的运行效率，就可能发生的外商投资纠纷进行调查、沟通，在最大程度上促进投资风险的化解与防范。从长远上看，当前外商投资投诉工作机制应在有效处理投诉的基础上，进一步开放和拓展职能，成为协调外国投资者与东道国之间的沟通平台，从而将投诉机制逐渐转变为联络服务机制，以更加广泛的参与和透明的进程提升机构制定解决方案的能力，促进投资者与东道国之间的良性互动，使全球国际投资的流动更具可持续性。

四是，适用国际条约中的争端预防机制。近年来，部分综合经贸协定中增加了缔约国之间的对话机制，该机制可充分考虑争端预防功能，并在后续协定谈判中予以推广。作为探索新一代 BIT 的尝试，2020 年末我国与欧盟宣布达成的《中欧投资协定》，其中的机构规定明确设立投资委员会，由中欧高级别经贸对话副总理级别担任共同主席，共同主持。在争端解决方面，投资委员会可以对协定做出具有约束力的解释，通过调解程序达成的相互商定的解决办法，或将责任下放给投资工作组。投资工作组则由负责贸易和投资事务的欧盟委员会总干事和指定的商务部副部长或各自指定的人员共同主持，每6个月举行一次会议，或按照各方商定的方式举行会议，筹备投资委员会的会议，并承担投资委员会交予的任务，可讨论与执行或实施协定有关的任何事项。从投资协定谈判实践来看，以争端预防为目标的对话模式在未来双边投资协定的修订或缔结过程中具有可行性和参考作用。一方面，对话机制打破了传统国家之间争端解决的刚性条款，使得国与国之间的投资争端具有缓解的空间。另一方面，对话机制的运用更加符合东道国与投资母国的预期与文化传统，能够与国内预防机制形成良好的衔接。在全球多极化、文化多样化的时代，国家之间对话机制的设计应当更加具有包容性、有效性和持久性。通过建立投资争端预防机制，各方将潜在的投资纠纷消灭在萌芽状态，防止其升级为国际投资协定下的仲裁，从而使得投资者与东道国政府间维持良好的合作关系。当前，全球国际投资法治与实践同样面临着转型发展，可持续模式不仅是投资促进和保护追求的目标，同样也是程序规则未来发展的导向。因此，增设缔约国之间的对话机制并赋予其详细的职能定位，是未来我国推广投资协定谈判、提升争端预防效果的有效方式之一。

五是，搭建"一带一路"倡议争端预防实践平台。

我国目前已经参与 UNCITRAL 第三工作组领导的投资争端改革进程，并分别于2020年、2021年提出改革建议方案。我国认为，ISDS 机制总体上是值得维护的，并欢迎 UNCITRAL 第三工作组倡导的改革建议。尤其是在争端解决的措施方面，中国认为需要积极探索建立一个更加有效的国际合作机制。中国政府坚定奉行多边主义，积极推动"一带一路"国际合作，推动构建开放型世界经济，秉持共建共享全球治理理念，推动构建相互尊重、公平正义、合作共赢的新型国际关系。

"一带一路"倡议实施10周年之际，我国应主动加快投资争端预防机制平台的搭建与实践。进入21世纪以来，我国参与国际投资争端程度不断加深。然而，对比其他主要经济体，我国在国际投资争端机制的运用的理论与实践方面仍存在差异，涉案数量有限且实际经验较为匮乏。我国与"一带一路"共建国家和地区进行投资双向流动，兼顾资本输出国和资本输入国的身份，应考虑通过与相关国家和地区政府间对话机制、投资者−政府之间的对话机制搭建起"双轨"沟通平台，提升投资争端预防的实践空间，主张以更加"温和"、多样化的方式处理可能的投资争端。与此同时，我国可考虑"一带一路"共建国家和地区文化与法治背景的差异性，同投资主管部门建立相对稳定的双边或多边投资对话机制。例如，我国可考虑同双边司法合作基础良好的国家建立稳定的投资争端预防特定"联络点"；在区域和多边层面包括运用已有的相关国际组织如上海合作组织、东南亚国家联盟等现有平台，提议纳入投资争端预防机制，以更加主动的姿态融入多边投资改革，并以多边平台为依托，加强同各类型经济体之间的沟通，力争在区域范围内形成以投资争端预防与争端解决的并行模式，提升我国在"一带一路"倡议实施过程中的规则制定权和话语权。

最后，我对本次讲座内容进行总结如下：国际投资争端预防机制作为传统 ISDS 的替代性选择，成为当前多边投资改革提供的方案之一。投资争端预防机制以潜在的冲突或纠纷为处理对象，通过国内与国际层面的创新设计机制，为投资者与东道国之间走向业已形成的 ISDS 机制提供了一定的缓冲。自启动以来的短短数年内，UNCITRAL 第三工作组已经发布两项以投资争端预防为主题的建设文件，并获得了以巴西、南非、泰国、韩国为代表的国家支持与建议分享。在投资争端预防建议中，以联络点和联合委员会为代表的新设机制试图为东道国与投资者投资关系的维持与纠纷化解提供全新的路径，对于国家之间投资争端解决以及 ISDS 机制的替代适用具有积极的启示作用。投资争端预防机制本身作为多边投资改革尤其是程序改革的建议方案，就效用水平而言对于东道国和投资者而言都具有积极的相关性。我国对于投资争端预防机制的探索需要寻找其可行的现实路径，在国内法层面通过外商投资企业投诉机制、在国际法层面通过条约谈判对话机制的升级实现投资争端预防的功能。同时，引入国际投资争端预防机制在一定程度上将促进我国国内投资法制的完善以及对于国际投资条约义务的遵循，为探索"一带一路"倡议下争端预防实践提供制度支持。

互动交流环节，张正怡教授对同学们提出的"投资争端预防机制的可执行性""投资争端预防机制的运作方式""联络机制与投诉机制之间的关系"等问题进行了耐心解答，现场气氛热烈、学术氛围浓厚。

中国特色法律术语的英译问题[1]

时　间：2023 年 11 月 12 日
主持人：夏甘霖（语言文化学院 副院长）
主讲人：吴苌弘（语言文化学院 教授）

为进一步培养具备国际视野的高层次法律翻译人才，引领学生开展"外语+法律"复合型学习路线，加强法律翻译在讲好中国法治故事、推动涉外法治建设、提升法制国际传播效能中的作用，由我校语言文化学院副院长夏甘霖主持、语言文化学院吴苌弘教授主讲了一场主题为法律翻译纵横谈的讲座，就中国特色法律术语英译问题向 23 级英语及翻译专业学生进行了讲解。

主讲内容

很高兴有机会能跟大家分享一些我在法律翻译方面的思考。今天主要跟大家聊一聊中国特色法律术语的英译问题。在初涉翻译时，大家可能会有些疑问，比如：人工智能时代，译者都要被机器取代了，我们为什么还要学习、研究翻译？法律术语，只要搬出字典，按图索骥，应该就没有问题了吧？法律翻译到底有什么可研究的？类似这样的问题，我经常会被问到。我只能说，是的，如果我们在汉语世界和英语世界中所有的法律都拥有完全对等的概念，

---

[1]　讲座内容已发表于《外语与外语教学》2022 年第 5 期，原文名为《中国特色法律术语英译：困境与价值选择》。

如果我们是在一种理想化的情况下，我们可以用机器取代人类翻译。但事实上，世界上各大法系之间存在着根本差异，各国的社会制度和文化背景之间亦存在巨大差异。不仅如此，我国法律术语的形成与发展还受到了其他国家，如德国、法国、日本、美国、英国以及苏联法学的影响，在与本土文化融合后形成了具有中国特色的概念体系。在这样一种复杂的动态演绎中，翻译变得愈加复杂，而时至今日，具有中国特色的法律话语体系外译绝不是机器可以轻松完成的。

术语是表征概念并建构相关话语体系的基础。准确翻译我国基础法律术语，表述好具有中国特色、融通中外的基本法律概念与范畴，对于确立新的国际秩序规则、构建我国涉外法治话语体系都具有理论与现实意义。然而，翻译的复杂之处在于它永远不可能像复印机那样忠实地复制原文，翻译引发的各种问题恰恰说明人类普遍存在的认知局限与偏见。近年来，有专家学者撰文探讨法律术语翻译中存在的问题，呼吁译名的规范与统一，如张法连认为，法律翻译权威机构应制定统一标准，定期向社会公布标准译文，以使新的法律术语的翻译统一而规范。屈文生认为，我们也可将法律术语译名统一理解为法律术语译名的标准化，即实现由标准部门公布规范化术语目标的整个过程。尽管如此，法律术语翻译问题依然未得到解决。在笔者看来，有关部门制定统一标准确实是解决术语翻译的关键，但是在统一译名之前，还有一个如何译的问题。追根溯源，法律术语翻译的困难之处在于世界上各大法系之间存在根本差异，各国社会制度和文化背景之间亦存在巨大差异，但论及当代中国法律术语的外译，除了上述普遍存在的困难之外，由于我国法律术语的形成与发展还受到了德国、法国、日本、美国、英国以及苏联法学的影响，在与本土文化融合后形成了具有中国特色的概念体系。在这样一种复杂的动态演绎中，对外翻译遭遇到一种特殊的挑战。

近代中国法学的发展以翻译为起点，这已是一个不争的事实。法学家贺卫方在《比较法律文化的方法论问题》一文中指出："现代中国法律制度的概念分类、结构、司法机构设置乃至法律教育模式等均是从西方学来或自日本'转口'而来"。随着法律移植而来的是一些在中国传统社会从未有过的概念，以及为表达这些概念而确立的词汇。早在18世纪，孟德斯鸠就在《论法的精神》中写道："为某一国人民而制定的法律，应该是非常适合于该国的人民的；所以如果一个国家的法律竟能适合于另外一个国家的话，那只是非常凑巧的事"。因此，在经历西学东渐之后的法学概念必然面临着本土化的演变。更为重要的是，法学概念与法律术语在经历本土化演变后，逐渐形成了中国特色，一些术语所表达的概念已经与当年汉译时所表达的概念有所不同，甚至形成了不同制度与概念体系之间的巨大差异。不仅如此，法学概念在本土化过程中逐渐构建本土话语体系，因此又生成一些具有典型本土特色的法律术语。这些都使得翻译变得更为困难与复杂，术语的译名不断地引发争议，权威机构发布的立法文本英译版屡受指摘。法律术语既是当代中国法学区别于其他国家的本原，也是构建中国特色社会主义法治话语体系的基石。因此，在如今中国法治建设正向纵深发展之时，梳理具有中国特色法律术语的历史成因及其英译困境，理性思考，是译者应有的历史责任与担当。为了便于对翻译的探讨，我们依据中国特色法律术语的成因将术语分为两大类。第一类是根据中国国情与实际情况定名的一些术语，如针对农村土地而言的"土地承包经营权"等。这一类术语在翻译时往往首先采取根据字面直译的方法，但是直译也会涉及两个问题：其一是是否能够套用目标语中已经存在的术语；其二是译名是否能清楚地表达源语概念，且不致引起误解。第二类术语是随着翻译进入汉语的西方法学术语，再与中国社会、文化相融合，逐渐形成了中国特色。这类术语最主要的特点是看似译自西方，与英美法系或是大陆法系的某个术语形成翻译中的对应关系，但其实质已不再是西方法学体系中的概念指称。接下来，我们尝试根据上述分类举例分析中国特色法律术语英译中存在的问题。

第一类是根据中国国情定名的术语，包括在历史发展过程中吸收他国经验之后综合我国实际情况而定名的术语。例如，1993 年我国颁布的《公司法》中首次正式出现的"法定代表人"，是我国特有的一个术语，在许多文本中此术语的英译名均套用了英美法中的 legal representative。对此，已有多位学者参与撰文探讨：支持使用 legal representative 的学者有赵军峰和陈卫林、屈文生等，反对使用的学者有宋雷、唐义均和丁嫒、蒋开召和刘略昌、李长栓等。而我本人也认为将"法定代表人"译为 legal representative 不妥，主要原因除了上述学者提及的 legal representative 本身在英语世界表达的是法律事务代理人的概念之外，还有以下几个理由：首先如果追溯历史，"法定代表人"这一术语表达虽然是从西方法学概念系统中的法人制度衍生而来，但却是一个由我国创制的术语，具有时代烙印。之所以这样说，不仅是因为"法定代表人"是具有中国特色的术语，且在我国立法中还存在一个包含相近语素的术语"法定代理人"。从历史的角度来看，"法定代表人"与国营（国有）企业制度密切相关；从法理角度来看，传统理论区分了代表和代理制度，而法律又赋予了"法定代表人"唯一合法地位。也就是说，从应然层面来看，需要区分法定代表人和法定代理人，因此在译入目标语时也应当加以区分，但如果使用 legal representative 会被解读为"法定代理人"，那么给"法定代表人"定名为 legal representative 就有问题。我赞成将"法定代表人"译为 statutory representative，因为对于目标语读者而言，statutory representative 不易产生上述误解，术语本身并没有存在于目标语概念体系中，同时这样的译名在最大限度上保留了汉语术语的字面意思。赵军峰教授等在《"法人""法定代表人"和"法人代表"英译名探讨》一文中指出对于支持使用 legal representative 的一个重要原因是"符合约定俗成的术语规律"，对此，我认为这还得看是在源语还是目标语中的约定俗成。如果在目标语群体中已经形成了一种约定俗成的译名，那读者一般能够理解源语术语的真正意思；反之，即使源语译者群体中对译名达成一定共识，也不能说明目标语读者能够理解该术语所表达的概念。

再如，土地承包经营权、土地经营权，这两个术语源于 2013 年十八届三中全会通过的《中共中央关于全面深化改革若干重大问题的决定》中提出的"鼓励承包经营权在公开市场上向专业大户、家庭农场、农民合作社、农业企业流转，发展多种形式规模经营"。相关立法经过将近十年的发展，在 2021 年颁布的《民法典》中，将土地经营权制度纳入了物权编，从土地承包经营权客体权益中分离出可市场化流转的土地经营权，从而真正实现了促进土地社会化利用的改革目标。对于"土地承包经营权"的翻译，赵军峰教授等在《法律翻译的概念移植与对等阐释——〈中华人民共和国民法典〉物权编术语英译探究》一文中指出，"我国在立法上为体现社会主义法律的特点，避免使用永佃权一词。因此，土地承包经营权英译时也不应采用过时的 emphyteusis 这一术语……建议译为 the right to use agricultural land"。对此，我也认为土地承包经营权与永佃权在本质上是不同的，对于译者而言，没必要大费周章舍弃源语的字面而选用 emphyteusis 作为对应译名。如日本《民法典》至今仍保留"永小作权"，其中的小作为日语，意思是佃耕、租种，其官方选用的英语对应译名为 farming rights，以显示其与罗马法渊源之下 emphyteusis 的区别。但是，"土地承包经营权"也不宜译为 the right to use agricultural land，否则会联想到农村土地使用权，并与之混淆，因此，我认为"法工委英译本"中将"土地承包经营权"译为 the right to contractual management of land，能够表达概念的核心意思，并无不妥。

第二类是原本通过翻译继受而来的术语，但在历史发展过程中其概念发生了变化，原本对应的译名已经无法准确表达现有概念。理论上，如果一个术语自外语翻译而来，无论是译自英美法，还是译自大陆法，而这一术语在当代中国法学的发展过程中没有出现实质性的语义变化，则该术语与原来的译名保持对应一致是没有问题的，但如果术语在本土化过程中发生了变化，则译者需要考虑术语所表达的概念发生了何种程度的变化，译名是否需要相应改变。如果换一个角度，那么就需要考虑：历史上由翻译而来的术语在本土化进程中，其含义发生了重大改变的，这个汉语术语还是原先的术语吗？以具体案例来看，例如汉语"留置"一词，在我国古代典籍如《宋史》《明史》中曾出现过，但若是作为严格意义上的法律术语可以追溯到 1907 年由商务印书馆出版的《新译日本法规大全》，其中附带的《法规解字》中便分别收录有"留置"和"留置权"。"留置"专指电报用语，"留置权"的意思是因物价未偿，有留置其物之权利。1911 年诞生的《大清民律草案》在担保物权一章中，以动词的形式使用了"留置"一词，具体为"不动产质权人于其债权受清偿以前，得留置质物"。同年出版的《卫礼贤德英华文科学字典》中收录了 retentionsrecht 这个术语，英语解释为 right of retention，对应的汉语术语就是"留置权"。时至今日，汉语中的留置权这个概念已经与日语中的"留置权"有所不同。仅就权利方面而言，汉语的留置权包含了债权人优先受偿的权利，而在日本民法中留置权不包括这种规定。在日本民法中，具有优先受偿权功能的担保物权被称为"先取特权"。于是，清末汉语中出现的"留置权"与日本民法中的"留置权"均对应 right of retention，"先取特权"译为 statutory lien，而我国目前的立法文本中，"留置权"与 lien 互为对应词似乎已成了一种约定俗成。尽管一直以来都有"留置权"与 lien 不对等的呼声，但最近的《民法典》"法工委英译本"依然采用了 lien 作为"留置权"的译名。事实上，日本的"留置权"来源于大陆法系，其与英美法系关于担保物权的分类不同，而我国在法律的发展过程中有关担保物权的详细划分及相关规定既不同于大陆法，也不同于英美法。这就使得我国立法中的"留置权"如果译为 right of retention，从大方面来说，其中的优先受偿权部分无法在译语中体现，而如果译为"lien"，就会涉及留置物的种类问题。严格来说，如果脱离《民法典》的框架，从其他立法来看留置权的概念，就会发现其中的问题。例如，我国《海商法》第二十五条规定：

船舶优先权先于船舶留置权受偿，船舶抵押权后于船舶留置权受偿。

A maritime lien shall have priority over a possessory lien, and a possessory lien shall have priority over ship mortgage.

很明显，英译本将"优先权"与"留置权"都译为 lien。仅从《海商法》的规定来看，这个问题可以解决，将船舶"留置权"译为 right of retention 即可，但是作为专业术语而言，所有相同的术语理应对应同一个译名，也就是说，无论是《民法典》还是《海商法》，"留置权"应当对应同一个译名。此外，我们必须要认识到，部分汉语法律术语在定名时或出于时代局限性，立法者本身缺乏话语建构意识，给翻译造成了一定的困扰。要做到英语译名相对准确，首先要在汉语中厘清相关概念，或者更进一步说，在我国法律术语本土化进程中，当术语所要表达的概念已经与原先由西语译入汉语的概念有重大差异时，汉语术语的命名问题就要重新慎重考量。

事实上，一直以来不少学者都呼吁应当由权威机构统一译名，使法律术语翻译规范化。的确，所有复杂的术语翻译问题在定名之后会得到解决，但是在定名之前还有"如何译"的问题，而讨论"如何译"又离不开翻译规范。这里，我先给大家解释一下翻译学中的规范概念。根据以色列特拉维夫大学教授图里在 In Search of a Theory of Translation 一书中给出的定义，规范是将某个特定群体共享的普遍价值观转化为适合并适用于某些特定情境的具体行为指导，所谓的普遍价值观关系到是非对错、恰当与否，或者说用以对翻译现象进行描述性分析的一个范畴。英国学者切斯特曼曾在《翻译模因论——翻译理论中的观点传播》的最后一章中指出，译者在翻译时会寻求遵循（或被要求遵循）翻译规范，这使得译者在某种可接受的行动范围内行事，而规范则由价值所制约。关于这一点，英国学者谢芙娜也曾指出，翻译行为被情景化为社会行为，翻译规范则被理解为内化于行为主体的行为制约因素。这些制约因素体现了某个群体共享的价值观。译者首先要根据某种规范即某个特定群体共享的普遍价值或观念进行翻译。因此，我们在思考如何恰当地翻译术语时，首先需要考虑与翻译相关的价值因素。对此，我们又可以从微观与宏观两个方面加以分析。

其一是微观层面。张绍全教授在其著作《法律术语的认知与翻译研究》中总结了李克兴、张兴红、张法连等学者关于法律文本翻译原则的阐述之后，认为法律术语的翻译原则可以概括为：准确性原则、清晰简明原则、一致性原则、专业性原则。在论及我国立法文本走出去时，屈文生教授强调了语义对等与同一性等翻译原则。尽管在表达上有不同的措辞，但事实上，不仅是法律术语的翻译，北京大学姜望琪教授在 2005 年就曾刊文指出任何术语在翻译时都要遵循"准确性"等一些基本原则，或者在有些著述中又被称为具体标准。这是译者群体需要遵循的规范。然而，规范又不同于刻板的规定，译者可以依据自己的判断，在目标语中选择更适当的方式诠释源语中的概念。正如谭载喜教授在《西方翻译简史》一书中写道："译者在进行抉择的整个过程中，始终都会受到各种因素，包括种种社会文化因素的影响和制约，译者的最终抉择无疑也只是一种相对的，而非绝对的不受干预的权利"。在术语翻译过程中，即便都认可准确性的翻译原则，译者还是会面临选择。例如在我们刚才谈到的例子中，"土地承包经营权"有译者译为 the right to use agricultural land，也有译者译为 the right to contractual management of land；"留置权"既有译为 lien，又有译为 right of retention 的。这些都是译者选择了概念中译者本人认为重要的一点，并在术语表述中重点突出的结果。因此，从翻译的微观过程来看，译者在决定选用什么样的术语作为译名时，必然有其自身做出的价值判断作为依据。只是在对外翻译的时候，这种判断应当特别关注目标语读者对译语的理解。强调这一点的原因在于，国际译学界的"母语原则"（由外语译入母语）导致在翻译实践中由母语译出的诸多问题得不到足够的重视，甚至当前主流的翻译理论研究范式、价值立场等都是基于"母语原则"形成的。在翻译中国特色法律术语时，判断术语翻译得是否准确固然是需要对源语术语充分理解，并厘清相关概念的边界，但是从目标语读者的视角出发，判断译名是否会引起误解同样非常重要，因为我们必须要注意到既然翻译的是具有中国特色的术语，那在该术语进入目标语体系的最初阶段就不存在完全对等的现成术语，而不能直观地判断目标语读者是否能够准确理解又往往会使我们将这种价值判断搁置一旁。

其二是宏观层面。正如翻译无法绕开语言和文化问题一样，它也无法回避其社会性问题。一些较为著名的翻译学者，例如美国学者劳伦斯·韦努蒂等，在选择翻译策略时，往往将视角投射到帝国主义、殖民主义、经济与文化间的权力斗争以及英美文化价值观的全球支配等问题上。以法律术语来看，其形成与发展本身都离不开社会语境，尤其当其所表达的概念发生变化，甚至生成新术语时，更是会受到社会需要、社会选择、社会操控、社会评价、社会传播以及社会效果的影响，而这些影响会投射于译者的价值取向，最终又通过翻译呈现出来。正如我们刚才谈到的，译者的行为需要规范，但译者也可以突破规范，只是这种突破绝不是不受干预的随意突破，毕竟翻译终归需要迎合其他话语的需求。具体而言，翻译始终必须面对的是社会领域中盛行的规范与价值，而这些规范与价值正是由翻译必须迎合的那些话语所维持的。现代意义上的中国法律术语诞生于翻译、移植西方立法的历史语境，历经百余年的发展与演变，基于翻译的一部分术语已经成为构建中国特色社会主义法治话语体系的基石，并承担着"讲好中国法治故事，提升我国法治体系和法治理论的国际影响力和话语权"的使命。从这一社会语境来看，当前的法律术语翻译亦应当着眼于服务国家战略，在翻译具有中国特色的法律术语，尤其是涉及立法文本中的法律术语时，应当充分考虑中国特色，不能一味地考虑套用目标语现有的术语，要敢于将"中国特色"译入目标语之中。这并不是说所有具有中国特色的术语都不能套用目标语现有术语，而是说法律术语翻译，尤其是立法文本中的术语翻译，其探讨的基础与一般学术意义上的术语翻译不同，因为一个国家的立法文本具有权威性，其中的术语所表达的概念不仅具有学术意义，更是法律效用、社会效用、政治效用的统一。因此，在对外传播中，我们要让目标语读者理解我们的法律术语，并不是以他们能不能接受为标准，我们最主要的目的是通过语言的转换使目标语读者清楚地知晓法律术语所负载的信息。

术语是在特定学科领域用来表示概念的称谓，而术语所表达的概念系统对于术语本身而言往往过于庞大。可以说，术语表达的难度也在于此。由于中国法学的发展具有一定的特殊性，所以无法将法律术语依据语种来源清楚地划分为外来术语与本族术语，随着中国法学本土化发展，我国法律术语所表达的早已不再是清末民初时传入的西方法学概念，而是外来法学概念与本土法学概念的融合。因此，准确地对外翻译中国特色法律术语可谓困难且复杂。一方面，要理解术语所表达的概念；另一方面，还要对术语在中国的本土化历程有一个清楚的认识，以便能够更好地掌握该术语的一些关联性概念。

不可否认，译者在翻译的过程中受到各种规范的制约，如适用于整个群体的文化与意识形态规范等，但是译者同时需要看到的是翻译对象的特殊性。对于翻译而言，当前我们处于一个相对特殊的历史时期，需要自发地进行外译活动，译者在翻译具有中国特色法律术语时，就需要特别注意从目标语读者的视角做出判断，对于长期以来专业领域中形成的术语翻译规范要遵守，但也不是因循沿袭。除此之外，译者还应当具备话语建构意识，从国家需求出发，理性地做出判断，通过恰当的翻译，把中国当代具有原创思想的法治概念推广到国际舞台。从这个意义上来说，译者肩负的责任与历史使命可以通过翻译得以完成，从而更好地展现翻译的当下价值。

女职工生理期受特殊保护的立法选择[1]

时　间： 2023 年 11 月 14 日

主持人： 王康（上海政法学院法律学院副院长 教授）

主讲人： 陈海萍（上海政法学院法律学院 教授）

与谈人： 王卫明（上海政法学院法律学院副教授）

　　　　　 江　晨（上海政法学院法律学院讲师）

11 月 14 日周二下午一点，由上海政法学院人事处、上海政法学院科研处、上海政法学院法律学院主办的"教授第壹讲"系列讲座第二十四期在法学楼 B2-110 会议室成功举办。本次讲座由陈海萍教授主讲，题目是《女职工生理期受特殊保护的立法选择》，王康教授主持，王卫明副教授、江晨讲师担任与谈人。五十余名师生参加了本次学术讲座。

主讲内容

各位下午好！

非常荣幸能够参加由上海政法学院科研处、人事处以及法律学院举办的"教授第壹讲"。今天的题目是"女职工生理期受特殊保护的立法选择"。谢谢学校能给我一个向大家报告自己学习心得的机会，其意义有二：

一是从回溯视角反思自己当初的论证思路是否能够更合理？论证逻辑是

---

[1]　讲座内容已发表于《法学》2022 年第 7 期。

否可以更严密？例如生理期女职工是否应该受到保护？保护的正当性和必要性在哪里？如果应该受到国家保护，那么国家保护的充分性和有效性怎么判断？女职工可否拥有主观上的公法请求权，等等。

二是有机会将当初自己脑海中指导自己落笔的宪法学基本原理展现出来，这样既可以帮助自己重新学习基本权利保障的基本原则，也可以对大家在遇见相类似的基本权利冲突和保护实例或社会现象，有所帮助和启发，当然欢迎大家对我的文章进行批判式的引用。

很多同学会很好奇为何写这个主题的文章，这源于我自己在研究《新时代社会体制改革与法治实证关系研究》课题时遇到的难题。围绕人的全生命周期，"幼有所育、学有所教、劳有所得、病有所医、老有所养、住有所居、弱有所扶"这"七有"人民美好生活需求，在宪法学上至少提出了两个时代命题：第一，上述事实上人权是如何转化为宪法上基本权利的？宪法上没有规定劳动健康权，并不表明这种权利不存在，因此立法机关该如何行动？"人权—法权"之间的密码，是指普通民众的民生需求需要上升为国家意志，因为通过国家予以保护是社会寻求稳定生活和强大保护力量的共识。第二，如何界定基本权利的保护范围？我最具有切身感受的社会难题之一，就是职场女性权益保护问题。职场女性可以依据宪法规定主张什么范围内的基本权利内容？特殊权益这个问题属于富矿了。具体而言，劳动健康权的保护范围，指向因身体机能下降造成无法工作的三个困难：一是因个体自身体质引发诸如痛经等生理障碍，从而引发工作中断（即无法继续工作）。这指的是一种维持基本工作能力的身体机能状态或属性。二是因外部劳动环境刺激引发生理期身体不适，即因劳动而侵犯（影响）女职工生理健康，这指的是一种身体健康不受损害的法益。三是职场上承受的不利。

巧的是2022年《妇女权益保障法》修订，2023年1月1日起施行。我在文章中质疑、分析和重构的"不得安排不适合妇女从事的工作和劳动"这一旧规范条款，真的被立法机关删除了。这也打破了很多普通人的认知："不适合妇女从事的工作和劳动"，就不应该安排给女职工啊，这样的保护规定和保护方式，怎么就被认定为不正确的呢？下面就由我为大家讲解我对此的一点思考和心得。

撰写本文时有四个问题意识：一是立足于现实，女职工职场不利的起因是多元的，从妇女学、家庭学、医学、劳动保障学、伦理学、法学等学科角度都可以找到各自的研究对象和内容。但法学的角度很独特，那就是关涉人的尊严、自我决定、隐私、平等与非歧视等永恒的规范话题。二是从法理视角，探究女职工的特殊权益究竟包含哪些法益。三是从现有制度安排困境，提出动辄以限制用人单位权利的方式来处理女职工法益受侵害情形（的思维），是否能适应多方利益均衡保障目标？四是从价值实现途径，追问如何合理运用宪法框架下的基本权利保障原则？这是一个宪法实施的实证法学问题，很值得同学们好好探索。在法学教育中经常会遇见学生沦陷到陷阱中去，即抽象地谈论权力和权利问题，每一方永远都正确，而一旦置入具体情景中，同学们就会发现宪法中一般性、抽象性、概括性的基本权利保障原则，在现实场景中被撕裂得"千疮百孔"。

女职工权益保护是一个复杂规范命题。首先在认知上需要明确两个前提。第一个前提，女性身体和生理解剖结构和男性不同从而拥有了特殊社会功能，这就是男女之间的天然差别，或说是自然差别。女性的生理期、经期原则上是一回事，只是叫法不同。三期和生理期是比较好区分的，三期主要是大家都能够知晓和看得见的怀孕、生产和哺乳期，但是生理期只有自己能体会到，生理期没有社会上的典型公开性，所以生理期的保护就涉及一个忠诚度或者是诚信问题，这个问题是法学上很有意思的一个问题。第二个前提是健康权。健康权的作用范围是非常宽泛的，比如食品安全、营养充足、劳动卫生条件是否充分工作环境是否友好，以及健康教育信息是否可得到，等等。平时同学们在进行健康权研究的时候，要注意一下作用范围和保护范围，或者制度功能范围是什么。

接下来可以从两个角度总结一下对女职工生理期健康权的认识。第一个从社会伦理或者社会立场角度，生理上的特殊困难包括两个困难：生理困难和社会障碍。社会障碍是一个诚信和忠诚度的社会问题，社会上对月经文化是非常隐晦或者是不友好的。在劳动领域，很多女职工认为如果因为肚子痛而影响工作，当自己提出请假时可能会受到来自比如说老板或者同事的工作压力，所以导致她不敢轻易去申请保护自己身体健康的那种休息权，由此导致法律规定和社会实施之间的脱节，那么最终还是由女职工自己一个人承担了这种生理困难。我国作为一个社会主义国家，它不会允许放弃或者无视对生理期健康保障，这是一个基本的国家伦理，或者是一个国家的理性生存照顾要求，实际上就要求政府去承担最基本的公共卫生服务职能。比如说供给分配公共卫生资源，预防生理期特殊困难发生，对不对？

如此讲解之后，我们就可以归纳一下职场上女职工和用人单位之间的这种基本权利对抗性质。从女职工身体机能健全与否的保护范围来说，健康法益已经形成为健康权（2022年修订《妇女权益保障法》有18处"健康"，而旧法只有6处）。从女职工劳动能力强弱的保护范围来说，劳动法益已经形成为劳动权。《劳动法》第3条中的"休息休假、获得劳动安全卫生保护、享受社会保险和福利"既落入女职工劳动权保护范围也属于健康权的保护范围，所以健康权的保护范围和劳动权的保护范围是有重合之处的（即基本权利的竞合）。就保护范围问题来说，竞合伴随着保护范围的明确化和具体化，而在基本权利冲突情形下，保护范围已经确定，考察的重点在于允许哪种保护范围在该情形中存在。这表明基本权利冲突是对保护范围的限制。在用人单位享有用工自由（用工自主权）的立场上，女职工劳动健康和安全的保护范围与用人单位用工自由的保护范围发生了重叠与碰撞，即冲突。

例如，女职工向用人单位主张，因为自己生理期身体机能下降、劳动功能无法达到和平常一致的状态，无法有效完成劳动任务，请求用人单位履行相应的劳动健康和劳动保障义务或者提供相应服务，否则无法履行劳动合同。女职工此时主张的就是劳动健康权，劳动健康法益属于健康权保护对象，其保护范围发生在劳动领域。其第三人效力就是排除用人单位的侵害。而用人单位主张要求女职工必须按照劳动合同完成相应的劳动任务。用人单位主张的是用工自由，其保护范围发生在对员工劳动进行管理领域。此时用工自由的效力就会延伸至女职工的劳动能力以及身体机能，必然发生基本权利冲突。

我们宪法学上关于两个主体之间发生基本权利冲突的，可以采用第三人的效力模型来架构，这时候国家作为中间者处理他们之间的矛盾。基本权利第三人效力的模型是女职工（受害人）—国家—用人单位（加害人）的三角结构，国家需要对两者冲突关系予以调整，国家选择的是，用人单位若为了满足自己的用工自由而涉及侵害女职工身体健康权的，构成了基本权利侵害，国家应该为女职工提供基本权利救济。

所以本文的逻辑出发点，在用工自由和女职工劳动健康权之间存在冲突的场景下，如何理解社会正义。本文的论证逻辑是，国家的干预如何才是合宪合法的。一个基本认识前提是，"个人权利的被保护和受侵害在国家面前往往就是同一个问题，而不是两个方面"。所谓的国家保护很可能同时受到了来自国家的侵害。本文所要论证的"不得安排不适合妇女从事的工作和劳动"这一看似保护条款，实际上是违宪违法的，因为很可能保护不足或保护过度。下文依循递进关系，从我国女职工"生理期受特殊保护"的立法规范展开、现行"生理期受特殊保护"制度的合法性反思、"生理期受特殊保护"的宪法价值与逻辑以及倾向赋予社会给付权功能的立法选择，展开讲述。

一是我国女职工"生理期受特殊保护"的立法规范展开。接下来我们进入本主题的论证逻辑当中来。我国历史上选择了因劳动而侵犯或影响女职工生理健康的调整领域，这是基于一个历史经验所触发并认定的，因为当时劳动力缺失，国家就鼓励妇女走出家庭去劳动。但当时劳动条件很恶劣，所以就发现生产冒进主义和低端劳动条件损害了女职工健康。党中央当时在关于人民公社几个问题的决定里面就提出来要保护女职工的身体健康。中华人民共和国成立后，执掌政权的中国共产党，积极兑现为工农和劳动者谋福利的政治承诺，体现这一承诺的第一份文件《中国人民政治协商会议共同纲领》（以下简称《共同纲领》），明确规定了保护妇女平等权利（第 6 条）以及"保护青工女工的特殊利益"（第 32 条）。从 1949 年前妇女运动史观之，旧中国劳资双方的对立非常激烈，女工劳动条件极其恶劣，甚至直接影响女工生存，所以保护女工基本权益诉求是我党率领工人阶级斗争的最重要主张之一。《共同纲领》在劳动保障制度设计规范中列举"女工特殊利益"，为随后立法机关制定和解释该权益确立了特别授权依据。具体将"女工特殊权益"视为以劳动权为依托基石，女工安全和健康为保护法益的框架性特征的，则是 1950 年劳动部牵头草拟的《女工劳动保护条例草案》。而在法律上首次明确"女职工特殊权益"受保护的宪法依据的，则是 1986 年卫生部牵头制定的《女职工保健工作暂行规定（试行草案）》，该草案以《宪法》第 48 条和第 49 条作为女职工特殊权益的价值基础，由此将女职工特殊权益提升至宪法上的平等保护和受国家保护，则是立法史上的贡献。两年后的《女职工劳动保护规定》（1988 年国务院令第 9 号），以及在此基础上修订的《女职工劳动保护特别规定》（2012 年国务院令第 619 号），将女职工特殊权益的形成原因归结为"女职工在劳动中因生理特点造成的特殊困难"，由此在法律上承认了形成女职工特殊权益的生理特性、物质与经济状况依赖性等保护要求，为"生理期受特殊保护"的立法形成自由提供了基本权利保护的正当性依据。

基于历史文献的查询，我把眼光放到了我国历史上对女职工进行保障的规定和规范。第一个研究成果是，女职工特殊权益概念的提出。这个具体论证过程不提。《妇女权益保障法》第五章"劳动和社会保障权益"第 47 条规定，用人单位应当根据妇女的特点，依法保护妇女在工作和劳动时的安全、健康以及休息的权利。妇女在经期、孕期、产期、哺乳期受特殊保护。接下来的期待动作是国务院会修改 2012 年的《女职工劳动保护特别规定》。我国"女职工受特殊保护"的特殊权益法律属性，除了新法明确提出的"安全权、健康权、休息权"三项法定权利外，今后应重点关注女职工特殊权益的三个功能面向，基于免受国家不当干涉的自由，具有基本法上防御国家不当干预的消极效能；具有劳动保障法上请求国家介入，防止和消除用人单位侵害行为的排除效能；基于保护女职工安全和健康的国家给付义务，具有请求国家介入的积极效能。

接下来我审视了生理期特殊权益保护的历史路径，随时间的流逝，区分为三种路径：一是国家任务论逻辑下的初期保护。二是生产与保护并重时期。三是法治国家目的论下"用人单位责任"的行政保护规范阶段。最后提出了以"用人单位责任"为核心的"生理期受特殊保护"立法规范特点。主要内容是用人单位"不得安排女职工在经期从事高低冷重（高处、低温、冷水作业和国家规定的第三级体力劳动强度）的劳动"。虽然该条款已被新《妇女权益保障法》删除，但《劳动法》第 60 条并未删除相似规定。从该制度所蕴涵的法律关系来看，如此规范和安排是否足以满足国家"采取必要、有效措施"保护要求呢？

若是跟着改革开放的进程来看，经济体制改革分离了国家与单位一体治理结构，整个经济体效率的追求，使得用人单位将用人绩效的追求作为第一价值，用人单位不再承担家的功能，也不再承担当时国家的福利功能，单位就是单位，老板就是老板，工厂就是工厂，它的目的是挣钱。历史上形成的"关心生产和关心劳动者一致性"的社会国家目的论受到市场利益的冲击，女职工劳动安全和健康也因此暴露在市场风险之中。所以在这种社会结构分裂情况下，用工制度就要进行变革，连带着劳动保护制度也必须重新建构，在女职工特殊权益免于用人单位侵犯，但又需确保用工自由的两个紧张价值选择之间，亟需法治国家的介入。鉴于现行妇女权益保障法制和生理期受特殊保护的国家保护要求定位不明，本文尝试从保护过度或保护不足角度反思现行制度的合法性问题。

综合上述两条款的法律内涵，基本上可以将我国"生理期受特殊保护"的特殊权益法律属性归纳为如下三点：

第一，女职工特殊权益的核心内涵——基于妇女特点之上的劳动安全、劳动健康和休息等法益。新法提出了"安全权、健康权、休息权"三项法定权利，其保护范围是"在工作和劳动时"。

第二，女职工特殊权益的保护范围——事项保护范围：因身体机能下降造成无法工作的困难。这种困难可区分为三类：（1）（内在体质）因个体自身体质引发诸如痛经等生理障碍，从而引发工作中断；（2）（外部侵扰）因外部劳动环境刺激引发生理期身体不适，即因劳动侵犯（影响）女职工生理健康；（3）职场上承受的不利益，包括但不限于长期以来月经羞耻文化观念、多数女职工倾向屈服于薪酬降低不利处境、被用人单位和男同事歧视的工作压力、不敢轻易申请生理假的道德诚信。

第三，女职工特殊权益的功能面向：（主观权利功能，享有请求权）（1）基于免受国家不当干涉的自由，具有基本法上防御国家不当干预的消极效能；（2）具有劳动保障法上请求国家介入，防止和消除用人单位侵害行为的排除效能；（3）基于保护女职工安全和健康的国家给付义务，具有请求国家介入的积极效能。

第二个问题，对现行"生理期受特殊保护"制度的合法性反思。

为确保用人单位真正实施保护措施并达到预期保护效果，各地纷纷通过制定地方性规范，在以"用人单位责任"为核心的"生理期受特殊保护"制度上设置补足性保护措施，由此强化该项劳动保障的种类、方法和程度，主要有：生理期可调换其他工作，减少劳动定额和劳动时间，减轻劳动强度；给予1至3天的生理假；增加规定用人单位安排定期或不定期妇科健康检查；发放卫生用品或生理期护理费；等等。各地的制度保障措施，实际上是尽量缓和"特殊权益保护需求与用人单位自己承受用工成本和用工绩效"之间的复杂制度张力。

接下来从制度实施的事实角度来进行反思的。在立法者的眼里，国家的任务是写得很清楚的，一采取必要措施，二采取有效措施。但通过用人单位来承担责任的特殊劳动保障制度，是否能够达成必要和有效两个目标？通过实证研究，归纳出三点现行制度实施效果，或者说"不适合妇女从事的工作和劳动"单一治理实践至少已经出现如下弊端。

一是用人单位违反该制度并未受到相应法律制裁。当时我曾去咨询上海市劳动人事争议仲裁院院长和上海市劳动监察执法大队领导，我说你们有没有处理过因为生理期身体不适而要求请假但未被准假的劳动争议？请求你们解决的这种案件有没有？他们说几乎没有，他们想不出有这样的案例。尤其是中小企业往往是重灾区。二是生理假放弃情形比滥用现象更普遍。三是该制度依然无法解决因特殊生理困难而引发的女职工被歧视事实。用人单位会提要求，能不能配合我这个用工需求？或能不能加班，你的工作时间有没有弹性？大多数有家庭的女性往往达不到上述用工需求，所以现在职场上用男性标准来要求女职工。这就是为什么这个制度无法解决因特殊生理困难而引发的女职工被歧视的这个事实。同时，生理期因调整工种或岗位、临时请假以致用人单位须对突发状况随时持有应变能力，由此所形成的全部成本（无效成本、管理成本）和损失（离岗损失、机会损失），均由用人单位承担。

现行制度无法有效保护生理期劳动安全和健康法益。从以下三项制度实践来看，是值得反思的。第一，无法对用人单位侵权行为形成有效的法律制约。例如，一旦女职工在某个生理期时间内从事了"高低冷重"禁忌劳动范围，那么其安全和健康法益是否一定遭受了损害？侵害行为与损害之间的相当因果关系很难判断。第二，生理期特殊权益被限缩为"免于从事禁忌劳动范围的权益"。有意思的是，"高低冷重"禁忌劳动范围从历史上看来源于所谓的科学研究，问题是谁来设立的？是国务院设定的，那么基于什么考量来设立的？问题是目前大量劳动已经不再是繁重体力劳动，比如说坐在电脑前的劳动。更严重的问题是行政机关设立的标准被立法者吸收，法律效果是用人单位对女职工生理健康保护仅仅就是不要让女职工去从事禁忌劳动范围，就算是提供保护了。实践中女职工可以主张的特殊权益被限缩为"免于从事生理期禁忌劳动范围的权益"。所以离宪法理想标准还很远。第三，优惠性差别待遇会产生保护过度结果。先是将劳动区分为适合妇女的和不适合妇女的，分类基准是"妇女的特点"，然后得出法律后果是，生理期拥有禁忌劳动待遇，就是优惠性待遇。虽然目前看来这一优惠性待遇有合理性，但禁止生理期从事"高低冷重"劳动范围的优惠性差别待遇，与有效实现男女事实上的平等目标，可能还存在诸多关联性的质疑。

现行制度保护不足或保护过度的合法性。第一，设置生理期禁忌劳动范围，可能会导致保护过度。设置生理期禁忌劳动范围手段能否确保达成生理期特殊保护目标，是存疑的。因为生理期从事"高低冷重"劳动的风险是否拥有转化为现实紧迫法益危害的足够可能？所以设置"高低冷重"禁忌劳动范围，实际上赋予了立法和行政巨大的过度保护权力。第二，国家保护责任与用人单位责任的分离，导致有效保护不足。"国家保护"责任衍化为事后被动的劳动和安监行政保护、劳动仲裁和司法保护，还是未能解决特殊保护这一事前的社会问题和专业问题，导致有效保护不足。第三，适用消极保护的实践将隐没促进健康和自立的积极保护目的。立法者设定禁忌劳动范围规范属于绝对的消极保护结果。目前缺失制定全劳动周期保健计划这样促进健康和自立的积极保护目的。

第三个问题，"生理期受特殊保护"的宪法价值与逻辑。根据上述三方面反思，就来到了最高级别的思考层次，即在宪法上怎么去确定女职工特殊权益，保护范围到底有多大？就是哪些人所主张的哪些事情是能够被纳入基本权利效力范围之内的。比如说苏格兰免费发放生理性用品，其保护范围具体化到物质给付保护范围上了。保护范围构成要件是清晰的，法律后果也是清晰的，这就解决了对物质和经济状况依赖性的问题。法律要面向的生活领域是由很多很复杂的领域组成的，不仅社会要保护，国家也要进行保护，要面对着很多层次的需求，那么多层次的需求如果要转化为保护范围，关键就是生活领域和法律功能之间要建立起最恰当的关联。

现行"生理期受特别保护"劳动保障制度的构建瑕疵以及合法性危机，源于没有及时回应特殊保护的需求。因此今后需要明确以下三个问题。

第一，"生理期受特殊保护"的国家保护目标。根据生理期受特殊保护的国家义务性质，在宪法教义学上可将国家面临的保护目标区分为如下三层次：第一，生理期女职工的特殊困难，需要被克服和消除。第二，生理期女职工在职场或劳动中的不利状况和地位，需要改变。第三，促进女职工自立，维护女性人格尊严，实现体面劳动。

基于我们刚才解释的社会生活领域和基本权利作用范围的功能恰当结合，我提出了三个保护目标。第一个保护目标就刚才讲的，国家纯粹是站在社会立场上来进行保护的，称之为社会国意义上的保护目标，与社会福祉制度相对应，以实现健康正义，使女职工适应劳动和社会生活。第二层次的保护目标，可以细分为两项子目标。一是国家为防止生理期女职工遭受用人单位侵害，而履行基本权利保护义务；二是确立改善女职工群体地位为价值追求的平等保护观念。第三层次的保护目标，是实现生理期女职工（甚至是所有女职工）特殊权益的最终目标。我国宪法视野下的劳动从来不仅仅是谋生手段，劳动对每个公民之所以成为公民具有政治和社会意义。

第二，全面理解"生理期特殊权益"的规范内涵。"生理期特殊权益"的规范内涵可以与孕期、产期、哺乳期三期保护要素相比较予以界定。生理期的保护对象是女性身体，生理期特殊保护的功能是定位于减少和解决可能因生理痛经和身体保护而无法兼顾工作的困难，促进性别平等。更重要的是，基于劳动安全和健康法益构建生理期特殊权益体系。生理期女职工无法运用自己的力量对抗整个劳动条件和环境，因此需要从《宪法》第42条第2款、第43条第2款和第14条第4款出发，为维护生理期身心健康和满足用人单位劳动效益效能之间的平衡要求，提供宪法依据和逻辑基础。

第三，"生理期受特殊保护"的保护层级及其内容。生理期特殊权益具有国家保护义务和社会给付权双重功能，除了实现减少和消除生理期特殊困难外，还强调女职工享有适当保健服务而不担心生理期疾病的侵扰，拥有满意和安全的劳动条件和环境，处于身体心理和社会劳动相适应的一种完美状态。同时通过制度保障减少和消除劳动歧视事项，帮助女职工实现自立，从而实现社会正义。

因此今后可以从防御性保护功能展开，就是抵抗国家的干涉，即国家要尊重。当女职工受到用人单位第三方的侵害时，要求国家履行保护义务，国家应站在预见性基础之上来解决保护义务，该保护可称之为保障性保护，保障性保护实际上也不是特别的明确，要重新修正的。但是我的意思很清楚，那就是说生理期保障问题不单单是一个用人单位社会的问题，更是一个国家问题，所以我把它叫作社会给付权。从社会给付权功能出发，要求国家在于实现生理期女职工个体生理机能积极获得健康保护，实质是保护每一位女性独特且无可替换的身体。实际上是一个受益权的功能，所以要求国家来建。

第四个问题，倾向赋予社会给付权功能的立法选择。因时间关系，最后提及一下我自己对未来立法者如何在理想与现实、保护与限制的二元对立博弈中作出正确选择的设想。我强调的是，除了对现有特殊劳动保障制度进行细致修正外，更重要的是立法者应倾向赋予社会给付权形成功能，确立生理假与健康权保障立法条款。一是应审慎权衡劳资双方利益并修正现有劳动保障制度。二是倾向赋予"生理期特殊权益"的社会给付权形成功能。将女职工生理期健康问题作为消除生理期特殊困难的首要国家任务予以对待；将生理假列入特殊保护条款或在《社会保险法》中增订生理期待遇保障规定；最重要的是，健康权保护应纳入"生理期受特殊保护"条款之中。第三，立法者还应在公共卫生法领域积极构建基本医疗卫生服务给付制度等充分有效的配套保护制度。

谢谢大家听讲，讲的不是那么深，很多观点也有不妥之处，还请大家多多批评指正。

在与谈和互动交流环节，王卫明副教授和江晨讲师分别就陈海萍教授的论述提出了自己的看法和见解。王卫明副教授指出我国当下对女职工生理期保护的立法较之于国际公约走在前列，并指出对女职工生理期的特殊保护不同于对女职工三期的特殊保护，前者面临着更多的困难。江晨讲师指出对女职工生理期特殊保护不仅关系到女职工个人的利益更与社会的发展水平、文明程度紧密关联。就如何解决算法造成的就业歧视问题进行了讨论。同学们还就自己关心的平等权保护和女性话题提问，陈教授一一认真作了回应。

新《体育法》实施背景下体育
纠纷解决图景^[1]

主讲人：徐士韦（上海政法学院 教授）

主持人：谭小勇（上海政法学院 教授）

时　　间：2023 年 11 月 21 日

地　　点：庸夫楼 307 室

2023 年 11 月 21 日下午，上海政法学院"教授第壹讲"第二十五期在庸夫楼 307 室顺利举行。上海政法学院体育法治研究院副院长、徐士韦教授邀作题为"新《体育法》实施背景下体育纠纷解决图景"的学术讲座。讲座由上海政法学院体育法治研究院院长谭小勇教授主持，70 余名师生线下参加了本次讲座。"教授第壹讲"系列学术讲座是在校领导关心下，人事处、科研处与学校各二级单位为我校新晋教授搭建的一个展示最新研究成果的学术交流平台。

主讲内容

徐士韦教授：

各位老师和同学下午好！非常荣幸能够参加由上海政法学院人事处、科

---

〔1〕 讲座内容详见徐士韦：《体育纠纷及其法律解决机制研究》，上海体育学院 2015 博士论文；徐士韦：《体育纠纷及其法律解决机制建构》，法律出版社 2019 年版；徐士韦：《体育行政纠纷解决路径研究》，载《西安体育学院学报》2017 年第 4 期；徐士韦、时维金：《新时代中国体育依法行政实现路径研究》，载《体育文化导刊》2019 年第 9 期。

研处以及司法研究所举办的"教授第壹讲"活动。今天讲座的主题是"新《体育法》实施背景下体育纠纷解决图景"。

全面深化改革时期的中国体育机遇与挑战并存，既有案例充分表明，体育系统因无视体育法纪，贪污腐败，体育竞赛徇私舞弊、弄虚作假等扰乱体育运动秩序的不法行为的出现并由此导致了多元化的矛盾纠纷，严重阻碍了我国体育事业的健康发展。新《体育法》的颁布实施为体育纠纷解决提供了坚实的制度保障，我将从体育纠纷的内涵、体育纠纷的构成要素、体育纠纷的表现形态、体育纠纷解决的原则、新《体育法》中体育纠纷解决条款的内容解读这五个方面进行详细的讲述。

关于体育纠纷的内涵。体育纠纷又称体育争议、体育争端。纠纷最初的含义是交错杂乱的样子，与法律并没有关系。之后演变为对生活中争执的事情或问题。直到后来为了维护社会秩序与解决分歧，纠纷有了法律上的含义。《汉典》中对纠纷的解释是：争执不下的事情［dispute］，不易解决的问题［knot］。如现实社会中的劳动纠纷、法律纠纷、合同纠纷、行政纠纷等。现实社会中，特别是社会变革时期，由于一系列错综复杂的原因，纠纷当事人之间产生争议也是不可避免。学界对体育纠纷的认识也不尽相同，其中具有代表性的有：如郭树理（2005）认为体育纠纷指的是在体育活动中或相关体育事务中产生的以体育权利和义务为内容的一种社会纠纷。体育纠纷的产生主要是体育纠纷的主体违反了体育法律法规或相关体育规章制度。[1]例如体育俱乐部违反相关规定拖欠运动员的薪水而产生的劳资纠纷，运动队或与运动员与赞助商之间产生的体育知识产权纠纷，运动员与体育组织之间的参赛资格纠纷，运动员与体育行政管理部门之间产生的体育管理纠纷等。杨洪云、张杰（2002）认为体育纠纷是社会纠纷和法律纠纷的一种，其发生在体育活动中及与体育相关的事务中，它的产生是因相关体育主体之间的权利和义务争议而引发的紧张的社会状态。如果这种紧张的社会状态不能及时得以解决，将会在不同程度上阻碍体育的健康发展。[2]如体育参赛资格纠纷、劳资纠纷、合同纠纷、体育知识产权纠纷等以民事权利义务为内容的民事权益争议或故

---

〔1〕 参见郭树理：《多元的体育纠纷及其救济机制的多元化》，载《浙江体育科学》2005年第2期。

〔2〕 参见杨洪云、张杰：《论体育纠纷的争端解决机制》，载《体育学刊》2002年第4期。

意伤害、赌球、黑哨等以刑事权利义务为内容的刑事权益争议。[1]严红、刘家库（2006）认为，体育纠纷是指竞技体育活动中各主体之间因权利义务冲突、利益分配而引起的紧张社会关系，发生在民间体育运动中的纠纷不包含在内。[2]

纠纷作为一种社会存在，至少具有以下性质：一是纠纷的排斥性。由于纠纷是争议双方相互对抗排斥的一种状态，因此，纠纷当事人之间的关系具有相互排斥性，且这种相互排斥的程度直接影响着纠纷的解决。相互排斥的程度越激烈，纠纷解决的过程和所需要的时间就越长。而纠纷解决周期的长度将直接影响纠纷解决费用的高低并最终影响纠纷解决方式的选择。二是纠纷的动态性。纠纷的产生到纠纷的解决是一个动态的过程。根据法人类学家劳拉·内德和哈利·F·托德将纠纷的过程划分为：纠纷发生阶段、双向博弈的"冲突"阶段、纠纷解决阶段三个阶段。在这三个阶段中每一个阶段都受到不同因素的影响。在双向博弈阶段，纠纷的当事人会根据自身的社会地位和条件，有针对性地选择纠纷的私力解决途径或公力解决途径。如果私力解决途径不能起到化解纠纷，即进入纠纷过程的第三个阶段。在纠纷解决阶段，可以选择调解、仲裁、诉讼等途径化解纠纷。三是纠纷的社会性。纠纷作为社会现象的一种，深受一系列社会因素的影响，深刻体现着其他社会现象所具有的一般属性：其一，纠纷的主体是具体而特定的自然人或法人。他们的理想、价值理念、社会行为深受所处社会的社会环境、社会价值取向、社会阶层分化、社会意识形态、社会团体组织的思想文化、民俗风情等因素的影响。其二，纠纷解决机制的健全程度与社会的法制建设、社会的价值规范、公民社会的程度等有着紧密的关系。社会法制建设越健全、社会价值规范越完善、公民的社会化程度越高，纠纷的解决就越容易。四是利益交织的复杂性。十八大以后，我国迎来了急剧的社会变革时期，政府组成部门、社会组织、社会结构都发生了巨大的变化，使得原有的经济、社会利益格局受到巨大的冲击。同时市场经济环境下，社会思潮出现了多元化，社会的价值取向也发生了深刻的变化。社会个体或组织也不再羞于表达自己的利益诉求，这

---

[1] 参见杨洪云、张杰：《论体育纠纷的争端解决机制》，载《体育学刊》2002年第4期。
[2] 参见严红、刘家库：《我国体育协会章程与体育纠纷解决方式的研究——以足球协会章程研究为中心》，载《河北法学》2006年第3期。

就使得纠纷的相关主体之间的利益纷争出现复杂化，纠纷的牵涉面更为广泛，往往出现牵一发动全身的局面，特别是发生在一些集体性或相关组织之间的纠纷更是如此。

综合以上，我们认为体育纠纷是指发生在体育相关活动及体育相关事务中，以相关体育权利和义务为内容，体育纠纷主体之间的一种利益对抗状态，是社会纠纷和法律纠纷的一种。

关于体育纠纷的构成要素。一是体育纠纷的主体。体育纠纷的主体指的是产生体育纠纷的对立方，可以是独立的社会成员也可以是相关的社会组织和体育行政管理部门。即体育纠纷的"当事人"或相关的参与人员，也可以理解为构成体育纠纷的关系人，是构成体育纠纷的最基本的元素。不同的体育纠纷主体之间产生的体育纠纷，可以依据纠纷的不同性质适用不同的纠纷解决方式。体育纠纷主体之间的法律地位关系决定了体育纠纷的性质与类型，而体育纠纷的性质和类型决定了体育纠纷解决路径的选择。体育纠纷主体所处的社会环境和背景、价值观念、社会地位与社会心理等都会对纠纷的产生及解决产生影响。按照在体育纠纷中的角色不同可以将体育纠纷的主体划分为体育纠纷的当事人和体育纠纷的相关者。

二是体育纠纷的客体。体育纠纷的客体指的是体育纠纷主体间争议纠纷的对象与内容。体育纠纷的客体随着社会经济的发展和体育发展内容的丰富呈现多样性趋势，可以是有形的，也可以是无形的。比如，运动员的劳资纠纷、体育物权争议等，也可以是运动员的参赛资格、运动员的名誉权、运动员的肖像权、运动员的知情权等。变革时期随着经济的发展和社会的全面转型，体育纠纷客体的种类和范围也在不断地随之增加。特别是我国由计划经济体向市场经济体制转型的过程中由于人们价值观念的改变、权利意识的苏醒、法律制度的完善等更是加剧了这种发展态势。

三是体育纠纷的行为。体育纠纷是相关主体之间的利益对抗状态，体育纠纷行为指的是纠纷主体在体育纠纷发生过程中而表现的对抗行为。指体育纠纷主体通过采取积极或消极的方式方法以追求自身利益的最大化。可将体育纠纷行为理解为体育纠纷当事"人"为了证实自身行为的正当性，而采取的具体方式、方法。体育纠纷行为决定了体育纠纷的激烈程度、属性等问题。体育纠纷除了主体、客体和行为要素之外，还有社会结构与背景、纠纷缘由、纠纷的社会价值、纠纷的解决机制等相关因素。

关于体育纠纷的特征。一是体育纠纷主体的确定性。体育纠纷的主体一般指的是基于某种既定的社会关系或法律关系的失衡而成为纠纷当事人。因此，体育纠纷的主体是相对具体的自然人或法律意义上的法人。具体来讲包括运动员、教练员、体育经营者等自然人，体育俱乐部、相关体育组织、体育经营机构等法人，以及以自然人或法人身份为代表的体育赛事的组织者和管理者等。

体育纠纷主体的确定性是指体育纠纷的主体必须是具体且特定的行为主体，即从事体育运动的"人"。例如，发生在运动员和体育俱乐部之间的合同纠纷案件，运动员和俱乐部就成为体育纠纷的特定主体。这里需要指出的是市场经济条件下，由于社会关系的不确定性，体育纠纷除了具有特定的纠纷主体之外，还可能出现与纠纷相关的参加人。纠纷参加人可能与纠纷有直接或间接的权益关系、或与纠纷当事人有某种隶属关系、又或者是纠纷的出现或解决影响了相关人员的利益平衡状态。

二是体育纠纷过程的动态性。体育纠纷的产生到体育纠纷的解决是一个动态的过程。根据法人类学家劳拉·内德和哈利·F·托德将纠纷的过程划分为：纠纷发生阶段、双向博弈的"冲突"阶段、纠纷解决阶段三个阶段。在这一过程的三个阶段中每一个阶段都受到不同因素的影响。体育纠纷在产生后随之便进入纠纷当事人的双向博弈阶段，在当事人的双向博弈阶段中纠纷当事人会根据自身的社会地位和相关的条件，有针对性地选择纠纷的私力或公力救济方式。在纠纷解决阶段，可以选择和解、调解、仲裁、诉讼等途径化解纠纷。

如果纠纷当事人所选择的私力救济方式不能起到化解矛盾、解决纠纷的话，依据"有权利就有救济"的法理原则及体育纠纷案件的实际情况以及体育纠纷当事人的自愿，可以选择由第三方解决争议纠纷的阶段。

三是体育纠纷的内容是法律法规所调整的"权利和义务"的争议。体育纠纷产生的根本原因是体育相关主体之间权利和义务之间的关系失衡。在实践中，体育纠纷主体之间的这种权利和义务的关系主要表现在利益（包括物质的和非物质的）关系的失衡。尽管产生体育纠纷的因素种类很多，但究其根本是权利和义务之间的分歧。

比如新《体育法》第 51 条就规定了运动员、教练员、裁判员、赛事的组织者等主体必须遵循体育竞赛的公平竞争原则。禁止弄虚作假、徇私舞弊，禁止使用违禁药物，严禁任何组织或个人利用体育赛事进行赌博等。同时新《体育法》在法律责任方面做出了相应的义务规定。新《体育法》第112条规定"运动员、教练员、裁判员违反本法规定，有违反体育道德和体育赛事规则、弄虚作假、营私舞弊等行为的，由体育组织按照有关规定给予处理；情节严重、社会影响恶劣的，由县级以上人民政府体育行政部门纳入限制、禁止参加竞技体育活动名单；有违法所得的，没收违法所得，并处一万元以上十万元以下的罚款。利用体育赛事从事赌博活动的，由公安机关依法查处。"如果出现相关违反规定的行为便产生体育纠纷。

四是体育纠纷主体间法律地位的不确定性。如前文所述，体育纠纷产生于体育活动或与体育相关的事务中。随着我国体育事业的发展及体育职业化、产业化进程的推进，体育的相关利益主体也呈现多元化的发展态势，既有以自然人身份出现的主体、也有以法人身份出现的主体、还有以体育事务管理者身份出现的体育行政部门、体育社团组织等主体，如运动员、教练员、体育俱乐部、体育经纪公司、运动项目协会、运动项目管理中心、体育行政部门、体育联合会、赞助商、球迷等。体育纠纷主体的多元性决定了产生体育纠纷类型的多样性与复杂性。因此体育纠纷主体之间的法律地位也就具有了不确定性，有可能是法律地位平等主体间的纠纷，也有可能是法律地位不平等主体之间的争议。如运动员和运动员之间的竞争性纠纷、运动员和俱乐部之间的合同型纠纷等就属于法律地位平等的体育纠纷；运动员和运动项目管理中心之间的管理型纠纷、俱乐部和运动项目管理中心之间的管理型纠纷等就属于法律地位不平等主体间的体育纠纷。

五是体育纠纷具有较强的专业技术性。体育纠纷不同于一般的社会纠纷，也不同于普通的法律纠纷。由于体育运动本身具有的专业性和技术性使得体育纠纷也表现出较强的专业性和技术性。研究以为正是由于体育纠纷的这种专业性和技术性使得司法部门并不是很积极主动的将体育纠纷纳入司法实践的一个重要原因所在。如体育运动中饱受诟病的赌球、假球、黑哨、兴奋剂、故意伤害等行为。法院工作人员虽然精通法律专业知识但并不一定了解体育运动，由于体育纠纷的专业技术上的特殊性，仅具有法律背景知识的法官甚至对体育纠纷做出的判决可能不是科学合理的。比如对体育运动中的故意伤害和出于比赛目的的过失伤害的裁定，对符合技术规则的技术行为与过失技术行为之间的判断等。对这些问题的判断通过体育领域的专业技术人员和机构来论证并做出判决研究认为会更加合理和科学。国外体育运动领域的司法实践表明，特别是在体育仲裁实践中，体育仲裁庭成员的构成必须要有体育领域的专家，通过体育专家和法律专家之间的相互配合，最大程度地保证了判定结果的公平与公正。

六是体育纠纷的辩证价值。体育纠纷是相关体育主体之间丧失均衡关系的一种状态，体育发展中的"副产品"，具有一定的社会危害性。随着我国体育事业的稳健发展，特别是体育职业化、市场化进程的推进，体育相关利益主体呈现多元化的发展趋势，体育纠纷的种类和形态也呈现多样化发展。体育纠纷发生后如果不能及时加以解决，将会阻碍体育事业的发展，严重时将会对整个社会带来深远的负面影响。比如，2008 年中超联赛武汉光谷俱乐部和北京国安俱乐部的一场比赛中由于对裁判的判罚不满，北京国安俱乐部当场对场上裁判判罚表示异议并表示"退出"中超联赛的威胁言论。但是中国足协在对争议事件开出的罚单中只对球员进行处罚而不提裁判，武汉光谷俱乐部对此极为不满，并最终退出中超联赛，我国职业体育领域也诞生了因一名球员被禁赛而导致整个俱乐部退出联赛的事件。武汉光谷俱乐部退出中超联赛这种"以暴制暴"的体育纠纷事件看似偶然，实则反映出了我国足球体制的不足与缺失。且不评论武汉光谷俱乐部和中国足球协会之间孰是孰非，光谷退出事件对中超乃至整个中国职业体育的发展都带来了不良影响。更值得关注和反思的是足球领域的"光谷退出事件"并非我国体育界的个案，由于种种原因，我国体育领域爆发的一系列诸如罢赛事件、欠薪事件、球场暴力、球霸风波、裁判风波等恶性循环事件对社会的稳定与和谐带来了一定的消极影响。

从唯物辩证法的角度看，体育纠纷产生不但是对既有体育秩序的破坏，具有一定的社会危害性，而且还具有一定的积极价值。如体育纠纷解决过程实质上就是对体育利益关系的重组，以及新的体育利益格局的重新建构，同时也是对体育纠纷解决机制的完善，从这个视角来看，体育纠纷反而成为体育变革发展的动力。

七是体育纠纷具有极强的社会关注度。新闻媒体对于促进体育运动的开展有着重要的价值，普及体育科学知识，倡导健康、科学、文明的生活方式，对推动体育事业的健康发展营造良好的舆论环境有着不可替代的作用。随着现代媒体技术的发展，全媒体时代媒体的立体化、全方位的宣传作用将不断扩大。另一方面，体育运动是一门国际通用语言，体育赛事和运动员本身就是大众传播媒介的重要途径。特别是赛事举办期间，由于体育赛事的聚集性特征，赛事举办期间国内外大量媒体、相关组织或个人的目光都会聚焦到举办地，把全世界的目光在短时期内迅速聚焦到一座城市。在这样的情势下，现代体育运动将与网络、电视、报刊、杂志等大众传媒共存，媒体关注的焦点不仅是体育运动传播的积极正面的宣传价值，体育运动中所暴露出来的体育纠纷等负面问题也具有极高的社会关注度。而且通信技术的高度发达使体育纠纷一旦发生将迅速扩散于全社会的每一个角落，并产生广泛的社会影响。从这一点来讲，极高的社会关注度使体育纠纷的解决也必须公平、公正、公开，从而在全社会树立一种积极向上、公平正义的价值典范。

八是体育纠纷解决的时效性较高。体育纠纷有别于一般的社会纠纷，具有较强的时效性，特别是竞技体育中关于运动员参赛资格方面的争议更是如此。这就决定了竞技体育纠纷解决途径在选择上要求快速、简捷，能在最短的时间内对纠纷做出公平、公正的判决。这是因为体育竞赛的时间是固定的，如果此时采用诉讼的方式解决纠纷，将会因为司法的审核程序而至少耗费几个月的时间，而参赛选手如果因为参赛资格问题无法参加竞赛将损害运动员及其相关利益方的切身利益，而且这种损失将是不可弥补的。如 2011 年上海世界游泳锦标赛期间，北京奥运会 50 米自由泳冠军、巴西游泳名将塞萨尔·西埃洛在当年巴西举行的全国游泳锦标赛上药检呈现阳性，巴西泳联没收他在赛会上获得的五枚金牌并予以警告，但并没有给予禁赛的惩罚。国际泳联对巴西泳联的处罚不满并向国际体育仲裁院（CAS）提起仲裁申请。国际体育仲裁院在 2011 年上海世游赛期间在上海政法学院举行了听证会，驳回了国际泳联的申诉并最终在上海世游赛 50 米自由泳比赛前发出准予其参赛的资格认证。在后面的比赛中西埃洛最终力挫实力强大的澳大利亚选手获得赛会 50 米自由泳比赛的金牌，在质疑声中证明了自己。试想，若不是体育仲裁解决体育纠纷的高效率，西埃洛将失去参加 2011 年上海世游赛及获得 50 米自由泳比赛金牌的机会，而这对西埃洛职业生涯的损失影响也不可估量。

九是体育纠纷的国际性特征。随着经济全球化带来的体育全球化，特别是随着体育商业化进程的加剧更是催动了体育全球化的发展进程，世界各国的体育运动开始逐渐交织在一起。主要表现在各国体育组织之间的交往开始增多，运动员、教练员之间的国际流动愈加频繁，体育产业领域的合作开始增多，体育赛事的国际化程度逐步提高。正是全球体育国际的交流，使体育纠纷开始呈现国际化的发展趋势，使得体育纠纷的复杂性上升，纠纷解决的难度增加。而且如果通过司法的途径来解决体育纠纷的话，各国由于司法制度和主权的不同，可能会出现同一体育纠纷在不同的国家得出不同裁决结果的尴尬现象。体育纠纷的国际化客观上要求建立解决国际体育纠纷的制度框架，就目前国际体育领域的实践来看，国际体育纠纷的解决主要是通过相关体育组织内部的解决以及通过国际体育仲裁院（CAS）的裁决进行。

关于体育纠纷的表现类型。作为社会纠纷的一种，体育纠纷和其他社会纠纷一样，可以依据不同的分类标准进行划分。

一是依据体育纠纷涉及的法律层次划分。根据我国宪法及现有的司法体系的框架，我国的司法体系由民法、刑法和行政法三大法律体系构成。据此我们可以根据体育纠纷所设及的法律层次将纠纷划分为涉及宪法的体育纠纷、涉及民法的体育纠纷、涉及行政法的体育纠纷、涉及刑法的体育纠纷几类。如体育民事纠纷从纠纷的主体来看，最大的特征就是纠纷当事人之间法律地位的平等性。如，运动员和俱乐部之间因合同或者劳资问题引发的体育纠纷就属于体育民事纠纷的范畴。

二是依据体育纠纷涉及的权利和义务内容划分。第一，合同型体育纠纷。此类体育纠纷主要指的是运动员、教练员、体育俱乐部等之间对合同条款或合同的执行不满而引发的体育纠纷。从体育纠纷解决途径的选择来看，这类纠纷最适合通过调解或仲裁的方式来解决。当然，如果对调解不服的话还可以通过诉讼的途径来解决争议纠纷。第二，技术型体育纠纷。此类体育纠纷指的是在体育比赛中运动员对裁判员的技术判罚不满引发的体育纠纷。比如，如篮球比赛中运动员对裁判员给予的带球撞人、进攻犯规等技术的判罚不服而引发的争议就属于技术型体育纠纷。对于技术型体育纠纷从国内外的解决实践上基本都遵守"技术纠纷例外"的原则。即对于技术型纠纷的解决尊重裁判员的临场判罚。当然纠纷当事人能够提供裁判员因收受贿赂等而做出不公正判罚或裁判员明显做出有违常理的技术判罚除外。第三，管理型体育纠纷。此类体育纠纷是指发生在体育行政管理机关或者法律授权的具有行政管理权的体育社会组织，在行使行政管理权行为时，行为相对人对管理行为不服而引发的争议。此类争议的特点是纠纷当事人之间法律地位的不平等性。一方是处于管理地位的具有行政管理权的体育行政机关或者法律授权的体育社会组织，另一方是处于被管理地位的运动员、教练员、俱乐部等。如我国的足球协会或篮球协会等对运动员的禁赛处罚、对俱乐部降级的处罚等。此类体育纠纷最好通过行政调解或行政诉讼来解决。第四，保障型体育纠纷。保障型体育纠纷指的是宪法或体育法律法规规定的，公民或法人依法享有的体育权利在实践中并不能实现而引发的体育纠纷。保障型体育纠纷一般发生在体育管理部门与公民或法人之间。争议的焦点在于行使管理职能的体育组织不能按照体育法律法规的规定，提供相关的体育保障服务，此类纠纷可以通过行政调解或行政诉讼的方式加以解决。[1]

三是依据体育纠纷的不同主体划分。依据体育纠纷案件中不同的当事人主体可以将体育纠纷分为运动员与运动员之间的体育纠纷、运动员与体育俱乐部之间的体育纠纷、运动员与运动项目管理中心之间的争议纠纷、运动员与赞助商之间的争议纠纷、运动员与教练员之间的体育纠纷、教练员与俱乐部之间的体育纠纷、俱乐部与体育运动项目协会之间的体育纠纷等。此类体育纠纷应根据纠纷的具体性质采用相应的纠纷解决渠道。

四是依据体育纠纷主体之间的法律地位划分。按照体育纠纷案件中纠纷当事人之间的法律地位来划分可以将体育纠纷分为法律地位平等和法律地位不平等主体之间的纠纷。如管理型体育纠纷就属于纠纷主体法律地位不平等的类型。

此外，依据体育纠纷的性质还可以将体育纠纷划分为一般性质的体育纠纷和特殊性质的体育纠纷。合同型体育纠纷、管理型体育纠纷等就属于一般性质的体育纠纷，而兴奋剂、技术型纠纷等就应属于特殊的体育纠纷。

关于体育纠纷解决的原则。体育纠纷解决指的是体育纠纷发生后，体育纠纷解纠方依据相应的体育规则、法律法规，通过一定的方式和手段，消除纠纷的对抗状态，对体育纠纷当事人的合法权利进行救济的活动过程。体育纠纷的解决应遵循以下原则：

体育纠纷的解决应遵循用尽内部救济为先原则。法律中心主义认为社会的运行都应该依照法律来进行。虽然司法是体育纠纷解决的最终的、最权威的解决途径，但是并不等于说公民、法人及其他社会组织就只能通过诉讼的渠道来解决体育纠纷。在评价体育纠纷解决机制的标准时，不仅要做到公平，

---

〔1〕 参见杨洪云、张杰：《论体育纠纷的争端解决机制》，载《体育学刊》2002年第4期。

而且还应注重效率。体育纠纷的司法诉讼解决由于诉讼期限的漫长以及诉讼费用的高昂，使得很多人被阻挡在诉讼救济的大门之外。特别是随着体育职业化和市场化的发展，体育的利益主体开始呈现多元化的发展趋势，各利益主体之间的法律关系也开始呈现多元化和复杂化，而调整这种法律关系的相关法律对这些市场经济体制下的新问题又始料未及，导致司法诉讼在种类繁多的体育纠纷面前显得心有余而力不足。而体育系统内部的和解、调解等解决方式具有较强的专业性、灵活性、高效性以及费用的低廉性等特点，往往是纠纷当事人的首选，特别是由于体育纠纷对纠纷解决方式时效性和专业性的要求较高，体育系统所具有的专业知识以及所处专业领域的认知水平，在处理专业性较强的体育纠纷时往往更加得心应手。但如果在适用了体育系统内部解决的途径之后仍然不能解决的话，再将体育纠纷提交至法院等系统外的救济途径。这也是欧美体育发达国家的通行做法，也符合国际体育纠纷解决的趋势。

体育纠纷解决的合法性原则。体育纠纷的产生主要是由于体育从业主体之间权利和义务的失衡或由于从事体育主体在依法行政的过程中滥用职权、错管、乱管等行为引起的。权利和义务之间的失衡又或是体育行政主体之间没有依法行政引发的，总之，在纠纷产生的过程中都有不符合法律规定的行为产生。因此，在体育纠纷解决的过程中既要保证实体上的合法又要保证程序上的合法。实体上的合法主要指的是体育纠纷解决的结果不能违反相关的法律法规。体育纠纷解决过程中程序上的合法主要指的是体育纠纷解决的过程应当遵循相关的法律程序规定。比如，在体育纠纷司法诉讼的案件中，应保证原告和被告对于争议处理过程中的申述的权利，如果这一法定权利得不到保证的话，就违反了程序合法的规定。

体育纠纷解决效率优先的原则。体育纠纷最大的特点之一就是对体育纠纷解决体育纠纷的效率要高。这一特征要求体育纠纷产生后要在第一时间内加以解决，只有这样才能保证运动员、俱乐部等的权益，促进体育运动项目本身的健康发展。特别是涉及运动员参赛资格的纠纷解决对效率的要求更是如此。如2014年CBA联赛中上海队运动员吴冠希因为转会事宜而在新赛季的第一场比赛前被中国篮协取消比赛资格的问题。"迟来的正义是非正义"，涉及运动员参赛资格类型的纠纷如果不能在第一时间及时解决无论对运动员、俱乐部等都极为不利。因此，解决体育纠纷的过程中，在保证公平公正的基础上应坚持效率优先的原则。

体育纠纷解决的司法终局原则。习近平总书记曾指出"司法是维护社会公平正义的最后一道防线"。法院作为具有法律强制力的国家行政机关，在解决纠纷的各类机制中处于最权威和最终的环节。同时对其他形式的纠纷解决也起到制约和监督，很多体育纠纷往往能在司法权威面前通过非诉讼解决机制得以公平公正地解决。司法最终原则也成为当前世界各国解决纠纷普遍遵守的基本原则，司法解决永远都是社会纠纷或法律纠纷解决的最后一道防线。按照某学者的纠纷解决机制的层次论：体育纠纷产生后首先应通过尝试体育纠纷当事人的和解、然后是体育行业内部的调解或复议等，如果以上途径都不能有效解决体育纠纷，体育纠纷当事人最后才应求助于体育仲裁或司法诉讼的途径来解决体育纠纷。

体育纠纷解决的成本就低原则。在体育纠纷的解决方式中，诉讼解决体育纠纷将会给纠纷当事人带来沉重的经济负担。在诉讼程序中，提起诉讼的一方当事人向法院提起诉讼请求时，需要向法院支付一定的诉讼费用。同时，纠纷的当事人还可能为了增加诉讼的胜算而聘请律师作为诉讼代理人。高昂的诉讼费与律师费成为诉讼提起人面临的经济负担。通过诉讼方式解决体育纠纷除了会给体育纠纷当事人带来经济负担之外，还会产生相应的社会成本。如果案件进入二审则意味着更高的成本。相比之下，运用非诉讼的方式解决体育纠纷的话，无论是对体育纠纷当事人产生的成本还是对社会资源的消耗都比诉讼要少得多。

对新《体育法》中体育纠纷解决条款的内容解读。《体育法》于 2009 年 8 月 27 日第十一届全国人民代表大会常务委员会第十次会议《关于修改部分法律的决定》第一次修正。于 2016 年 11 月 7 日经过第十二届全国人民代表大会常务委员会第二十四次会议《关于修改〈中华人民共和国对外贸易法〉等十二部法律的决定》第二次修正。于 2022 年 6 月 24 日第十三届全国人民代表大会常务委员会第三十五次会议通过修订。两次修正过程中只修改了少量条款、文字表述。2022 年的修订使《体育法》从 1995 年的 8 章 56 条增加到现在的 12 章 122 条。修订后的新《体育法》在内容结构上更加完善，关注了新时代建设体育强国进程中体育领域的重大问题、关键领域，条款内容上也更具有现实性及可操作性。新《体育法》由总则、全民健身、青少年和学校体育、竞技体育、反兴奋剂、体育组织、体育产业、保障条件、体育仲裁、监督管理、法律责任、附则 12 个章节组成，其中"反兴奋剂""体育产业""体育仲裁""监督管理"四章为新增章节。新《体育法》中"体育仲裁"专章的设立，对于体育纠纷的解决，保障新时代体育事业的健康发展具有极其重要的现实意义。

为了应对体育纠纷的解决，新修订的《体育法》新增"体育仲裁"专章，对体育仲裁的范围、体育仲裁委员会的设立、体育仲裁庭、内部救济、申请期限、裁决效力、裁决的撤销、裁决的执行以及仲裁特别程序等问题进行了纲领性和原则性规定。体育仲裁专章中的第一条就是"国家建立体育仲裁制度，及时、公正解决体育纠纷，保护当事人的合法权益。"明确了体育仲裁章节的立法目的。并规定"体育仲裁依法独立进行，不受行政机关、社会组织和个人的干涉"为体育仲裁的依法独立运行提供了法律保障。

从体育仲裁的受案范围来看，新《体育法》第 92 条规定当事人可以根据仲裁协议、体育组织章程、体育赛事规则等，对下列纠纷申请体育仲裁：一是对体育社会组织、运动员管理单位、体育赛事活动组织者按照兴奋剂管理或者其他管理规定作出的取消参赛资格、取消比赛成绩、禁赛等处理决定不服发生的纠纷；二是因运动员注册、交流发生的纠纷；三是在竞技体育活动中发生的其他纠纷。并规定我国《仲裁法》规定的可仲裁纠纷和我国《劳动争议调解仲裁法》规定的劳动争议，不属于体育仲裁的范围。

由此可以清晰地发现，新《体育法》直面体育纠纷解决的现实问题，对体育纠纷的受案范围进行了明确的规定，为未来我国体育事业高质量发展过程中体育纠纷的解决、体育事业的健康发展提供了坚实的保障。另外，由于新《体育法》刚颁布实施，值得关注的是对于诸如球员和俱乐部之间的薪资纠纷以及体育领域的商事性纠纷是分别通过劳动仲裁，商事仲裁的途径加以解决还是通过体育仲裁的途径来解决，理论界和实务部门还未达成共识，仍需进一步深入论证探索。

综合以上，综观体育纠纷的表现类型，体育纠纷解决应遵循的原则，新《体育法》对体育仲裁受案范围的规定，新《体育法》实施后，体育纠纷的解决主要呈现以下流程图景：

体育纠纷产生后，首先是在体育组织内部，通过和解、调解等途径加以解决。如新《体育法》第 95 条规定："鼓励体育组织建立内部纠纷解决机制，公平、公正、高效地解决纠纷。体育组织没有内部纠纷解决机制或者内部纠纷解决机制未及时处理纠纷的，当事人可以申请体育仲裁。"

其次，依据新《体育法》第95条第2款"体育组织没有内部纠纷解决机制或者内部纠纷解决机制未及时处理纠纷的"以及如果当事人通过体育组织内部的和解、调解等途径无法达成共识，当事人可以通过选择独立的体育仲裁、劳动仲裁、商事仲裁等途径寻求救济。当事人也可以直接通过司法诉讼的途径寻求救济资源。

最后，当事人对仲裁员资质、仲裁证据、仲裁程序等因素存在问题，可以申请对仲裁的司法审查程序。

另外，对于大型体育赛事举办期间产生的体育技术性纠纷，可以通过赛事举办期间设立的临时仲裁庭加以解决。如新《体育法》第100条第1款规定"需要即时处理的体育赛事活动纠纷，适用体育仲裁特别程序。"

互动交流环节，徐士韦教授和同学们围绕体育法学的专业学习以及未来的就业前景等问题进行了讨论和讲解。

刑法参与现代社会治理的源流、路径与方法

时　间：2023 年 11 月 28 日
主讲人：卫磊
主持人：彭文华（上海政法学院刑事司法学院院长教授、博士生导师）

2023 年 11 月 28 日，卫磊教授于上海政法学院开展了以"刑法参与现代社会治理的源流、路径与方法"为主题的讲座。激发了学生的学术热情，开拓了学生的刑法视野。

主讲内容

主持人：各位同学、老师，晚上好。今天我们很高兴邀请到我校刑法学科的卫磊教授，卫老师长期从事刑法学的教学科研工作，在规范刑法学、刑事政策学等领域都有较深入研究。接下来有请卫老师，大家欢迎。

卫磊：谢谢彭院长。各位同学、老师，晚上好。刑法学博大精深、源远流长，进入现代社会后，更成为社会治理的重要方式。今天的内容主要分四个方面和大家做一个交流，再留些时间与大家互动。好，以下进入正题。

众所周知，刑法是我国法律体系中的基本法律之一。刑法成为基本法律的缘由，既是由于其本身规范辐射面广、规制程度深，更是在于刑法参与社会治理的源流流长、路径多元、方法精细，是社会治理的重要法治基础之一。

在纵向脉络看，刑法参与社会治理的源远流长。中华文明历史悠久、积蕴厚重，是公认四大文明古国中未曾中断、延续至今的唯一国家。中华法治

文明是中华文明的重要组成部分，刑事法治文明是中华法治文明的主干组成部分。无论是从现代意义上界定的刑法角度，还是从历史意义上界定的刑或刑律角度，从古至今的刑法在参与社会治理方面都发挥了重要作用。就刑法在参与社会治理的历史起源，总体上存在两种观点：其一是刑起于兵，其二是刑兵同源。随着历史的发展，我国刑法在参与社会治理的历史脉流逐步集中为两种情形：一是承继诸子百家的优秀思想；二是传承中华法系刑名之道。

在横向维度看，刑法参与社会治理的路径多元，现代刑法日趋立法活跃、司法能动。当然在参与路径多元化发展的同时，也存在着治理边界需要厘清的困惑，亟需理论阐释与实践探索。就刑法参与社会治理的立法路径而言：不论对刑法修正的褒贬如何，刑法参与社会治理的立法推进将更加深入。至今为止，现行刑法已历经较大修订一轮、十二次修正案、一次单行修改，刑法立法的活跃化已成为不争的事实，后续更多刑法修正案的出台也已是大概率事件。就刑法参与社会治理的司法路径而言：司法机关贯彻宽严相济刑事政策，积极促进司法过程的天理、国法、人情三融合，有效统筹刑法解释的价值判断与刑法适用的事实判断，推进能动司法，将更加有效地保障刑法参与社会治理的基础效果。

在具体剖面看，刑法参与社会治理的方法更趋多维度、立体化，具有司法解释、地方指导意见、指导性案例、个案裁判、自媒体发布等多种形式，能够更好保障刑法参与社会治理的效果均衡。方法服务于目的，刑法参与社会治理的方法服务于刑法参与社会治理的目的。刑法参与社会治理的目的，归根结底在于保障社会发展进步。当代社会的发展进步具有多维度、立体化的特点，由此，刑法参与社会治理的方法也需要进行多维度、立体化的进化。除了传统的司法解释、地方指导意见等方法以外，近年来，指导性案例、个案裁判、自媒体发布等新形式也得到了较大发展，为刑法参与社会治理开拓了更加深入的方法，也更加达到了润物细无声的效果。

刑法一词，是现代意义上整合而成的概念。在我国历史上，刑与法的概念长期以来是分立的，同时还存在着刑与律并立的现象。就刑法在参与社会治理的纵向之源，或者称刑法在参与社会治理的历史起源，总体上存在两种观点：其一是刑起于兵，其二是刑兵同源。从甲骨文中有关"刑"的字形解读与演进解析看，刑起于兵说似乎更具有说服力。倘若结合刑罚与军事同从原始时期开始，直到春秋初期基本成型看，刑兵同源说则也有相当合理性。

　　随着历史的发展，刑法在参与社会治理的历史脉流逐步集中为两种情形：一是承继诸子百家的优秀思想；二是传承中华法系刑名之道。

　　关于承继诸子百家的优秀思想。中国古代代有才人出，其中最为集中、最为耀眼的当属春秋战国时期的"诸子百家"。诸子百家大多专门论述或涉及刑、法、律等，并形成影响至今的诸多优秀思想观点，其中较为突出的有儒家、法家与道家。当然对诸子百家的学说，多数来自后世整理或重述，是否属于春秋战国时期的原初状态，其考证考据历代不绝，但某些关于刑法的优秀思想观点仍具有较高的共识。在不同的历史时期，对诸子百家涉及刑法参与社会治理的观点，褒贬臧否各有不同。比如对于法家，在后世相当长的时期内，持批评甚至彻底否定的观点占据了主要位置，认为法家对秦二世而亡要负重要责任，同时对后世重刑观念的演进也要承担重要责任。到了近现代以后，对于法家思想的评价更加趋于平和客观。诸子百家中对我国刑法参与社会治理影响最大的，当属儒家。其影响之大之深，甚至已成为影响现代国人行为模式与思想方式的深层次因素。承继诸子百家的优秀思想，将是现代刑法参与社会治理的重要思想渊源。

　　关于传承中华法系刑名之道。中华文明的重要特征与载体，离不开历代文字、著述与典籍，其中关于法、刑、律的著述，逐步成为中华法系的重要载体，并逐步形成中华法系刑名之道。从上古传《尚书》开始，到封建法制高峰《唐律疏议》，再到近代修律，历代文字、著述与典籍不绝于书。中华法系是中华文明的重要组成部分，刑名之道是中华法系的重要组成部分，甚至于有说法认为：在封建法制时期，封建法制史主要是刑法史。在漫长的历史时期，中华法系刑名之道形成了体系完备、形式多样、行之有术等优点，具有法、术、道结合的突出特点，值得后世更多借鉴。

　　刑法参与社会治理的路径多元，主要体现为立法日趋活跃、司法更加能动两个方面。

　　立法日趋活跃主要体现为刑法修正案的频繁出台，特别是就刑法参与社会治理的立法路径而言，后续更多刑法修正案的出台也已是大概率事件。从世界范围内比较而言，主要成文法国家对刑法进行频繁修正，也已成为常态，不宜以修正次数或修正频率作为评价刑法修正的依据。就刑法修正的现实背景而言，当今数字时代、网络社会、多极世界的发展，都对刑法的修正提出了迫切需求。需要对刑法的内在安定性在新的社会背景下进行新的理解，也需要对刑法参与社会治理的立法路径进行新的理解。就未来刑法参与社会治理的修正方向而言，刑法增设或调整轻罪罪名、轻刑体系将是值得关注的重要内容。刑法增设或调整轻罪罪名、轻刑体系，主要将侧重于新型层面社会治理的相关内容，比如具有新型危险性且后果较轻的危害行为、传统民事或行政领域的多次型不法行为等。上述修正方向的落实，将更加有利于刑法参与新时代的社会治理。

司法更加能动主要体现为司法过程注重刑法适用的价值判断与事实判断双结合，特别是就刑法参与社会治理的司法路径而言，司法裁判更加关注辨法析理、案结事了。传统刑事司法较多关注刑法适用的事实判断，表现为在裁判文书中大量描述证据、时间地点人物，而较为忽视刑法适用的价值判断，包括规范分析、争议阐释、取舍权衡等。在呼唤司法能动的当下，刑事司法过程应当更加关注刑法适用的价值判断与事实判断双结合，更加关注案件处理中的情理法三结合。刑法适用的价值判断尤其值得关注，这是刑法参与社会治理的司法路径新态势。司法过程的辨法析理、案结事了，关键在于刑法适用的价值判断是否正当、是否具有最大程度的可接受基础。近年来，刑事领域的诸多争议案件、热点案件之所以具有争议或成为热点，多数是由于案件处理中过度关注刑法适用的事实判断，而不太重视价值判断。刑事司法过程应当更加关注刑法适用的价值判断与事实判断双结合，更加关注案件处理中的情理法三结合，可以从以下方面着手：一是强化刑事司法解释的理念型内容，适当减少单纯文义型阐释；二是加强司法裁判文书的辨法析理内容，适当减少单纯罗列型证据阐释；三是加强刑事二审、再审等环节的现场审理内容，逐步做到应开尽开。

现代社会日趋复杂、多元，必然要求刑法参与社会治理的方法更趋多维度、立体化。刑法参与社会治理的传统方法，主要是办理案件，尤其是司法裁判具体个案。但随着现代社会的发展，刑法参与社会治理的方法更趋多维度、立体化，开始逐步形成了司法解释、地方指导意见、指导性案例、个案裁判、自媒体发布等多种形式。刑法参与社会治理方法的多维度、立体化，总体上看能够更好保障刑法参与社会治理的效果均衡。刑法参与社会治理的效果均衡，主要指的是刑法参与社会治理的法律效果与社会效果相统一。

就刑法参与社会治理的司法解释方法而言，该方法虽不时新，但却是效果最为深入的参与方法。由于刑法成文法的固有特点以及传统刑法立法的技术问题，司法解释一直是刑法适用中的重要内容。未来刑法参与社会治理的司法解释方法发展，需要更多提倡刑法解释中的价值判断内容，减少机械拟制适用内容。

就刑法参与社会治理的地方指导意见方法而言，该方法仍在较长时间内具有一席之地。由于刑法解释中存在一些需要地方予以细化的内容，从而形成了地方指导意见的存在空间。未来刑法参与社会治理的地方指导意见，有必要将其限制于技术型规范，而不宜扩展到影响定罪量刑的实质型规范。

就刑法参与社会治理的指导性案例方法而言，需要更多地发布，并且应当在个案裁判中得到更多运用。当前，刑法适用领域的指导性案例已成为我国指导性案例体系的重要组成部分，但与之不相称的是，指导性案例在个案裁判中的运用比例相当低。指导性案例对于解决刑法参与社会治理的同案不同判、类案不类判等问题，具有相当强的针对性，亟需在未来得到更多适用。

就刑法参与社会治理的个案裁判方法而言，需要更加积极地贯彻落实宽严相济刑事政策，弘扬"枫桥经验"，切实公正处理每一个案件。对个案裁判而言，不能只见案件不见人。尤其对刑事个案裁判而言，更加需要认识到每个案件都关系到许多个人的人生、数个家庭的幸福。

就刑法参与社会治理的自媒体发布方法而言，这是数字时代、网络社会直接提出的新型方法。新的科技发展令社会治理更加便捷有效，也更加令刑法参与社会治理变得直接迅捷，同时也提出了参与社会治理的新要求。越来越多的立法、司法机关涉足自媒体、发布权威信息，既是对时代发展的有效回应，也是参与社会治理的有效方法。

好，以上是今天讲的主要内容。谢谢大家。

主持人：谢谢卫老师。接下来，我们进入交流环节。请同学们提些问题，卫老师做回应。好，左边的这位同学。

同学一：卫老师好。前面您提到应当更加关注刑法适用的价值判断与事实判断双结合，但刑法的基本原则之一是罪刑法定原则，这两者之间如何协调呢？

回应：谢谢你的提问，这个问题提得很深刻。这个问题涉及刑法规范与规范刑法的深层次问题，实际上也触及了社科法学与教义法学的边界问题。我初步的看法是：罪刑法定原则是需要长期坚持的刑法基本原则，刑法适用的价值判断与事实判断也需要在罪刑法定原则的指导下进行。换言之，刑法适用的价值判断是基于罪刑法定的价值判断，事实判断也是基于罪刑法定的事实判断。这如果往深处思考，确实会出现一个经典的哲学问题：即先有罪刑法定还是先有价值判断或事实判断的问题。当然严格来说，处于某个阶段的刑法适用是不应该有这个困境的，但是前后回溯的话，在逻辑上就无法回避这个问题。如果还需要进一步探讨的话，建议可以去看看关于价值理性与工具理性的相关著作。主要是这些，谢谢。

同学一：谢谢卫老师。

主持人：时间关系，我们再请一位同学提问吧。这位同学。

同学二：卫老师好。刚才老师有提到，未来刑法参与社会治理的修正方向将是刑法增设或调整轻罪罪名、轻刑体系，可否再展开说下。谢谢。

回应：谢谢你的提问。刑法修正已进入快车道，增设或调整轻罪罪名、轻刑体系已经是非常明显的趋势。对此，理论界有肯定的，也要批评的。个人认为，增设或调整轻罪罪名、轻刑体系总体上是值得肯定的。问题是在将来的刑法修正时，需要更好地分清楚刑法的轻罪与行政违法行为、民事侵权行为的界限，分清楚刑罚的轻刑体系与行政处罚措施、民事责任方式的界限。这方面值得深入研究，主要是这些，谢谢。

同学二：谢谢老师。

主持人：好。时间关系，今天的提问告一段落，后续如需要交流，可去选卫老师的课。今天的讲座到此结束，谢谢大家。

卫磊：谢谢彭院长，谢谢各位同学、老师，希望以后能有更多机会与大家继续交流。谢谢。

（掌声）

大数据环境下非法贩毒（枪）犯罪案件中的行为模式分析与风险感知

时　间：2023 年 12 月 12 日
主持人：刘泽鑫（警务学院 讲师）
主讲人：蔡一军（警务学院 教授）

12 月 12 日傍晚，上海政法学院"教授第壹讲"第二十八期顺利举办。"教授第壹讲"系列学术讲座是在校领导关心下，人事处、科研处与各二级学院为我校新晋教授搭建的一个展示最新研究成果的学术交流平台。我校警务学院蔡一军教授应邀以"大数据环境下非法贩毒（枪）犯罪案件中的行为模式分析与风险感知"为题开讲，警务学院刘泽鑫主持。

主讲内容

各位老师、同学下午好！

如今伴随着大数据、人工智能、机器学习、5G 等技术的飞速发展，如何借助这些新的工具对澜湄流域非法贩枪贩毒案件进行智能监控、智能感知，从而节约警力、降低犯罪率是一个值得思考的问题。

党的二十大报告中提出了要"推进国家安全体系和能力现代化，坚决维护国家安全和社会稳定"，这是从宏观上对加强国家安全体系建设，推动和完善国家安全工作进行的总体性规划。对于可能危害国家安全的贩毒贩枪案件的防控工作，应当秉持"打防结合、预防为主"的理念，而在当今大数据时代，想要更好地做好预防工作就要采用"数据驱动"模式，基于大量的多源历史数据和包括机器学习、模拟仿真在内的先进技术，探究贩毒贩枪犯罪分子的行为特征、犯罪发生和演进规律，提前预测其发展态势，才能更好地调配澜湄地区各国家各部门的安全防控力量，提前一步开展工作。

我们知道广义的犯罪学研究的内容不仅包括对犯罪现象及其发生原因和规律的研究。而且包括对控制和预防犯罪对策的研究。而我们对犯罪案件行为模式分析和风险感知就是对犯罪进行预测。利用大数据追缉犯罪的核心是犯罪行为的数据化，随着移动互联网、物联网等技术的飞速发展，每个人都是一个数据化的人，每一个举动都可能产生数据并被记录下来，因此利用大数据查缉非法贩枪、贩毒行为的关键就是精确地刻画犯罪行为，充分收集犯罪行为背后连接的海量数据，将这些行为数据聚合并分析，将犯罪行为转化为数据模型，实现对异常数据点的精确检测，也就实现了对犯罪行为的精确预警。对澜湄地区的贩枪贩毒案件进行精准预测，可以提升犯罪情报研判能力，在宏观态势上减少犯罪的发生，对于维护该区域安全稳定意义重大。

关于在澜湄流域应用大数据治理犯罪的可能性分析。澜沧江—湄公河是澜湄流域六国经济贸易往来的重要航线，1992年亚洲开发银行提出的湄公河次区域合作计划促进了湄公河地区的经济贸易合作，使得大湄公河次区域经济合作成为亚洲次区域合作中层次最高、发展最快、成果最显著的次区域合作之一。湄公河又因路程短、运量大、运输成本低，成为连接中国与东南亚首选的水上航线。因此，研究澜湄流域的涉枪涉毒等安全问题对维护区域经济发展、应对地区安全形势变化和风险挑战具有重要意义。

利用大数据对澜湄流域非法贩毒贩枪犯罪进行犯罪行为模式分析和风险感知，从而达到精准化治理存在着一些难点问题需要解决。

第一，边境地区人口组成复杂，犯罪问题呈现流动性、团伙性、高并发性、随机性特点。地域以国别为标准进行划分之后，多国接壤的边境地区作为中间地点、政治敏感地带、过渡地带，就呈现出人口结构复杂、安全问题突出的特点，聚居在此地的不同国家之间的人可能存在频繁的往来。由于地域的便利性，当地的一部分人或者以犯罪为目的的外来人员使用犯罪的方法获取经济利益，并逐渐形成团伙共同犯罪。这些犯罪团伙为了能获取更大的犯罪利益，也可能在某一国家的境外选择落脚地作案，或频繁更换居住地，犯罪完成后立刻离开，寻找下一个作案地点，因此犯罪的发生也就呈现随机性的特点，很难进行有针对性的防控和打击。

第二，边境地区人口流动性大，人口过境数据交换不及时，难以把握安全态势。一方面，某些犯罪分子可能频繁选择落脚地，并不会在当地的户政管理部门进行暂住人口登记，政府相关部门对流动人口动态的掌握做不到准确、及时。这就造成了边境地区人口的复杂性，政府部门也不能对本地方的外来人员做到知根知底、来源清楚、去向明确，无法及时了解新来人口的前科劣迹情况。另一方面，各国之间在人口数据交接方面也难以做到及时有效，能不能开展国际合作实现人口流动数据的交接都是问题。

第三，边境安全治理和安全态势感知不联动，难以做到精准响应。

当前边境区域的流动人口管理和犯罪防控工作依靠传统的管理模式进行，既不能快速收集大量的有用信息，也不能在边境安全态势出现不良倾向时，依靠快速反应联动系统，依靠各国执法部门的协同配合，共同打击犯罪。基于安全大数据和计算机技术，对边境安全中的非法涉毒和涉枪犯罪的发生态势进行智能感知和预测预警，提前制定针对性强的犯罪管控策略，并对管控策略进行评价和优化，也是重难点问题之一。

总的来说，澜湄流域涉及多个国家，因此安全问题必然涉及多国之间的合作，无论是应用传统的方式打击跨国贩毒、贩枪犯罪，还是运用大数据等技术来进行情报分析和犯罪治理，必然要先解决跨国协作和情报共享问题。好在我们已经有了这样的基础。2017年，澜沧江—湄公河综合执法安全合作中心（简称"澜湄执法中心"）在云南省昆明市建立，这标志着澜湄流域第一个综合性执法安全合作政府间国际组织正式启动运行。澜湄执法中心已经在地区预防、打击跨国违法犯罪、情报信息建设上做了大量工作，也为在该地区应用大数据治理犯罪问题提供了可能性。

应用大数据对澜湄流域的非法贩枪贩毒犯罪进行行为分析和风险感知，其理论来源于"智慧城市"的概念，云南省已经建立了"智慧边境"系统，为云南省的公安机关打防管控工作提供新的抓手。未来可以进一步把智慧边境覆盖的领域做大，不只服务一国、一省，而是拓展到整个澜湄边境国家，建立澜湄流域的"智慧边境"区域安全防控系统。

智慧城市理念的提出是推动城市安全风险感知和智能治理的重要力量。推荐一本书《智慧社会：大数据与社会物理学》，这本书是全球大数据权威阿莱克斯·彭特兰所写，对于大数据、智慧城市、智慧社会所涉及的理念、技术运用等都有非常详尽的描述。彭特兰认为，大数据包括了环境、卫星、基因数据、GPS 和地图数据、数字图像，以及诸如社交媒体数据之类的人们有意识产生的数据，等等。大数据可以让我们知道真实情形，从而带来更为透明和负责的政府。因此，联合国秘书长称之为"数据革命"。大数据还首次提供了关于人类行为的大量的定量数据，从而可以改进我们对人类心理和生态的理解。在他的看法的基础上，我们通过测量人类行为中的犯罪行为，并产生大量的定量数据，也有可能改变我们对人类犯罪行为的理解。

全球大数据权威阿莱克斯·彭特兰是个传奇人物，以前做过卡车司机，现在是 MIT 人类动力实验室的主任，他在 30 多年前就开始进行"可穿戴设备"项目的研究，谷歌眼镜的开发者就是他的学生。他对人类行为的研究十分深入，曾经开发过一个叫"社会计量标牌"的可穿戴设备，这个设备仅有卡片大小，配备了测量佩戴者运动的传感器，捕捉声音的麦克风，检测附近同类设备的蓝牙，以及记录面对面交流的红外线传感器。这款设备研发了 15 年，他能掌握的佩戴者的信息远远超出了你说话能传递出来内容。比如在打扑克时，这款设备 10 次有 7 次能够很准确地判断某人是否在牌桌上耍诈；佩戴设备的人能够在 5 分钟之内预测谈判中的赢家，而且正确率高达 78%；这款设备甚至可以用在男女之间的约会上，闪电约会还没有开始，它就能非常准确地预测出这次约会是否成功。通过在人际互动中使用社会计量标牌，你可以更加清晰地了解，人们是否对工作满意，拥有怎样的工作效率。我们可以想一下，如果这个设备用在犯罪行为分析或者是对社区矫正行为对象数据采集方面，将来会有多么大的应用前景。

关于彭特兰对大数据的理解，他认为，大数据包括了环境、卫星、基因数据、GPS 和地图数据、数字图像，以及诸如社交媒体数据之类的人们有意识产生的数据，等等。大数据可以让我们知道真实情形，从而带来更为透明和负责的政府。因此，联合国秘书长称之为"数据革命"。大数据还首次提供了关于人类行为的大量的定量数据，从而可以改进我们对人类心理和生态的理解。在他的看法的基础上，我们通过测量人类行为中的犯罪行为，并产生大量的定量数据，也有可能改变我们对人类犯罪行为的理解。

彭特兰对于智慧社会的理解是将物理学引入对社会中人类行为的分析，这门科学叫作社会物理学，如今在大数据的加持下，我们可以获取社会中关于人的行为的更多的数据，因此，我们对于人的行为的分析和预测也要比之前更为便利。在对人类行为规律进行总结的基础上可以为政府管理城市提供一种更智能化的方案。

与"智慧城市"类似，"智慧边境"也具有相似的理论内涵，在智慧边境的建设之中，数据挖掘和计算机通信技术是关键，如同活体物种的血液，是联通人的智慧与边境管理规划的重要工具。此外，如何厘清信息技术以及边境安全的相互作用和关系，如何利用大数据和信息技术应对资源的变化，从而使得边境地区更加安全也是需要思考的问题。

在禁毒和禁枪方面，智慧边境主要依托的情报信息是边境各国之间的人员往来、物品交易、信息通信这三个方面，并在充足信息的基础之上建立包含跨国人口查验、跨国货物运送、异常通信行为检测等内容的复杂管理系统，所有涉及部门信息数据实时回传到系统平台，由平台进行异常行为动态检测，再实时推送预警情报信息到各基层实体部门。从而实现对不论是人体夹带、大宗货物夹带，还是邮件小批量运输等各个渠道的综合监管。

如何利用大数据对贩毒、贩枪犯罪进行精准的风险感知？首先我们要明确大数据能做什么？应用大数据需要什么？这里我用一张描述大数据运行流程的图片来向大家展示。

最底层是数据采集，犯罪行为数据包含两类，一类是犯罪嫌疑人的日常行为数据，一类是作案行为数据。犯罪行为可以获取的数据包括比如说社交网络数据，QQ、微信、微博等；人员数据，这类数据主要存在于我国的执法部门等政府部门；此外犯罪学还经常要求收集的数据包括气候数据，比如天气状况，降水雾霾状况，温度等情况，这些理论基础在于环境犯罪学、日常活动理论、犯罪模式理论、情景预防犯罪理论等，也就是环境会影响一个犯罪人是否实施犯罪。

我们接着来看图片中的第二层叫作数据治理。大数据环境下，信息的类型多样，数量以前所未有的速度增长，且数据结构、存储方式存在很大差异，造成数据集成困难、交互复杂，很大程度上影响了数据挖掘、数据服务的效果，因此数据治理应运而生。数据治理是提升数据价值的基础，旨在通过相应的标准、规范、流程和方法等，确保数据统一管理、高效运行，并在数据使用过程中充分发挥数据价值的过程。想要实现多源异构数据的汇聚融合、互联互通，数据治理是必不可少的课题，而资源的标准化，即构建多源异构科信息元数据标准规范体系是提升数据治理效果的首要环节，同时也是数据治理面临的难点之一。而破解这一难题最大的阻力就是数据孤岛问题。我们的各种数据都存放在政府的不同部门，各部门没有一个互通的机制，没有这样的一个完整的、规范的、按照国家标准制定的统一的数据库。因此想要应用大数据，还需要制定一个统一的国家标准，并争取多部门的合作，然后我们借助大数据分析工具来整合这些多源数据，最终形成一个完整的、数据量丰富的多源异构数据库。

第三层就涉及数据的处理和管理。收集来的数据可能会涉及数据污染问题，比如有的重点人口的信息是不全的，历史犯罪数据的时间、地点可能没有填写，需要在简要案情里摘出。在信息补全的过程中可能会用到自然语言处理（NLP）技术，在文本中摘抄出有用的信息，形成格式化的文本。但是自然语言处理的结果也会产生误差，需要人为再核对和校正。此外，我们知道，现实世界中收集的数据集通常是含有缺失的，为了在不完备数据集上构建有效的模型，需要对数据集进行清洗。为了确保较好的清洗效果通常需要人工参与，从而导致大量成本，因为人在确保哪些数据有效哪些数据无效的时候比机器更精确。但是人工清洗数据不仅成本高，而且失误率大，因此能编制一条精确度高的数据清洗规则，然后由机器去运行，是比较理想的方式。再者，即使编制更优越的清洗规则，也不能保证全部数据都能按规范被清洗，因此这个时候就要采取另一种策略——确定不完备数据的清洗优先级，这将有助于尽量减小清洗规模，节约人工成本。而计算不完备数据的清洗优先级应确定其对模型性能的贡献。可采用夏普利值，这一目前流行的用来评估数据在机器学习模型中贡献的方法。对于优先级高的数据积极编制规则进行数据清洗，优先级低的数据可直接舍弃，舍弃这些数据基本上也不会影响最终结果的准确度。

第四层就是大数据能够提供的服务。首要功能是数据可视化，将一个地区如云南省的所有的数据在平台上流动起来，根据历史数据显示贩枪贩毒的高危的街道、商店、关口，以及这些高危地区的警力部署情况，这样既有利于紧急情况下的统一部署，也有利于日常警力的合理调配。这些都是制作贩枪、贩毒犯罪高危地图的基本素材，而且我们的犯罪地图是一个动态的，实时变化的地图，因为我们的数据来源是实时变动的。

当然第五层涉及的就是数据安全问题。数据安全问题是一个很要命的问题，我们必须先保证这些数据的安全，在此基础上才是对大数据的应用。大数据自发展以来，数据安全问题一直都得到广泛的关注。如今能够对数据加密的技术已经有很多，防火墙、密钥、生物识别、定点授权等。要解决数据安全问题，我国已经实践的、行之有效的方式之一是物理隔离模式，也就是建立自己的内网，将自己的内部数据与外面的互联网相互隔离，就可以最大程度保证数据安全。然后依托内网，将大数据分析能力作为一种服务，建立边境执法中心自己的云平台，以向澜湄流域合作执法的各个国家的相关机构提供在线服务，而不向外直接提供数据。既解决了数据高效应用问题，也解决了数据安全问题。我们知道现在很多地方部门都建立了自己的大数据情报分析平台，大数据早已不是什么新鲜的概念，但是可能很多的工作人员并不会使用这些平台，存在学习成本过高，操作复杂的问题，所以我们通过云平台直接向其推送一个结果、一个解决方案，这种方式是从技术层面上来讲降低基层工作人员负担的一个很好的方式，这是第三个优点。

好，以上是我们讲的大数据的应用过程，我们也在其中穿插地说了如何利用大数据来获取犯罪数据、分析犯罪行为，以及应用来预防犯罪，指导地方警力打击犯罪。接下来我们来说利用大数据分析犯罪行为模式，进行犯罪风险感知的一些具体的思路。

今天为什么要把非法贩毒和贩枪放在一起来讲呢，因为如果不从法律的角度，单从犯罪行为本身来看的话，非法贩毒与贩枪在行为上具有很多相似性。其一，买卖枪支和毒品都是一种交易行为。其二，枪支和毒品都是被禁止交易的物品，也就是说我们要做的就是去分析一种被禁止进行的交易行为。如果一个交易行为被禁止，那么这种行为必然带有隐蔽性。违法犯罪行为人必须通过各种方式来掩盖自己的非法行为，比如交易行为只在熟人之间进行，只有经熟人介绍才发展新的交易对象，交易地点一般是选在比较隐蔽的场所，完成交易后双方马上离开等。

犯罪的隐蔽性是我们执法部门经常要面对的问题，但是人不说话，数据会说话，犯罪不会主动显露自己的行为，但是其个体身上带有的数据是最诚实的。想要利用诚实的数据来关联出犯罪行为，需要的是对数据模式的识别、数据异常点的检测，那么就需要建立一个完善的系统。首先做好宏观的战略规划，然后广泛收集数据并建立大数据信息系统，其次进行犯罪行为模式的分析，最后进行犯罪风险的实时感知与预警。

在微观上，科学分析非法贩毒贩枪行为的犯罪行为模式，建立行为模型；在宏观上，将大量澜湄流域的数据灌入非法贩枪贩毒犯罪行为模型之中，根据模型输出结果在总体上研判犯罪形势，是构建毒品、枪支犯罪防控体系的前提，是执法部门实现精细指挥、精密防控、精确打击的一项重要的基础工作。

对犯罪人行为模式的分析，既包括对其日常行为特征的分析，也包括对其作案行为数据的采集。具体而言：

一是做好宏观战略规划。大数据并非简单的分析处理，大数据产业的应用价值取决于三个方面，即思维、技术和数据，其中思维可以说是决定大数据应用方向的关键。传统的以打击为主的防控理念难以符合澜湄区域贩毒贩枪犯罪的新特点，这要求执法人员注重培养自身的大数据思维，能从数据的角度审视毒品、枪支犯罪防控工作，明白在犯罪防控中不仅要关注已破获的案件历史样本数据，还需要结合相关的涉黑、洗钱案件的样本数据，特别是来自澜湄流域的境外人员在他国居留、交易、旅游、就业、娱乐等数据也应纳入数据整合的范围。基于大数据的犯罪防控还需要执法人员注重将数据分析与人工分析相结合。执法人员要在权衡大数据利弊的基础上，合理利用大数据技术进行分析研判，使大数据更好地服务于非法贩毒贩枪案件的侦破。执法人员将不同来源的数据进行碰撞交互，在获取数据分析结果的基础上，还要根据以往的经验和理论进行一定的人工分析，对结果进行筛选和甄别以获取科学的分析结果。

二是加大数据采集力度。数据是构建非法贩毒贩枪犯罪防控体系的基石，它的积累是一个从量变到质变的过程，当数据积累量不够时，无法获取任何有价值的信息。只有拥有足量的数据，才能够挖掘出数据背后蕴含的内在的相关关系，进而研判出案件发生的概率，并预测其发展趋势。

关于非法贩毒贩枪犯罪数据的采集，执法部门可以借助覆盖全时空的情报网络，让非法贩枪贩毒数据收集的触角遍及各行各业。主要从以下几方面进行采集：第一部分是各国执法部门内部的数据。禁毒与刑侦、经侦、治安、技侦、外管等警种，与海关缉私、邮政监管、铁路、民航等部门建立全方位、多层次的立体情报网络和高效率的信息互动机制，为非法贩毒贩枪犯罪数据的采集提供丰富的数据资源。第二部分是政府机构和事业单位的数据。第三部分是生活中普遍存在的终端设备采集的数据，例如传感器记录的环境数据和摄像头采集的音视频数据。第四部分是网络舆情数据，由于网络空间的隐蔽性，在网络上从事非法贩毒贩枪犯罪活动日益猖獗，但同时也在网络上留下了交易活动的痕迹，网络数据的收集理应成为大数据采集的重点，而这部分数据的获取仅靠执法部门是不够的，还需要与第三方数据的所有者合作才能获得。

三是研发大数据信息系统。通过不同渠道采集的非法贩毒贩枪犯罪数据是纷繁复杂的，执法部门要将这些来源不同、结构各异的数据运用于非法贩毒贩枪犯罪防控，就应该根据这一防控主题建立可以存储和处理这些数据的数据库。目前执法部门使用的大部分都是传统的数据库，为了适应大数据结构的多样性，需要建立一个具有强大数据处理功能的数据库，云计算技术的出现，为大数据的存储提供了技术支撑。这种数据库的数据量大、涵盖面广、结构复杂，并实时更新数据，不断引入与非法贩毒贩枪犯罪紧密相关的数据。只有建成这样的数据库，才能储存和处理大量与非法贩毒贩枪活动相关的非结构化数据。数据的采集是为了数据的挖掘和分析服务，统一共享的大数据信息系统是进行数据挖掘的前提。目前大数据技术应用于防治防控工作主要有两个途径：一是国家投入人力和财力，培养专业技术人员，将数据技术应用于犯罪预防工作中；二是通过与大数据产业机构的合作，以技术外包的方式，根据自身需求购买特定服务。由于非法贩毒贩枪犯罪防控体系建设具有高度的敏感性，执法部门可以自主研发系统平台，并配套搜索引擎、社交媒体和地图等互联网模块，加载人脸识别、车证识别、物联网、网络基站定位等工具模型，建立适合非法贩毒贩枪犯罪的大数据信息系统。

四是犯罪行为模式分析与风险感知。在微观上，科学分析非法贩毒贩枪行为的犯罪行为模式，建立行为模型；在宏观上，将大量澜湄流域的数据灌入非法贩枪贩毒犯罪行为模型之中，根据模型输出结果在总体上研判犯罪形势，是构建毒品、枪支犯罪防控体系的前提，是执法部门实现精细指挥、精密防控、精确打击的一项重要的基础工作。

对犯罪人行为模式的分析，既包括对其日常行为特征的分析，也包括对其作案行为数据的采集。

根据犯罪嫌疑人日常行为特征，提取相关行为数据，建立嫌疑模型，实时预警。犯罪嫌疑人在作案时可能会有相应的异常行为，如和同伙通话的时间段、特殊的社交网络类型、昼伏夜出、团伙出入、不和周围邻居来往等。此外，日常行为数据还应包括其基础信息数据，不仅要获取该类人群的前科信息、手机基站数据、租住信息、通话通信数据等，还要尽可能深挖，如手机、电脑等设备的 mac 码信息、该设备所连接的 WI-FI 信息、该 WI-FI 关联的宽带注册人信息、日常线下扫码支付信息、快递或外卖收货人及地址信息、汽车的车机连接信息等。

作案行为数据的采集需要对目标犯罪行为的发生全过程有详尽的了解，深度拓展高风险人群的数据源的关键在于，不仅要关注执法部门在侦查过程中获得的对犯罪的认知，还要通过对监狱中已审判人员的访谈、社区矫正人员的访谈，全面掌握该类犯罪类型的行为特征以及心理特征。以此为基础进行数据源采集时才能更加全面准确。也就是采取"海量数据+丰富经验"的形式，以执法部门的丰富经验为数据分析可能导致的不合理错误纠偏，以数据之间的关联能力拓宽执法人员的经验范畴，形成凭借经验难以总结的规律。

以作案行为数据中的交易数据为例，非法贩枪、贩毒其实是一种交易行为，是一种商业行为，但是这种交易是国家法律所不允许的，但是其具有了一种经济行为的本质，也就是它具有买卖行为的一些特点，同时再加上自己犯罪行为本身的一些特点。我们知道一个买卖行为的达成可能是以物易物、一手交钱一手交货，其中既有资金通过各种方式和物品的交换，双方之间也必须进行言语的沟通和交流。且这种言语的沟通一定会发生在犯罪行为之前，我们平时买衣服的时候都要向售货员问一下这衣服的情况，更何况这种违法犯罪行为，双方更要通过沟通来判定交易是否安全，防止因为此次交易活动招致执法部门的打击。因此沟通环节是犯罪分子需要隐藏，而执法部门奋力发掘的切入点。

由于非法贩毒贩枪犯罪分子的交易双方很可能同属于澜湄流域的不同国家，因此线上沟通就成了必须的方式。最安全的方式可能是利用一些境外的加密聊天软件来避免执法部门的打击，但是非法聊天工具随时可能被限制，一旦被限制，犯罪分子可能就要更换通信工具，这样不能建立稳定的联系群体，交易成本增高。所以另外一种思路就是通过常规的聊天方式如微信使用犯罪隐语或者叫网络黑话来进行沟通。

犯罪分子在线上平台可以产生交易的情形有四类，一是淘宝、京东等注册网上店铺进行售卖的商户，此类商户出货量大，组织成员更多，平台对商户的审核和管理较为严格，因此风险大；二是闲鱼、转转等二手交易市场，此类主要是个人对个人交易，出货量少，可能需要频繁注册账号，难以形成稳定的犯罪链条，但此类交易隐匿性更强；三是本地论坛、贴吧，这种同城小型的网上公开论坛，关注量小，不易被发觉，且同城便于交易；四是 QQ、微信等聊天群，群内买卖商品大量使用暗语，一般会设定入群需要经人介绍，隐匿性强。

若想对网络黑话进行准确的判定，就需要收集大量的交易数据。用这些数据进行自然语言处理模型的训练，才能不断地提高其识别的准确率。这也是大数据和机器学习应用的一个方面。

执法部门从以上两个角度出发建立以非法贩毒贩枪犯罪为主题的数据库集后，其中包含了海量已破获的非法贩毒贩枪案件数据，利用大数据对案件描述刻画，初步了解非法贩毒贩枪案件的数量和犯罪行为特征。再通过从多渠道获取的数据，进行数据碰撞和综合分析形成系统的情报数据库。由于数据库来源于社会各行各业，执法部门对毒品、枪支等各类犯罪的情报研判必须引入相应领域的专业力量。这种研判并非简单的数据建模分析，而是需要运用统计学、社会学、犯罪学、管理学的研究方法，如毒品、枪支来源推断、毒品枪支价格曲线分析执法部门等，从而掌握本地非法贩毒贩枪案件主要侧重生产、中转、贩运、消费、毒品种植的哪一方面，善于分析本地消费市场的网络、团伙、人员等特点，理清本地执法部门的主要问题和症结所在，找准工作的定位和方向。执法部门关于具体涉毒、涉枪案件的侦查，公安机关在初期能够掌握的线索有限，仅仅知晓在某一执法部门区域有非法贩毒贩枪案件的发生，案件的发展形势并不明朗。这就需要综合应用大数据技术执法部门的信息监控和模型分析功能，对该区域和涉毒涉枪嫌疑人进行动态监控，实时更新并分析嫌疑人的通信和活动信息，根据其行动特点建立非法贩毒贩枪案件预警机制，执法部门结合已破获案件数据库中与其类似的案件，研判可能发生的情况，一旦动态监控系统中执法部门出现相关信息，就可以及时预警，为侦破案件提供强有力的支持

五是对新技术的展望。"科技强警"的确是提高执法部门战斗力，降低犯罪率的一个适应时代发展的方向，我们将大数据、人工智能等技术应用到犯罪防控领域，取得了不错的效果。但是我觉得还是应该从最底层去思考，技术到底应当如何与我们的犯罪防控、社会安全、边境安全、国家安全紧密地结合在一起，如何将技术用得好这是一个更高层级的发展状态。

首先是技术应用的深度。在机器学习领域，不论是图像、自然语言处理、

各种算法的预测、数据挖掘，这些新算法可能一开始最先发展的领域是医学、工业制造、互联网服务等行业，一般还没有直接面向社会安全领域开发的算法，但这些算法一般都可以移植到社会安全领域，并同样取得较好的效果。只是这一移植速度相对而言没有那么快，我们今天可能很多政府部门的情报分析平台、大数据平台后台的算法是五年、十年甚至更久之前的算法，这类算法不是最新的，也不是最适合的，但是准确性我相信是达到要求的。很多系统应该都是政府外包给第三方公司来做的，执法部门不懂编程开发，开发公司同样缺失社会安全的领域的准确需求，我国也没有这样的专业的产品经理，那么技术能否在社会安全领域完全发挥其真正实力，如果换用更新的或者更契合这一领域的定制化开发的方法和技术，从而达到更高的准确率，是否在社会治理方面可以达到更好的效果，能否让澜湄流域的非法贩毒贩枪犯罪的管控更加精准化，从而让犯罪更少一些，人民群众的安全更多一分。

其次是技术应用的广度。我们对安全领域数据的来源，对技术方案的选取应该以更广阔的眼光去看。比如网络舆情数据，既然涉及网络，那么一些互联网行业的工具也是可以为我们所用的。现在很多指数数据，百度指数、微博指数、微信指数，这些指数本来是探索社会热点、了解行业发展趋势、为广告投放上描绘人群画像的一些工具，但这些工具也反映了当前的社会热点，也可以用来作为描绘犯罪态势的其中一个因素。比如，通过百度指数感知目前犯罪形势，或通过多关键词之间百度指数的相关性，发掘不同关键词之间的强相关关系，如可将某类毒品与某种"隐语"的百度指数进行关联等。

最后，在对技术方案的选取方面，也不能只单纯地停留在大数据、机器学习技术的层面，应该与其他技术联动，形成系统的技术方案集群，如将系统仿真、虚拟现实、无人机，甚至区块链、元宇宙等技术的理念也纳入到边境地区的安全防范系统之中，为平台的智能分析铸造最坚实的技术基础。

今天的汇报主要是结合现在一些技术的新的发展的思路，不只限于大数据，也不只限于非法贩毒贩枪犯罪，主要是新技术在社会安全、边境安全、国家安全等领域如何应用，如何优化，我想应该有一些更普遍性的意义。我们现在生活的时代，每天都可能有技术上的一些新突破，随着5G技术落地，我们接触到的数据量又上了一个层级，我们每天的生活已经离不开互联网，也无时无刻不在产生着数据，我们是一个社会人，也更是一个数据化的人。

我想质量更高的数据是有的，准确率更好的技术是有的，那么核心是什么，是怎么用，怎么把数据和技术结合到安全领域，这才是最重要的底层逻辑问题，是建立智能安全防控系统大厦的基石。

我的汇报到这里，谢谢大家。